『十三五』国家重点出版物出版规划项目

马克思主义研究译丛

典藏版

新自由资本主义的兴衰成败

The Rise and Fall of Neoliberal Capitalism

〔美〕大卫·M.科兹（David M. Kotz）／著

刘仁营　刘元琪／译

中国人民大学出版社
·北京·

总　序

　　"马克思主义研究译丛"问世已逾十五个春秋，出版著作数十种，应当说它已经成为新世纪我国学术界有较大影响的翻译介绍国外马克思主义最新成果的大型丛书。为适应我国哲学社会科学繁荣发展的新形势，特别是满足马克思主义理论研究和教学的迫切需要，我们将继续加大这套丛书的翻译出版力度。

　　"译丛"在不断成长壮大，但初衷未改，其直接目的是为国内学术界乃至整个思想文化界翻译介绍当代国外马克思主义研究的最新成果，提升我国马克思主义理论研究水平，并推动建构有中国特色的哲学社会科学体系，包括学科体系、教学体系和话语体系等；而根本目的是借鉴当今世界最新文明成果以提高我们民族的理论思维水平，为实现中华民族伟大复兴的中国梦乃至推动人类文明进步事业提供思想资源和理论支撑。

　　"译丛"的鲜明特征是与时俱进。它站在巨人的肩上不断前行。改革开放后，我国学者翻译介绍了大量国外马克思主义研究成果，特别是徐崇温先生主编的"国外马克思主义和社会主义研究丛书"等，将20世纪国外马克思主义的主要理论成果介绍到国内，对推动我国学术研究发挥了巨大作用。20世纪末，特别是进入21世纪后，世界格局出现重大转折，国外马克思主义研究也随之发生了很大变化，形成了一大批新的研究成果。我们这套丛书的使命，就是要在前人工作的基础上，继续进行跟踪研究，尽快把这些新的思想成果介绍到国内，为人们研究有关问题提供参考。

　　我们所说的"国外马克思主义"是"世界马克思主义"的一部分。"世界马克思主义"有广义和狭义之分。广义的"世界马克思主义"是指自1848年马克思恩格斯发表《共产党宣言》以来的所有马克思主义，既包括经典马克思主义，也包括中国的马克思主义以及其他国家的马克思主义。狭义的"世界马克思主义"则是中国学者通常指称的"国外马克思主义"，即马克思、恩格斯、列宁等经典作家之后的中国以外的马克思主义。

160多年来，世界马克思主义对人类社会的发展产生了巨大影响，不仅在实践上改变了世界格局，而且在思想文化上影响深远。仅从思想文化角度看，其影响至少表现在五个方面。第一，它是当今世界上最大的话语体系。如"经济—政治—文化""生产力""经济结构""资本主义""社会主义"等，已经成为世界通用的概念。不管人们是否赞同马克思主义，都离不开马克思主义的概念和分析方法。第二，它影响并带动了世界上一大批著名学者，包括卢卡奇、葛兰西、哈贝马斯、沃勒斯坦等。正是这些思想家在引领世界思想潮流中发挥着不可替代的积极作用。第三，它深刻影响了当今世界各国的哲学社会科学，包括哲学、经济学、社会学、政治学、法学、新闻学等。第四，它深刻影响了世界各国的社会思想文化和制度文化，包括文学、艺术、新闻、出版、广播、影视以及各种具有社会主义性质的制度文化。第五，它深刻影响了世界各国的大众文化，包括大众语言、生活节日，如三八国际劳动妇女节、五一国际劳动节、六一国际儿童节等。应当说，在当今世界上，马克思主义已经深入人类文明的方方面面。

160多年来，世界马克思主义本身也在发生着巨大变化，从资本主义一统天下局面下的经典马克思主义发展到社会主义和资本主义两种制度并存局面下多种形态的马克思主义。20世纪以来，在资本主义国家，先后出现过社会民主主义模式的马克思主义、与苏联模式相对应的"西方马克思主义"，以及近几十年来出现的"新马克思主义""后马克思主义"等；在社会主义国家，则先后形成了苏联模式的马克思主义、中国化的马克思主义，以及其他各具特色的马克思主义。

尽管世界马克思主义形态纷繁多样，但其基本的立场、观点、方法和价值指向是相同的，这就是在资本主义向社会主义转变的历史大潮中不断批判资本主义，寻找替代资本主义的更好方案，探索社会主义发展的正确道路。中国作为当今世界上最大的社会主义国家，同时也是最大的马克思主义理论翻译和研究大国，认真研究借鉴当代国外马克思主义的最新成果，对于推进中国特色社会主义事业和人类文明进步事业，都具有十分重要的意义。

世界潮流，浩浩荡荡。进入21世纪以来，中国的发展一日千里，世界的变化日新月异。全球发展中的机遇与挑战、中国发展中的成就与问题，都在不断呼唤马克思主义的理论创新。

从世界范围来看，全球化的深入推进、信息技术的广泛应用促使人类社会发展进入了一个全新的时代。同时，以中国为代表的新兴经济体的迅速崛起，以及世界各具特色的社会主义的新一轮发展，正在引发世界格局的重大变化。这些都为马克思主义、社会主义的发展提供了极好机遇。同时，也应当看到，尽管今天的世界是"一球两制"，但资本主义仍然占据主导地位，社会主义主导人类文明的时代尚未到来。时代的深刻变化向人们提出了一系列亟须回答的重大课题。比如，究竟应如何定义今天的时代？对此，国外学者给出了各种答案，诸如"全球化时代""后工业时代""信息时代""后现代社会""消费社会"等。又如，随着经济全球化、政治多极化和文化多元化的深入推进，人类世界交往的深度和广度都远远超越了以往任何历史时代，由此引发一系列全人类性的问题。如全球经济均衡发展、国际政治民主化、生态环境保护、人的全面发展、后现代状况、后殖民状况、多元文化、世界体系重构、全球治理等问题，越来越受到国际社会的普遍关注，也越来越多地进入思想家们的理论视野。近些年来，随着中国的发展以及资本主义世界金融危机的普遍爆发，马克思主义、社会主义又重新焕发生机，并受到世人的广泛关注。《共产党宣言》《资本论》等马克思主义经典著作又引发世界思想界乃至社会大众新一轮的研究热潮，特别是对"中国模式"的研究方兴未艾。关于社会主义、资本主义以及二者关系问题，马克思主义经典文本等的研究仍然是当代国外左翼学者普遍关注的问题。所有这些问题以及国外学者所做出的回答，都从不同方面反映了人类社会发展的时代潮流。了解这些思想潮流，有助于我们认识、研究当今中国和世界发展的问题。

从中国现实来讲，随着改革开放的深入进行，中国经济社会的发展突飞猛进，国际地位空前提高。中国正在逐步从世界舞台的边缘向中心迈进。中国化的马克思主义理论成果也不断推出。随着中央组织实施的马克思主义理论研究和建设工程不断向纵深发展，我国的理论研究与改革开放实践进程交相辉映，这使我国哲学社会科学在理论与实践、历史与现实、国内与国际、研究与教学的结合上愈加深入，愈加科学，愈加丰富，愈加具有实践性、时代性和民族性。中国思想界从来没有像今天这样朝气蓬勃而又富有创造精神。然而，也应当看到，我国的现代化建设还面临各种困难与问题、风险与挑战，如社会不公、贫富分化、权力腐败、物质主义泛滥、人文精神失落、生态环境破坏等。为解决这些发展中的突出问题，中央提出了"四个全面"战略布局、"五大发展理念"等。要把这些发展的新理念、新思想、新战略等变为现实，还需要做深入的研究。这是我们理论研究面临的首要任务。再者，我国这些年的经济社会发展成就斐然，但国际话语权还很小，这是制约我国走向世界的关键。中华民族要实现伟大复兴的梦想，就必须在未来世界文明的舞台上有所作为，不仅要解决好自己的发展问题，还要关注人类的命运。这就需要站在世界潮流的高度看问题，特别是要把握和处理好社会主义与资本主义的关系，既要做好社会主义与资本主义长期并存、相互影响的准备，又要培养担当精神，主动引领世界文明的发展，为构建人类命运共同体，最终实现社会主义新文明对资本主义旧文明的超越，做出我们中华民族的新贡献。而要赢得世界的话语权，乃至引领世界文明潮流，就需要认真总结人类现代文明发展的经验，特别是要总结中国特色社会主义建设的经验，把这些实践经验上升到思想理论和学术研究的高度，形成一套现代化的国内外人们普遍认同的价值理念、思维方式、话语体系、学术体系、学科体系等，使之能够进入世界各国的学术研究领域、教学教材体系乃至变成大众的生产生活方式。正是在这样的背景下，中央提出了构建有中国特色的哲学社会科学体系的历史任务。

作为21世纪的中国学者，要承担时代赋予我们的使命，就必须始终站在学术前沿，立足中国，放眼世界，不断汲取人类一切优秀的思想学术成果，以丰富自己的头脑，创新马克思主义理论，为推进中国和世界的发展提供理论智慧。

正是出于上述考虑，我们力求站在世界潮流发展的高度，结合我国现代化建设和理论研究的实际，从国外马克思主义研究的最新成果中选择有时代性、创造性、权威性、建设性的作品，译介给我国读者。这应当说是"译丛"选题的基本原则。

至于选题的内容，主要包括以下四个方面：一是有关基础理论研究成果，即关于马克思主义经典文本和思想发展史的研究成果，如关于马克思恩格斯的文本、基本观点及其发展历程的研究成果，关于国外马克思主义发展史的梳理分析，以及马克思主义中国化的研究成果，等等。这些成果的翻译引进可以帮助我们更加深入地研究马克思主义经典著作，推进马克思主义基本理论和马克思主义发展史、传播史的研究。二是有关重大理论问题研究成果，即关于人类社会发展历史、规律和未来趋势方面的新成果，如关于社会主义的发展、资本主义的走向、人类文明转型、现代性与后现代性等的研究成果。这有助于我们科学把握人类社会发展的规律、现状和趋势，推进马克思主义基本理论的创新与发展。三是有关重大现实问题研究成果，如关于经济全球化、政治民主化、生态问题、后殖民主义、文化多元主义、人的发展问题、共享发展问题等的研究成果。这有助于我们回答和研究一系列重大社会现实问题。四是海外有关中国道路、理论、制度的研究。这是近些年来国外学术界研究的新亮点，也应当成为我们这套丛书的新亮点。翻译介绍这些成果有助于我们了解国际思想界、学术界乃至国际社会对中国改革开放和现代化建设的认识，从而有助于加强与国际学术界的交流互鉴，提升我们在国际学术界的话语权和影响力。除了这四个方面之外，其他凡是有助于马克思主义研究的新成果，也都在选题之列。当然，由于所处的社会文化环境不同，国外学者的思想认识与我们的观点不尽相同，也不一定完全正确，相信读者会用科学的态度对这些思想成果进行甄别和借鉴。

为更好地完成丛书的使命，我们充实调整了顾问与编委队伍。邀请国内著名的世界马克思主义研究专家作为丛书顾问，同时，邀请国内一批著名的专家学者作为编委，还适当吸收了青年学者。这些学者，或精通英语、德语、法语、日语，或对某一领域、学派、人物等有专门研究，或对国内某一地区、某一方面的研究有一定的权威性。有这样一支语种齐全、研究面广、代表性强的老中青队伍，加之广大学者的积极支持，我们有信心把丛书做得更好。

"译丛"自 2002 年问世以来，得到我国学术界乃至社会各界同人的广泛关注和大力支持。其中有的译作在社会上产生了较大影响，对推进我国马克思主义理论学科建设发挥了积极作用。这套丛书还日益受到国际学术界的重视，不少国际著名学者表示愿意将自己的新作列入丛书。为此，要衷心感谢所有关心、帮助、支持和参与丛书工作的朋友！需要说明的是，由于这方面的研究成果很多，而我们的能力有限，只能有选择性地陆续翻译出版，有考虑不周或疏漏乃至失误之处，也请大家鉴谅。希望新老朋友们继续为丛书推荐书稿、译者，继续关心、支持我们的工作，共同为繁荣发展我国哲学社会科学和理论研究事业奉献智慧与力量。

杨金海

2016 年 6 月 16 日

于北京西单

前　言

尽管我是在 20 世纪 50 年代的纽约郊区长大的，但当我从书中读到关
于 19 世纪工人的恶劣生存条件的描述时，仍然觉得自己好像是来自另一个世界。书中读到：工人危险的工作条件、过长的工作时间、微薄的薪水、廉价的公寓，社会上还有大量无家可归的乞讨者。有一天我和一些朋友进"城"——就是我们所谓的纽约，在那里我们造访了鲍威利街区，无家可归的酗酒者栖居在人行道上，这个街区看起来像是一个封存旧时代的博物馆。 xi

那时，我所在学区的公立高中每年都会进入很多的专业教师，涌现出很多荣誉班级。我们甚至有一个有博士学位的自然科学教师。在我生活的那个经济收入多元化的社区，每个人对于在完成高中或者大学学业后得到一份好工作都很有信心，这种信心源自老一辈的经验。

当我在 20 世纪 60 年代先后在大学和研究生院研究美国经济时，我学到的是：大约从第二次世界大战结束起资本主义便发生了巨大的改变。由于强大的工会带来了就业保障和合理的工作条件，一般的蓝领工人家庭依靠一个人的工作收入，就能够享有基本舒适的生活。大多数工人不再挤在廉价公寓里，而是拥有带院子的私宅，他们都有小汽车，有的甚至有休闲游艇。那些在劳动力市场受挫的人可以求助于政府的社会福利项目。当然，并不是所有的人都能享受这些进步。贫困减少了但是没有消失，少数族裔的收入仍然低于白人的收入，女性的收入仍低于男性。然而，显而易见的趋势是，社会经济秩序正在朝着一个更公正的方向发展而且取得了实质性进步。

没有人知道那个时期的繁荣和相对充实的保障不会永远持续下去。在经过 20 世纪 70 年代十年的经济困境之后，美国经济根本性地改变了。大约 1980 年之后，很多以前的趋势被倒转过来。改变的第一个迹象是，人们突然发现，不必一定要造访纽约的鲍威利街区去看无家可归者，现在流浪 xii

1

汉在美国各大城市的街道上日益增加。当然,生活条件还没有跌落到19世纪那样恶劣的水平,但是现在工资随着时间的推移在减少,而不是增加。一个人挣工资无法支持一个家庭的花销,两个人挣工资都不够。当就业保障状况急速恶化,工作压力就急剧上升。大多数好的制造业岗位从这个国家流走了。社会安全网的经费被削减了。公共服务包括公共教育一年接着一年被不断压缩。艺术和音乐教育在学校减少了甚至消失了,体育教育也好不到哪里去。有产阶级和其他社会公众之间的鸿沟迅速扩大。

当时,作为经济学学科的一个初级教员,我与那些想法和我接近的同事一起,力求理解这些未曾预料到的新情况。最初我们认为,这仅是对以前于大多数人有利的进步趋势的暂时偏离。它怎么可能是另外的情形呢?此前普惠的经济进步看起来稳定了资本主义,并且保证资本主义可以长时期生存——这使资本主义的批判者很困惑,他们本来以为资本主义只能惠及少数经济精英。

最终显现的结果是,改变不是暂时性的。相反,新趋势变得越来越明显,而且出现于全球很多国家。从20世纪90年代末开始,我便研究这些新情况,它们都源自一种新的资本主义,今天经常称之为"自由市场的"或者"新自由主义的"资本主义。当我还是加利福尼亚大学伯克利分校的一名研究生时,罗伯特·艾伦·戈登(Robert Aaron Gordon)教授给我上了很关键的一课,他说,一个人一定要倾听经验事实说的是什么,而不要试图将经验事实硬塞进一种可能符合我们预先假设的模型中。戈登教授的这一教导指引着我的研究。尽管我个人不喜欢新自由资本主义的不均衡趋势,但是事实显示它在一些方面运行得比较有效。它确实带来了持续时间很长的经济扩张——虽然不是很快速,而且还保持了较低的通货膨胀水平。一种有效的分析必须既能够解释它存在的问题,也能够解释它取得的成功。

2008年的金融危机以及更广泛的经济危机是自20世纪30年代大萧条以来最严重的危机,这一危机的爆发将一种严重的经济问题又一次带回现实——在这次危机之前,我们被告知,这种严重的经济问题只属于遥远的过去。这增强了解析新自由资本主义的紧迫性。本书就是这一长时段工程的最终产品。本书解释了1980年以来的关键发展历程:1980年左右经济急剧转折,随后几十年经济不平等日益增加和削减公共服务,2008年严重经济危机的爆发以及危机后的缓慢复苏。当然,这一主题充满争议,学界对于当前的经济问题也存在多种相互矛盾的解释。这要求读者自行判断我所提供的分析是否恰当。

本书对新自由资本主义提供了一个历史性的和分析性的论述,这一论述以美国为主。在本书中，我力求提供一种严肃的分析，但是所采取的分析方式又力图使每一位对这个主题有兴趣的读者都能够理解。当前的社会环境鼓励学院派经济学家只是面向很小一部分的专家听众来著述，这种做法在我看来是一种不幸。经济发展方式对公共福利的影响是深远的，无论是好的影响还是坏的影响。那些以解析经济为职业，同时也被我们的制度赋予了时间和资源可以这样做的人，有义务将他们的发现公之于众。我希望本书能够成功地做到：让读者明白我们当前的经济问题产生的根本性原因何在，同时为评估几个解决我们面临的经济问题的可能方案提供一个基础。

大卫·M. 科兹

马萨诸塞大学安姆斯特分校

2013 年 11 月

鸣　谢

对于导致本书问世的我的研究项目，我从很多个人和机构处获得了支 xv
持、建议和评论。哈佛大学出版社负责本书编辑工作的迈克尔·阿伦森，
以及丹·克劳森、芭芭拉·爱泼斯坦、特伦斯·麦克多诺、凯伦·法伊弗
和哈佛大学出版社的两位匿名评论者，对本书的手稿提出了很有帮助的评
论和建议。丹·克劳森、玛丽·安·克劳森、亚历杭德罗·罗伊斯、杰
夫·福克斯为本书描述的相关事件提供了一手和二手的资料文档或者直接
的信息。劳伦斯·米歇尔帮助查找一般政府网站上没有提供的经济数据。
和米米·阿布拉莫维茨、詹姆斯·克罗蒂、特伦斯·麦克多诺、马丁·沃
尔夫森等人多年的讨论，对于本书中的理论分析的形成和发展做出了很大
的贡献。关于与本书有关主题的最新历史文献，珍妮弗·弗龙克、劳拉·
洛维特、罗布·韦尔提供了他们的经验。奥利维娅·盖格提供了非常宝贵
的研究协助。米歇尔·罗森菲尔德提供了技术建议并且在文献检索上提供
了帮助。多鲁克·森吉兹为本书准备了索引。当我就本书的主题做报告时，
我在马萨诸塞大学安姆斯特分校经济学系的同事提出了很有帮助的评论。
马萨诸塞大学安姆斯特分校经济学系和政治经济学研究所为本项目提供了
资金支持。哈佛大学出版社的凯瑟琳·德鲁米很有耐心地答复了我提出的
很多出版过程中涉及的技术问题。当然，前面提到的个人或机构不用为本
书中的分析或结论承担任何责任。

1

目　　录

第一章
绪　论

　　2008 年一场严重的金融危机乃至稍后更广泛的经济危机在美国爆发　*1*
了。它迅速波及全球金融与经济体系中的大部分领域和地区。就像在第五
章中将详细揭示的那样，这场危机是 20 世纪 30 年代大萧条以来最严重的
危机。尽管危机开始时的金融崩溃和经济自由落体式剧变的阶段已经过去，
但接下来的是一个延续到写作本书时的 5 年多的停滞和经济不稳定的时期。
"危机"这一术语恰当地抓住了美国和世界其他大部分地区经济的现状和
发展趋势。

　　这场危机的到来令美国的大多数权威经济学家和政策制定者很吃惊，
因为他们原本相信当代资本主义不再可能出现萧条。罗伯特·卢卡斯
（Robert Lucas），芝加哥自由市场学派的重要代表人物，曾在 2003 年当选
为美国经济学会主席时的致辞中宣称："从所有的现实目标来看，引发萧条
的核心问题已经解决了，而且事实上已经解决几十年了。"[1] 本·伯南克
（Ben Bernanke）是普林斯顿大学著名的经济学家，2006 年被任命为美联储
主席，在 2006 年 3 月的一次美联储会议上，他这样说："我认为我们不可
能看到经济增长被房地产市场打断的情况。"在同一次会议上，珍妮特·耶
伦（Janet Yellen）——伯克利分校的经济学家，后来接替伯南克担任美联
储主席，那时是美联储的一位官员——补充说："当然，因为房地产是社会
经济中一个相对较小的部分，它如果下滑应该能够自我纠正。"[2] 可见，当
时美国主流经济学家的重要代表都没能够看出即将来临的危机，他们中的　*2*
很多人相信严重的危机不可能再出现。

　　这场危机源自最近几十年发端于美国的一种特殊形式的资本主义，一
般称为自由市场的资本主义或者新自由资本主义。[3] 新自由资本主义兴起于
1980 年左右，最早产生于美国和英国，代替了之前与之差异很大的"管制
资本主义"。它很快扩散到大多数国家，并开始主导这一时期的国际性机构

和制度安排。

新自由资本主义和管制资本主义的完整意义将在第二章中探讨。略言之，在新自由资本主义中，市场关系和市场力量运行得相对更为自由，并在经济中发挥压倒性作用。我们接下来思考的管制资本主义是这样一种形式的资本主义：在其中，诸如国家、公司管理层和工会等非市场机构在管制经济活动中发挥重要作用，限制市场关系和市场力量，使之在经济中的作用更小。[4]本书的目的是在新自由资本主义中发现这场危机的根源，同时也对导致这一危机的新自由资本主义提供一个解释。这要求考察几个相关问题。什么是新自由资本主义？为什么它在管制资本主义时兴了几十年后能够崛起？——这一变化就像当前的危机一样，曾经使那个时代的大多数分析家大为吃惊。这一形式的资本主义在 1980 年左右诞生后是如何运行的？——这一时期经历了一系列历史性的较长时段的经济扩张、低通胀以及很高且不断提升的不平等和债务水平。

找到上述问题的答案将为理解始于 2008 年的危机的根源、特点和不同国家对这场危机的反应提供路径。本书认为，在未来的年份中，很可能出现重大的经济和政治变化。尽管不可能精确预见未来的发展进程，但是这些分析将为确定可能解决这场危机的未来经济和政治变化的性质和类型提供线索。

本书采用的研究方法将资本主义看作一个随着时间演化和改变的体系。然而，这样的变化并不简单地仅仅是部分的或者渐进的。尽管资本主义从产生后保持了一些基本的界定性特征，但随着时间推移，它采取了一系列不同的制度形式。每种形式的资本主义都表现出一种内在的一致性，都具有一套经济、政治制度和统治观念，这几者互相强化。每种形式的资本主义会持续一个相当长的时期，从十年到几十年不等。从一种制度形式的资本主义向下一种制度形式的资本主义的转型期将是危机和重建时期。

资本主义的界定性特征是指社会中的一部分人即资本家控制和拥有企业，他们雇用工薪族生产产品在市场上出售，目的是赚取利润。然而，这仅是对一个社会经济体系的粗线条描述。在资本主义的任何一个历史时期中，它都发展出了一套丰富得多的经济和政治制度。上述观点，即资本主义的一套制度往往是内在一致的并将持续相当长一段时间，被两个理论派别在 20 世纪 70 年代末 80 年代初共同推进了，即积累的社会结构理论和管制理论。前者产生于美国 (Gordon et al. , 1982；Kotz et al. , 1994)，后者产生于法国 (Aglietta, 1979)。

本书的分析基于一种修正的积累的社会结构理论，它认为资本主义历史上每种具有一致性的制度结构，一般称为积累的社会结构，是以提升利润赚取能力和一个稳定的资本积累过程为中心的。经过十多年或者几十年后，每种积累的社会结构将从有利于利润赚取和积累转变为自身的障碍，将引发一个时期的危机。这一危机时期将延续下去直至一种新的积累的社会结构建立起来。这一理论方法本身不能解释为什么一个特殊形式的资本主义将在某个特定的时间点和地区导致严重的危机发生，但它为考察危机的根源提供了一个框架。

像以前各种形式的资本主义一样，新自由资本主义也有一个由经济和政治制度以及占统治地位的经济理论和观念组成的特殊结构。就像沃尔夫森和科兹（Wolfson and Kotz，2010）所主张的，每一种积累的社会结构都提供了解决资本主义所引发的主要冲突和问题的方法——包括稳定劳资之间的关系以及稳定资本家之间的关系。为了促进利润赚取和积累稳定，积累的社会结构也必须保证为日益扩大的资本主义经济产出提供日益扩大的市场。对于每一种积累的社会结构来说，国家在经济中的作用是最核心的。[5]

这一分析资本主义增长和危机的方法将理论考虑和对特定情形的历史性分析结合了起来。在本书中，最重要的角色不是个体，而是阶级和群体，它们投入斗争并形成联盟和联合，因为它们在面对经济形势时都力求扩大各自的利益。这些角色中意义最为广泛的一个类型是阶级，如资产阶级和工人阶级。资产阶级不是一个无差别的群体，我们的分析将关注资产阶级中不同部分有时出现的利益冲突。

新自由主义时期出现了两个引起了巨大争论的现象，即全球化和金融化。尽管资本主义从诞生开始就表现出向全球扩张的强烈趋势，但若是从几个标准衡量，资本主义在新自由主义时期比过去实现了更具全球性的重大融合。资本主义在新自由主义时期的另一个特征是"金融动机、金融市场、金融参与者和金融机构在国内及国际经济运行中的地位不断提升"（Epstein，2005，3），这种发展变化被赋予了一个尴尬的名字——"金融化"。一些分析家通过全球化或金融化而非新自由主义的视角来观察这一时期的经济体系的特点。在第二章中，我们将主张新自由主义是理解当前形式的资本主义的最有用的概念，而全球化和金融化应该被理解为新自由资本主义的重要特征。

已经出现了相当数量的分析新自由主义及其所引发的危机的著作。举例来说，有哈维（Harvey，2005，2010）、杜美尼尔和列维（Dumenil and Levy，2004，2011）、斯蒂格利茨（Stiglitz，2010）、福斯特和马格多夫

（Foster and Magdoff, 2009）、斯威齐（Sweezy, 1994）、帕利（Palley, 2012）、霍华德和金（Howard and King, 2008）以及罗格斯（Rogers, 2011）等人的著作。读者将看到，这些书中的结论和本书的结论在某些要点上是一致的，但也有一些不同。本书的显著特征是所采用的方法，它使用作为增长和危机时期的基础的先后更替的资本主义形式这一理论概念，提供理论和历史的综合性分析，集中分析阶级和阶级内的部分。这一方法可以提供对资本主义社会过去、现在和未来的洞见，这是其他的分析方法难以实现的。

本书的一个中心观点是，始于 2008 年的危机不仅仅是一场金融危机，或者是一场特殊的严重的衰退，或者是二者的结合，它是新自由资本主义的结构性危机。结构性危机不仅是指这种危机源于当前经济的结构形式，而且意味着这场危机不像一场普通的周期性商业衰退，它不能在当前的结构形式中得到解决。即使精心选择的经济政策也不能解决结构性危机，甚至一项大胆通过大幅提高公共开支实现财政扩张的凯恩斯主义政策，虽能够短期刺激经济增长和创造更多的工作岗位，但也解决不了根本性的结构性问题，这些问题阻止了一条能够带来长期的利润赚取和经济扩张的正常轨道的重新开启。经济和相关社会方面的重要结构性变化反倒是解决当前危机的唯一路径，这种观点可以从美国过去的结构性危机——比如 20 世纪 30 年代的危机——的解决历史中找到支持。

第二章、第三章和第四章是对新自由资本主义的分析：新自由主义是什么，新自由资本主义是如何兴起、如何运行的。第五章分析当前经济危机的根源和特点，以及国家对危机的反应过程。第六章深入研究美国的未来，从资本主义以前的制度形式和从一种形式向另一种形式的转型中寻找教训，这可以为我们判断未来趋势提供线索。第七章是全书结论，讨论了未来经济和政治可能的变迁方向。

本书集中关注美国。美国无疑是当今世界在经济、政治和军事上占统治地位的力量，同时它的文化也对世界上其他国家具有重大影响。新自由资本主义产生于美国和英国，但正是美国的力量使新自由主义的制度和政策传遍全球。当前危机发端于美国，然而新自由资本主义和它带来的危机都具有重要的国际维度，本书的分析将解释在全球政治经济中相关的重要发展变化。

为了分析新自由资本主义，我们将引入各种相关经济数据。我们将和以前各种占统治地位的资本主义形式——我们称之为管制资本主义——做比较。当利用数据来进行这种类型的分析、评价和比较时，就不可避免地产生如何确定每个时期的起止年份的问题。选择起止年份是一个比人们想象的更重要的问题，因为如果选择不当，那么商业周期（经济的周期性的短期增长和下降）可能扭曲对经济长期表现的比较。一个能较好克服这种扭曲效应的做法是将一个商业周期的峰值年作为一个时期的起始年或终止年。

我们认为管制资本主义大致始于20世纪40年代晚期，持续至20世纪70年代晚期，而新自由资本主义从20世纪80年代早期持续到现在。根据这里采用的方法，每种形式的资本主义都有这样一个时期：积累的社会结构能够有效地运转，促进利润赚取和经济扩张，接着是结构性危机时期，积累的社会结构不再有效运转。我们将在后面的章节中证明，正如大多数系列数据所显示的，管制资本主义在1973年左右不再能够有效运转，尽管美国的平均利润率早在1966年就开始下降了。因此，面对大量证据，我们将1948—1973年视为管制资本主义时期——1948年和1973年都是商业周期的峰值年，这一区间是从该体系还在有效运转的意义上确定的。从1973年到1979年——这两年都是峰值年——是管制资本主义的结构性危机时期，但是从利润数据看，我们将1948—1966年和1966—1979年分别视为有效运转时期和危机时期。[6]

尽管在我们看来，新自由资本主义直到20世纪80年代早期还没有很好地巩固，我们还是将1979—2007年视为它有效运转的时期——这两年都是经济峰值年。尽管1979年在一定意义上属于前一个时期，但是下一个正常商业周期的峰值年份直到1990年才到来，此时新自由主义制度已经建立很久了。[7]在很多经济数据系列中，1979年代表一个转折点，因此很正常地我们把这一年设为两个很不同时期的拐点。紧接着在2007年这一商业周期的峰值年，美国经济进入结构性危机，截至本书写作时，危机还没有到达终点。关于如何确定这些时期的起止年份的分析，本书后续的章节将提供进一步的细节。

7

注释

[1] 卢卡斯的这一论断在不同地方被引用时，语词稍有不同。这里的说法引自克鲁格曼（Krugman，2009a）。

[2]《纽约时报》，2012年1月13日，A3版。当耶伦被提名为美联储主席时，大众媒体声称，耶伦很早就警告房地产市场的发展将导致严重的经济衰退。但耶伦并没有宣称自己有过这样的先见之明，也没有记录支持这一点（参看《纽约时报》，2013年10月10日，A19版）。在2005年10月21日的一次演讲中，当时耶

伦正在旧金山联邦储备银行主席任上，她提出这样的问题："如果房地产泡沫自己破裂了，它对经济的影响是不是会出乎寻常的巨大？"她的回答是很干脆的一个"不"字，她认为"危机可能的大小感受起来就像在马路上碰上一个比较大的鼓包，但是经济能够消化这一震荡"（Yellen，2005）。

［3］"新自由主义"这一术语在论述当代资本主义的学术研究文献，以及在美国之外其他国家的大众传媒中都得到广泛的使用。但是它在美国用得很少，这是令人困惑的。这一情况在第二章开头将得到讨论。

［4］如第二章所述，国家在资本主义经济中一直发挥重要作用，因为资本主义市场关系离不开对私有产权的界定和保护，而这些正是国家的职能。不过，国家在经济中的作用可能停留在很有限的程度，也可能扩张过大，远远超过对私有产权保护的范畴。

［5］戈登等人主张，积累的社会结构必须能够稳定资本主义整个利润赚取过程的购买过程，包括购买工人的劳动时间和非生活投入，以及接下来的生产过程和最后的步骤——出售最终产品。

［6］美国经济在 1966 年呈现出这样的特征：它有一个很低的 3.8% 的失业率以及往往和商业周期的高峰相联系的其他征兆。

［7］尽管官方宣布的另一个商业周期的高峰年在 1981 年 7 月到来，但这一高峰年和第二次世界大战后的高峰年相比有很大不同，比如高峰年之前的收缩和扩张的时间都很短。接着 1979 年高峰年（具体月份是 1980 年 1 月）的收缩期只持续了 6 个月，到 1980 年 7 月；然后接着的扩张期仅仅持续了 12 个月，到 1981 年 7 月；在此之后，经济又转头向下，收缩了 16 个月，直至 1982 年 11 月。月度失业率从 1979 年 5 月的 5.6% 上升至 1982 年 12 月的 10.8%，而在 1981 年 7 月这一商业周期的顶峰，失业率是 7.2%。有充足的理由将 1980—1982 年看作一次长时间的衰退期。

第二章
新自由主义是什么？

因为当前的经济危机产生于自 1980 年左右取得主导地位的一种特殊形
式的资本主义，所以理解这场危机根源的第一步是判定这种形式的资本主
义到底是什么。关于如何描述这种资本主义存在着分歧。在本书中，1980
年后的资本主义被认作"自由市场的"或者"新自由主义的"资本主义。
一些分析者对当代资本主义有不同的理解，认为对它最好的界定概念是
"全球化"或"金融化"。本章将考察这种形式变化极大的资本主义，并论
证"新自由主义"抓住了它的主要特征，而且新自由主义是分析当前经济
危机的最好的入手点。

"新自由主义"这一术语会让在美国受过政治学教育的那些人感到困
惑，因为在美国，"自由主义的"政治立场意味着支持国家积极干预经济，
从而达到造福普通人的目标。然而，"自由主义的"这一术语在其他国家
早就或多或少具有相反的意义，比如自由主义政党就是指呼吁采取自由市
场经济政策的政党。当一种自由市场形式的资本主义在 20 世纪 70 年代末
80 年代初开始形成的时候，大众对其称呼不一，比如保守主义经济学、里
根经济学或者径直称为自由市场经济学。当这种形式的资本主义扩展到全
球时，"新自由主义"开始被普遍使用，用来指称一种新形式的"自由主
义的"（自由市场的）理念、政策和制度。到 21 世纪头十年，"新自由主
义"成为对当前资本主义以及和它联系在一起的理念和政策的通用称呼。
尽管有些分析者用这个术语仅仅指称一套观念或者某些特定政策，但我们
用新自由主义或者新自由资本主义这个概念时所指的范围更广泛一些——
我们是指称一种特殊制度形式的资本主义，以及和这种资本主义有联系的
主导性理念。[1]

新自由主义的或者自由市场的资本主义这一概念并不意味着国家在经
济中完全不发挥作用。市场关系和市场交易需要国家或者类国家机构来界

定和保护私有产权以及合同的强制执行——这些都是市场交易所必备的条件。任何大规模的社会都需要国家或者类国家机构来维持秩序。维持一支强大的军队和新自由主义关于国家合理功能的界定并不矛盾。在这样的语境中，"自由市场"是指国家在经济调节中的作用是有限的，除前述的国家必要的调节功能外，经济活动完全由市场关系和市场力量来调节——当然，市场是在国家创设的框架下运行。[2]

我们也不要认为新自由主义仅仅和保守主义政府有联系。如同我们在第三章中将看到的，美国的新自由主义重组开始于 20 世纪 70 年代末的民主党政府——吉米·卡特总统时期。新自由主义在后续的罗纳德·里根和乔治·H. 布什的共和党执政时期得到加强，在比尔·克林顿的民主党执政时期，情况也没有逆转。同样的，在这一时期的西欧，社会民主主义政党在和自由主义政党展开竞选角逐时曾许诺逆转新自由主义，但是一旦执政后，它们均继续推进新自由主义制度重组。[3]尽管执政的政党发生变化，但是新自由主义却得到延续，本书第四章将较详细地考察这一过程。

为了理解当前这一历史性时刻，最好的入手点就是详细考察新自由资本主义是什么。它是在统治战后几十年、与它很不一样的管制资本主义的危机中形成的，一定程度上，新自由主义是对那些被看作是源自管制资本主义的问题的回应。因此，只有比照它之前的制度，新自由主义的不同特征才能得到最好的理解。

管制资本主义和新自由资本主义都是具有多重特征的复杂实体。为了理解两者，最好是从考察两个时期的主导性经济理念入手，然后考察两个10　时期的主要制度。主导性经济理念为什么发生重大变化，制度为什么发生重大变迁，这些将在第三章中得到考察。本章的目标是弄清楚需要解释的对象本身是什么。

主导性经济理念的突然变换

新自由主义时期的主导性经济理念与管制资本主义时期的主导性经济理念之间的分歧很大。在第二次世界大战后的几十年中，美国和英国的主导性正统经济理念是和英国经济学家约翰·梅纳德·凯恩斯联系在一起的。[4]他的著作《就业、利息和货币通论》（*The General Theory of Employment, Interest, and Money*）出版于 1936 年，当时正是大萧条时期。凯恩斯主义经济学主张,资本主义在经济的整体层面有一个根本性的裂缝,经济并没有一个自动机制来保证充分就业或者避免偶然爆发并被拉长的严重萧条。

根据凯恩斯主义者的观点,这个裂缝源自商业投资水平的高度易变对经济的影响。商业投资决定的做出建立在对一个企业将遇到的、内在不可知的未来经济条件的猜测之上,这使总投资水平不稳定,并受制于乐观主义或者悲观主义情绪的波动。如果商业投资下降,那么经济的总需求也将下降,未售出的商品将堆积在货架上。这将推动企业削减生产,解雇工人,导致家庭收入和开支下降,促使经济下滑,演变成一次衰退,甚至造成严重的萧条。

关于在资本主义条件下国家如何发挥适当作用,这一宏观经济理论强化了一种新观点。凯恩斯的追随者是改良主义者,而不是革命者。他们主张,要医治凯恩斯指出的资本主义经济的裂缝,有一个现成的药方,就是国家积极干预经济。当私人投资下降时,国家开支应该以同等数量上升,以保证总需求水平维持在能够保证充分就业的水平上。正如私人企业需要借钱投资一样,国家也应该借钱来为额外开支提供资金,也就是说,国家在必要的时候可以增加赤字。一旦私人投资恢复了,国家开支可以减少它在总需求中扩大的份额。

管制资本主义时期的主导性正统经济理念并不只限于呼吁积极的财政政策。[5]国家开始被看作是经济中的一个重要角色,扩大对教育和基础设施(交通、电力、通信和卫生设施)的供给,不仅将对整体经济提升,而且将对私人企业的利润率做出贡献。国家也被认定要负责追求类似如下目标:纠正市场失灵(例如环境破坏),减少收入不平等,维持更大的个人经济安全。[6]在战后的几十年中,"资本主义"这一术语实际上几乎从公共话语中消失了,它被"混合经济"这个词代替了——在混合经济中,私人机构和国家机构都做出了重要贡献。我们将这一套主导性正统经济理念称为凯恩斯主义,它还相信在熨平商业周期这一目标之外,国家也需要干预市场——凯恩斯主义经济学因为这一点而广为人知。

新凯恩斯主义经济学理论在麻省理工学院的经济学家保罗·萨缪尔森的教科书《经济学》(Economics)中得到了体现,该书初版发行于1948年。在接下来的几十年中,该书为所有重要大学的入门经济学教科书提供了基准。凯恩斯主义经济学的统治地位在20世纪60年代约翰·H.肯尼迪总统和林登·B.约翰逊总统执政时期达到顶峰。这一经济理论的支持者占领了关键的经济决策地位并主导了政策辩论。甚至理查德·尼克松总统也在 1971 年宣称："我现在在经济学上是一个凯恩斯主义者了。"[7]

然而，在 20 世纪 70 年代，凯恩斯主义经济学的正统理念很快被一套新的——"自由市场的"或者"新自由主义的"思想代替了。新自由主义思想建立在一种对人类社会高度个人化的理解之上。[8]个人的自由选择被看作人类福利最重要的基础，而市场关系被理解为有利于通过个人选择来推动经济。与之相反，国家被看作个人自由的敌人、私有财产的威胁、个体辛勤工作的寄生虫。[9]芝加哥大学的米尔顿·弗里德曼曾经长期被知识界冷落，但是他挺过来了，到 20 世纪 70 年代中晚期开始崭露头角，和弗里德里希·哈耶克一起被捧为新自由主义经济思想大师。

新自由主义理论有几个变种，它们的名字是货币主义、理性选择理论、供给学派、挤出理论和真实商业周期理论。然而，所有这些学派的基础，都是把在无调节的市场中的个体选择提高到经济行动的最核心地位，而将国家的经济行动描述为要么是无效率的（因而是浪费的），要么是主动作恶的。[10]对于国家的军事和公共职能，则都网开一面。新自由主义理论断定，一个"自由的"（意思是非调控的）市场体系可以在效率、收入分配、经济增长和技术进步等各个方面都保证最优的经济结果，同时又可以保护个人自由。[11]这一理论宣称，资本主义经济可以自然维持充分就业和达到最优的经济增长率，而国家任何旨在提升这些目标的干预都不仅是不必要的，而且会使经济恶化。

尽管新自由主义理论这样一种占统治地位的新理论的出现，本身不能解释在新自由主义时期出现的经济和政治制度的巨大变化，但是它为后者提供了有力的辩护。新自由主义理论断言，1980 年左右开始发生的制度变化对于维持经济繁荣是很有必要的，而且会造福每一个人。

对新自由主义政策的一般描述是自由化、私有化和稳定化三部曲。然而，最好这样理解和这些术语相联系的政策：它们是将管制资本主义制度转换成新自由主义制度的手段。随着新自由主义的兴起而急剧改变的主要可以分为四类：1）全球经济；2）政府在经济中的作用；3）资本和劳动的关系；4）公司部门。我们将就上述内容在管制资本主义时期的制度背景下进行考察，可以看到，前者与后者形成了鲜明对比，并且是从后者演化而来的。

全球经济

布雷顿森林体系在管制资本主义时期统治了国际经济。这一体系产生于 1944 年在美国新罕布什尔州布雷顿森林召开的一次会议，在这次会议上 *13* 美国和它的盟友制定了关于战后国际经济体系的方案，它催生了国际货币基金组织和世界银行，这两个机构将监督新的全球体系。尽管布雷顿森林体系鼓励自由贸易，呼吁逐渐减少贸易壁垒，重要的关税只在特定的条件下才允许存在，但国家有权力以多种方式调节资本流动。这产生了一个全球体系，这一体系在一定程度上对国际贸易开放，但仍然保留了很多壁垒，特别是对资本流动设置的壁垒。在美元可以以固定汇率兑换黄金的政策支持下，美元成为国际贸易货币和储备货币。其他重要国家的货币和美元挂钩，创造了一个覆盖世界主要货币的固定汇率体系。任何一个重要国家货币的相对价值的任何变动都需要国际货币基金组织的批准。

1967—1973 年，布雷顿森林体系一步步瓦解。1973 年美国政府宣布允许美元自由浮动——美元将根据国际货币市场的市场力量升值和贬值——标志着这一体系完全崩溃。这终结了固定汇率体系，它是布雷顿森林体系的核心。经过 20 世纪 70 年代国际货币体系的一个混乱期后，一个新的体系在 20 世纪 80 年代出现了，它有两大特征。

第一，一种"有管理的浮动汇率制度"发展出来了：政府让国际货币市场在确定货币价值中起主要作用，但是中央银行仍然对国际货币市场有重大干预权，以达到影响结果的目的。[12]

第二，更重要的是，这一新体系强调商品、服务、资本和货币跨越国界自由流动。[13]国际货币基金组织和世界银行仍然继续工作，但是它们的功能改变了，它们成为一个新的更开放的贸易、投资和货币的全球体系的支持力量，同时也成为在全球推进新自由主义改革的重要力量。经过一段时间，一些新的国际机构也产生了，最重要的就是世界贸易组织，它诞生于 1995 年，目的是推进和实施自由贸易。在新自由主义时期，全球经济变得比管制资本主义时期更加开放。图 2-1 表明，全世界出口量相对于世界总的国内生产总值（GDP）的比例在 20 世纪 60 年代后开始呈现较快增长，但是在 20 世纪 80 年代后，增长更为快速。

政府在经济中的作用

在新自由主义时期，并非所有的重要制度变化都直接涉及政府在经济 *14* 中的作用，但它仍然代表了从 20 世纪 70 年代后期开始的新自由主义改革的

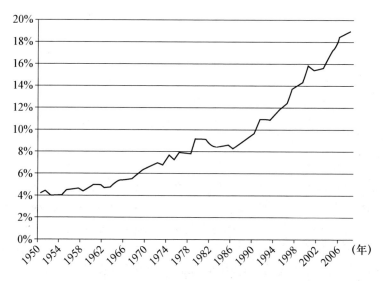

图 2 - 1　世界出口量占世界 GDP 的百分比，1950—2009 年

注：世界出口量和世界总 GDP 是以 2005 年美元价值为基准的。
资料来源：国际货币基金组织，2013b；麦迪逊，2010。

重要方面。在美国，国家作用的一系列变化合起来转变了国家和经济的关系。最重要的变化有：1）放弃了凯恩斯主义主张的政府需求管理政策；2）对基础行业解除规制；3）对金融行业解除规制；4）削弱对环境保护、消费品安全和职业安全的规制；5）审慎实施反托拉斯法；6）公共职能的私有化或外包；7）取消或者削减社会福利；8）制定为企业和富裕家庭减税的政策。

15　　　第一，新自由主义时期，以往凯恩斯主义主张的"需求管理"政策被放弃了。在此之前，联邦政府致力于靠政府开支、税收和货币政策来抵消私人部门的需求波动，以稳定商业周期，使失业率保持低水平，同时阻止通货膨胀，从而提升长期的经济增长水平。新自由主义经济学家则认为这样的国家干预是不必要的，甚至是有害的。在新自由主义时期，这样积极的政府政策都被放弃了，官方的财政政策目标变成平衡预算，货币政策转向仅仅聚焦于稳定价格，而不是像以前那样必须是低失业率和低通货膨胀的结合。1979 年吉米·卡特总统任命保罗·沃尔克（Paul Volcker）为美联储主席标志着这一政策转换的开始。沃尔克将利率提高至 20%，止住了当时严重的通货膨胀，但是代价是经济陷入严重萧条，失业率被推升到两位数。总之，低失业率不再是美联储关注的目标。[14]

有些观察者错误地认为，里根政府实际上在延续凯恩斯主义的财政政策，因为其在1981年颁布的第一批法律是大规模减税以刺激经济增长。然而，里根减税的理论基础并不是凯恩斯主义的理念，凯恩斯主义是通过将更多的收入留在消费者的口袋里来提高消费需求。里根总统在1982年2月10日对国会发表的国情咨文中说："1981年历史性的经济复兴税收法案通过的结果，是启动我们税收法律的重大转向……我们已经对税收体系进行了重大重组，以鼓励人们更多地工作、储蓄和投资。"（Peters and Wooley，2013）里根的减税政策允许企业和家庭更多地保留他们的收入，以鼓励人们投资和更努力地工作。新自由主义理论同时主张减少政府开支以平衡预算。[15]支持这一做法的理念是，在税收和开支方面都减少的小政府将带来私人部门更快的增长。[16]

国家在经济方面的第二个转变涉及政府对关键产业的规制。20世纪早期，铁路和通信行业受到政府的有效规制。规制领域后来扩展至电力、航空、长途货运和广播电视行业。[17]这些基础设施部门被看作是基本产业部门，它们都具有自然垄断的重要成分，要求政府监管以保证它们的价格稳定并且不会过高。[18]对这些不同部门实施监管的细节各有差异，不过基本就是：设定价格，规制某些商业行为，限制进入某些产业，对新增产能投资进行一定的控制。在某些案例中，比如对通信行业的规制，就是保证电话公司的投资获得一个固定的利润率。

新自由主义经济学家主张，这样的规制是不必要的并且是有害的，将扼杀效率和技术创新。从20世纪70年代中期开始，前面提到的那些规制大多被取消了，只是在地方政府层级保留了对电力和电网的一些规制，因为在地方层级这样的自然垄断是不可避免的。取消规制实际上开始于20世纪70年代末期民主党总统吉米·卡特时期，最早取消规制的行业是航空和货运。康奈尔大学经济学家阿尔弗雷德·卡恩（Alfred Kahn）被卡特任命前往监督航空业的解除规制，同时国会也在推动货运业的解除规制。当解除规制行动在基础行业落实下来以后，市场力量开始代替国家规制在这些领域发挥作用。

国家在经济方面的第三个变化是从对金融行业进行严格规制转向基本解除规制。20世纪30年代，在1933年美国银行体系崩溃后，国会听证会揭露了那个时期领头的银行家令人质疑的行为，这推动联邦政府制定了一个详尽的规制金融行业的体系。这一规制体系的目标是保证银行的稳定，阻止银行失败和金融恐慌，提升金融行业合理的生产性功能，同时阻止投机活动。在第二次世界大战后的管制资本主义时期，银行被几大调控机构紧密控制，它们设定某些贷款的最高利率，决定某些类型的消费者可允许

17 的储蓄利率，限制每家金融机构的经营牌照发放。这样就产生了一个被分割的金融体系，其中商业银行提供企业贷款，储蓄银行提供商业和家庭抵押贷款，保险公司销售传统的保险，受到规制少一些的投资银行可以认购包销公司发行的证券，但是禁止提供储蓄服务。商业和储蓄银行的存款由联邦政府监管。在这种体系下，从第二次世界大战结束直到1973年，没有出现过大的金融失败或者金融恐慌。

20世纪70年代，金融规制体系开始经受压力，因为共同基金在货币市场上推出了支付高额利息的基金账户，这侵入了银行的经营范围；另外，飙升的通货膨胀率对规制者设定的利率上限施加了巨大压力。新自由主义经济学家开始展开一场反对政府对金融部门实施规制的战争，他们搬出用于反对对基础设施部门实施规制的理由，认为对金融行业的规制导致低效率并且压抑了创新。[19]他们声称，金融机构之间的竞争就足以保证金融行业取得最优表现。一些人甚至呼吁取消联邦储备保险，他们认为大多数存款人已对银行进行了充满警惕的监督，因此强制的保险没有必要。[20]

在1980年，即卡特政府任期的最后一年，第一个解除银行规制的法案经签署成为法律，接着在1982年另一项同类型的法律出台。[21]解除银行规制的进程一直持续到2000年。1999年的《金融服务现代化法案》（Financial Services Modernization Act）最终基本全盘否定了1933年的《格拉斯－斯蒂高尔法案》（Glass-Steagall Act），后者强制要求金融机构只能在储蓄银行、投资银行和销售保险三者中选一作为自己的业务。这导致从大萧条以来，美国第一次出现混合金融集团，于是原本政府提供保险的储蓄被用于投资风险极高的金融活动的可能性极大地提高了。2000年《商品期货现代化法案》（Commodity Futures Modernization Act）禁止政府规制衍生证券——这些衍生证券的崩溃将在2008年的金融崩溃中发挥巨大作用。[22]至此，一个解除规制的庞大金融体系在新自由主义时期的美国逐渐出现了，到2000年金融行业实际上已经完全可以自由地从事任何许诺能带来高回报率的活动。

第四个变化涉及有时被称作"社会管制"的领域，这和上面描述的"经济管制"不同，"经济管制"旨在管制自然垄断以及经济的关键行业。
18 社会管制包括监管消费品安全、职业安全和环境质量。在20世纪初乃至更早的时候，美国政府开始实施一些社会管制方面的政策，这些政策在第二次世界大战后的几十年中得到很大的扩展。消费品安全方面的管制措施最早出现在1906年，当时出台了《纯净食品和药品法案》（Pure Food and

Drug Act)和《肉类产品监督法案》(Meat Inspection Act)。到 1972 年，《消费品安全法案》(Consumer Product Safety Act)的出台进一步扩大了联邦政府的职权。20 世纪 70 年代，联邦贸易委员会在消费者保护领域变得更加积极。

从 19 世纪开始，在一些危险的特殊行业如铁路和采矿业，州和联邦政府都采取了一些适度的措施加强安全生产管理。1969 年通过了《联邦煤矿安全和健康法案》(Federal Coal Mine Safety and Health Act)，加强了对采煤业的规制。接着在 1970 年美国国会通过了内容详尽的《职业安全和健康法案》(Occupational Safety and Health Act)，这是联邦政府进入职业安全监管领域意义重大的一步。[23]

环境保护方面的立法也有很长的历史，至少可以追溯至 20 世纪早期。在 20 世纪 50 年代和 60 年代，国会颁布了一系列监管环境质量的法律，以 1963 年和 1970 年的《清洁空气法案》(Clean Air Acts)以及 1969 年的《国家环境政策法案》(National Environmental Policy Act)出台为标志，有关方面的立法达到顶峰。1970 年，尼克松政府组建了环境保护局，以落实通过的各项法律。

三种社会管制措施都涉及商业行为对于人——消费者、工人和社区居民的有害影响。战后几十年中社会管制措施的大规模扩展是在公共运动的推动下实现的，后者要求政府强制企业在追逐利润的过程中避免对消费者、工人和社区居民的伤害。企业对利润的追逐可能导致它从事伤害个体的行为，而这些个体很少或者根本不具备避免伤害的能力，这是一种"市场失败"。那一时期的主导性理念认为，社会管制措施能够克服"市场失败"，因此是必需的，于是这些社会管制措施被合法化。[24]

1978 年，卡特总统采取了一些试探性步骤放松社会管制(Ferguson and Rogers，1986，106)。1981 年里根上任后，潮流真正出现了转变。里根政府力图削弱社会管制，将它视作反商业举措和经济增长的障碍。里根 1981 年宣称"树比汽车造成了更多的污染"，这为政府的环境政策设立了基调。在执政期间，他把很多长期反对政府管制的人任命到政府的关键职位，像詹姆斯·瓦特(James Watt)被任命为内政部部长，安妮·戈萨奇(Anne Gorsuch)被任命为环境保护局局长。[25]1980—1984 财年，环境保护局的长期雇员下降了 21%，职业安全和健康管理局的长期雇员下降了 22%，消费品安全委员会的长期雇员下降了 38%。[26]1980—1982 财年，职业安全和健康管理局受理的监察案例投诉下降了 52%，跟踪监察案例下降了 87%(Ferguson and Rogers，1986，131，134)。

　　时新且影响力逐步扩大的新自由主义经济理论为社会解除规制提供支持。该理论认为，对于影响企业决定的因素而言，法律诉讼是比政府规制更有效的方法。詹姆斯·C. 米勒三世（James C. Miller Ⅲ）于 1981 年被里根任命为联邦贸易委员会首席经济学家，他力图驾驭该委员会下消费者保护局里活跃的律师，要求他们针对不安全产品所发起的任何行动，都必须首先得到该部门的自由市场经济学家的批准。1982 年，一位联邦贸易委员会经济学家搁置了一项提案，这项提案要求修理好在商船和海上石油钻井平台上装备的冷水救生衣，当时这些救生衣有渗漏现象。装备这些救生衣的原意是使一旦掉入冰冷海水的工人可以存活下来，海岸警卫队发现，超过 90% 的救生衣的阀门有问题，要修理这些阀门，每个只需要 10 美分左右。但这位联邦贸易委员会的经济学家最后裁定，不需要任何政府规制措施，理由是让受影响的当事人或者穿戴这种救生衣的幸存者向法院提起诉讼是处理这一问题的更好办法。[27]

　　与取消对银行和自然垄断的规制情形不同，由于强大的公共支持，社会性规制没有被取消。然而，在新自由主义盛行时期，对社会规制的强制执行力度减弱了。削弱社会规制的一个关键方式就是对所倡议的社会规制措施引入所谓的成本-收益分析。新自由主义经济学家提出了看似合理的主张：一项规制措施只有当它产生的收益比成本高时，才是合理的。然而，《环境保护法案》把阻止环境破坏而不是成本和收益的平衡作为自己的首要原则。社会规制的支持者指出，在成本-收益分析中，规制的成本往往来自受规制影响的企业对它们遵守规制后产生成本的估计，它们有强烈的动机去高估成本，然而对于规制收益的量化却很困难甚至不可能做到。于是，对规制的成本-收益分析往往变成反对规制的伎俩。

　　国家在经济方面的第五个变化是在执行反托拉斯法上出现重大倒退。美国主要的反托拉斯法是在两个时期通过的，分别是 1890 年出台的《谢尔曼反托拉斯法案》（Sherman Anti-Trust Act）——当时大公司刚开始出现，以及 1914 年出台的《克莱顿反托拉斯法案》（Clayton Anti-Trust Act）和《联邦贸易委员会法案》（Federal Trade Commission Act）——这是大公司和大银行已经稳固建立后的进步时期。反托拉斯法的诞生在历史上曾引起重大的政治争论，它产生于一个复杂的政治过程，即一场由小农和小生意人、刚开始活跃的中产阶级社会改良主义者、正在崛起的社会党以及新出现的大企业的代表共同参与的群众性运动，这场政治争论我们将在第六章中加以考察。

　　就像我们将在第六章中看到的，进步时期开创性地推动了一个激烈的反垄断执法时代，这些执法包括提起诉讼并分拆当时新出现的大公司，这些大公司中有两个——标准石油托拉斯和美国烟草公司被强制分拆了。然而，在进步时期及之后的多年中，执行反托拉斯法却演变成默认大公司存在的合法性，更多地强调规制企业的行为，以阻止特定类型的垄断策略，而不是力图通过拆分大企业来重建经济。第一次世界大战之后，美国很少实施反托拉斯法，直到 20 世纪 30 年代新政实施，潮流才逆转。在第二次世界大战后的几十年中，对反托拉斯法的实施相对来说是较严厉的，但是与传统印象相反的是，几乎所有的反托拉斯行动都不是针对来自一般消费者的起诉，而是来自企业的起诉。在现代经济中，市场交易主要是在作为卖方和买方的两个企业之间发生，反托拉斯法成为规制和稳定企业间竞争的重要框架，旨在阻止任何一个公司或者一个小的公司集团在和其他公司产生买卖关系或者竞争关系时，攫取不适当比例的利益。

　　在管制资本主义末期，美国参议院曾有提案建议利用反托拉斯法大幅缩小大企业的规模。《哈特去集中化》提案曾威胁要拆分每个行业的领头企业，当时在每个行业中，领头的四个大企业均占据该行业的很大份额。[28]尽管这个提议已被废弃，但是由一个非常受人尊敬的参议员提起，这就足够引起大企业的极度不安了。*21*

　　在 1981 年之后，反托拉斯法的实施和执行明显放松。公司并购计划很少被审查，在 20 世纪 80 年代出现了一波企业并购浪潮，接着在 90 年代出现一波更大的并购浪潮，如图 2－2 所示。[29]就像为国家从其他领域退出实施辩护一样，新自由主义经济学家也为国家放松反托拉斯法的实施辩护。一种"可竞争市场"理论产生了，它主张一个行业甚至只存在一家企业也可以被认为是竞争性行业，只要该行业面临新企业进入的潜在可能性。一些经济学家宣称，几个巨型公司控制几个行业并且攫取巨大利润，并不一定意味着它们享有垄断权力，而是表明在这些行业中最有效率的企业已成长起来并代替了那些低效率的竞争对手。根据新的新自由主义竞争理论，如果在经济的某个领域存在垄断权力，那只能是政府强制行为（如规定进入某一行业需要获得许可证）的结果，而不是私人企业导致的。*22*

　　国家作用的第六个变化是公共职能的私有化。在此之前，国家建立了庞大的公共部门，对所有公民直接提供公共物品和服务，现在这一进程被逆转了。私有化成为通行的规则。在第二次世界大战后的管制资本主义时期，在许多西方国家，比如法国和英国，国有企业占据了国家经济的很大

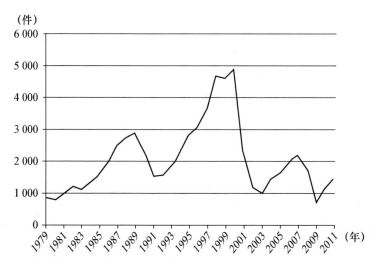

图 2-2 向联邦贸易委员会报告过的并购交易件数，1979—2011 年

资料来源：联邦贸易委员会。

份额。[30]和大多数发达资本主义国家不同，美国的国有企业从没有发展到较大规模。在欧洲，私有化意味着出售国有企业。在发展中国家，战后几十年中曾建立起公有的石油公司和其他公有的自然资源公司，现在很多国家将它们都出售给美国或者欧洲的投资者。美国的私有化形式则不同，主要是将公共服务外包给私人公司，而不是直接出售国有企业。

不仅仅是公共服务的辅助性职能比如公有建筑物的附属咖啡厅被外包给私人了，而且核心的公共职能也被外包了。这发生在社会服务，为穷人提供住房、学校、监狱上，甚至军队的职能上，就像伊拉克战争时期，安保公司提供了很大一部分需要配备武装才能执行的军队职能。在 21 世纪初，类似将联邦政府征税的工作外包给私人企业这样的提议甚至也在国会出现过，但由于被指控是中世纪包税制的再现，权力将被可怕地滥用，这个提议夭折了。在 2007 年，政府由于担心联邦政府的承包商有贿赂和欺诈行为，决定雇用一个从事调查业务的承包商来进行调查。做调查的承包商——CACI 却因为自己的做法被批评：为了调查别的公司，该公司向政府索要高达 104 美元的时薪报酬。[31]

管制资本主义时期占统治地位的经济理论为政府直接提供公共物品和公共服务保留了一席之地。与之相反，新自由主义经济理论的核心原则是，政府内在性地没有效率，而追逐利润的私有公司具有最佳的工作效率。以此必然推论出，任何必须由政府负责提供的物品和服务，追逐利润的私人公司都能够更有效率地提供。

国家收缩的第七个方面是取消或者削减社会福利和收入保障项目。在管制资本主义时期，像低收入人群福利津贴、社会保障退休金、失业补贴 *23* 和最低工资标准等等，被认为是减少由市场经济运作带来的贫困和不平等的有效措施，同时在面对市场力量的不确定性时，也提高了经济的安全性。与之相反，新自由主义的经济学家认为，这些项目干扰了工作积极性，产生了依赖政府的人口——他们占用了大量资源，这些资源本来可以用于私人储蓄和投资，而且效果会更好。至于最低工资，他们认为这导致低技能工人失业。他们论述的一个重要主题就是，这些项目只是损害了它们原本恰好希望帮助的那些人。

1980 年之后，美国的社会福利计划被削弱了，有一些被废除了。在 1996 年，面向穷人的主要的收入支持项目——"抚养未成年子女家庭援助计划"被取消，代之以"贫困家庭临时救助计划"，后者提供的支持是临时性的而且相对有限。如图 2-3 所示，在"抚养未成年儿童家庭援助计划"（AFDC）和"贫困家庭临时救助计划"（TANF）下的受益水平在 1977—1978 年上升到最高，此后就一直下降，到 2007 年已经比 1978 年下 *24* 降了 35%。尽管由于社会保障体系覆盖面太广，不可能被废除或者私有化，但是在新自由主义时期，社会保障水平还是遭到削弱，而且退休年龄也被提高。

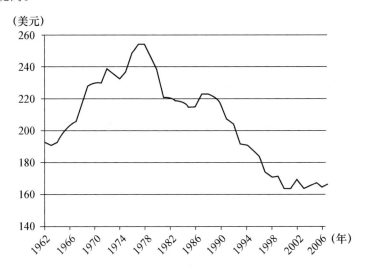

**图 2-3　AFDC 和 TANF 项目下的每个接受者月受益均
值（以 2009 年美元价值为基准），1962—2007 年**

资料来源：美国卫生与人力资源服务部，2013。

在新自由主义时期,联邦最低工资的购买力降幅很大。图 2 - 4 显示的是校正通货膨胀后的联邦最低工资。在 20 世纪 60 年代中期,以 2011年的美元价值计算,每小时真实最低工资略高于 10 美元,然后在 20 世纪70 年代围绕着每小时 9 美元波动。从 1979 年开始,它急剧下降,到 1989年每小时真实最低工资已经降到 6.08 美元,几乎下降了 1/3,因为面对当时的通货膨胀,国会没有提高最低工资标准。在 20 世纪 90 年代和 21世纪头 10 年中,每小时最低真实工资在 6 美元到 7 美元间波动。真实最低工资的下降所影响的劳工群体规模,远远超过那些仅仅挣最低工资的工人,因为最低工资的提高往往可以推动整个低工资板块工作的工资一同上涨。

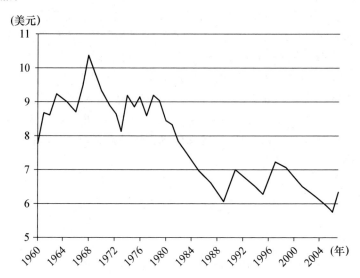

图 2 - 4 联邦每小时最低工资(以 2011 年美元价值为基准),1960—2007 年

资料来源:美国劳工部,工资与小时分配,2009;美国劳工统计局,2013。

第八个变化是我们关于政府作用变化所列清单中的最后一个,即税收体系在新自由主义时期发生了重大改革。在管制资本主义的早期阶段,美国税收体系相当程度上是累进的,对收入较高的家庭征收很高的税,并且对公司利润征收 50% 的税。如图 2 - 5 所示,在 20 世纪 50 年代,对最高收入的边际税率高达 91%,这一税率到 60 年代减少到 70%。1981 年以后急剧下降,到 1988 年降到 28% 的低点,不过,到 90 年代又稍微有所上升。公司收入税率一直维持在 50% 左右,直到 1988 年下降到 34%。对资本收益的征税主要落到富人身上,但到 2003 年,资本收益税率已经调低至

15％。总之，在新自由主义时期，税收负担大幅从企业和富人转移到处于中等收入水平的公民身上。[32]

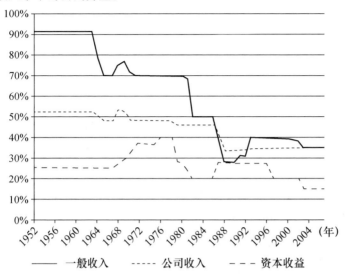

图 2-5　联邦最高边际税率，1952—2007 年

资料来源：塞兹等，2012，表 A1。

　　尽管公司和高收入家庭的收入税率下降了，但是为社会保障和医疗保险而征收的工资税在这个时期却提高了——工资税是一种累退的税种，对那些挣大钱的人来说，这种税只占他们收入很小的部分。对这种趋势有一个特别设计的抵销计划是劳动所得税扣抵制，这在 20 世纪 90 年代得到扩大。该计划给有孩子的低收入工薪家庭提供了相当数量的额外收入。然而，如我们将在第三章中看到的，这还不足以遏止在整个新自由主义时期收入不平等的扩大趋势。

劳资关系

　　在新自由主义时期，支配资方和工人之间关系的制度被迅速改变。对于理解新自由资本主义来说，这些改变和上面讨论的国家在经济方面作用的改变是同样重要的。第二次世界大战之后，大公司和工会进行稳定集体谈判的制度出现了，这一制度是美国管制资本主义时期的核心制度。大部分行业的工资、工作时间和工作条件都由公司和工会的谈判来设定，这在美国历史上是第一次。大部分已经被大公司统治的制造、采矿、建筑、运输、电力、通信等行业，以及一部分批发、零售贸易行业和多种服务行业

26

都这样做了。在一些小公司占主导的行业如建筑业，集体谈判也发挥了重要作用。

尽管第二次世界大战后的劳资关系并不是完全平静的，在 20 世纪 50 年代和 60 年代，罢工仍在某些行业经常发生，但是已经规范性地采用集体谈判的大公司并没有力图压服工人，或者力图赶走工会，而是接受工会的合法性。[33]这种情况是真实的，共和党总统候选人德怀特·D. 艾森豪威尔在 1952 年美国总统大选中的声明证明了这一点：

> 我讨厌这样一些人——不论他们是哪一个政治党派，他们坚持某种愚蠢的梦想，想把时钟拨回到过去的年代，那时无组织的劳工是混乱且几乎无助的群氓……在今天的美国，工会在我们的工业生活中有自己安全的位置。仅有很少的守旧反对者持击垮工会的丑陋思想。只有傻瓜才会试图剥夺工人选择加入工会的权利。[34]

27

在新自由主义时期，雇主和工会之间的集体谈判关系很快被侵蚀了。以前接受集体谈判的大公司，现在极富侵略性地力图削弱甚至废除工会在设定工资和工作条件上的权力，而联邦政府对工会也转变成一种敌意态度。从 20 世纪 30 年代中期直至 50 年代早期，工会会员占整个劳动人口的比例稳步上升，到 1953 年达到 35.7%（Hirsch，2007）。集体谈判的实际影响比 35.7% 这个数字所显示的要大很多，这有两个原因：第一，集体谈判合同覆盖的雇员数量要大于工会会员的数量；第二，当很大比例的公司建立了工会时，没有建立工会的公司也面临压力，为了不鼓励雇员自行组织工会，不得不提供与那些通过集体谈判赢得的工资和工作等相近的条件。

美国工会入会率从 1953 年的顶峰逐渐下降到 1970 年的 29.1%。从 1970 年到 1973 年，这个数字进一步下降，到 1973 年降至 24.0%。[35]就像图 2-6 所示，此后直至 1979 年，入会率一直保持稳定，因为公共部门工会入会率上升弥补了私人公司工会入会率的下降。1979 年之后，工会入会率稳步下降，到 2012 年降至 11.2%，这比 1929 年还要低，1929 年之后的大萧条和第二次世界大战期间工会入会率才出现大幅长期扩张。尽管有很多理由可以解释 1979 年之后工会入会率的下降，一个事实是国家劳工关系委员会对于和劳工有关争议的裁定出现了显著的变化，这个委员会的成员都是总统任命的。针对雇主损害劳工的不公正行为的投诉占 1979—1980 年间投诉的比例是 84%，但是这一比例在 1983—1984 年间降至 51%。在 1970—1980 年间，针对工会代表性斗争的相关诉讼，国家劳工关系委员会支持了工会投诉案例中的 54%，但是到 1983—1984 年间，这一比例降至 28%（Ferguson and Rogers，1986，136）。

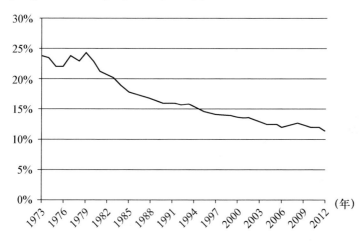

图 2 - 6 工会会员占全体雇员的百分比，1973—2012 年

资料来源：赫希，2007，数据索引；赫希和麦克弗森，2013。

　　在新自由主义时期，工资和劳动条件的决定权从劳资管理谈判转移到市场手中。当工会力量式微以后，甚至以前能够赢得工资定期增长的强力工会都被迫接受工资冻结、大规模的工资削减或者双层工资结构，后者给新雇员提供的工资只有在职雇员工资的一半。[36] 从 20 世纪 80 年代开始，到 *28* 90 年代和 21 世纪头 10 年，这样的双层工资结构在基础制造业迅猛扩展，同时出现的行业有民航、零售以及州和地方的政府部门。[37]

　　雇主们现在可以轻松地从与工会的集体谈判中解脱出来了，他们开始改变很多行业的工作性质。这带来劳资关系中的另一项制度变化：工作的"临时化"。久而久之，美国越来越多的工作变成兼职的或者临时性的。在管制资本主义时期的 1970 年，来自当时被称作"基础部门"的工作岗位占美国所有工作岗位的比例估计达到 63.8%，这样的工作是稳定的、长期的，而且有相对较高的收入、优厚的附加福利，以及随着工龄增长定期提高的工资（Gordon et al.，1982，211）。剩下的工作大部分尽管没有这样好的条件，但至少是一种标准的、全日制的雇佣关系。在新自由主义时期，这种好工作的数量急剧减少，因为企业呼吁"灵活的劳动力市场"。一项研究发现，在 1997 年美国各种形式的临时工作占美国总工作 *29* 岗位的 1/3（Kallberg，2003，162）。一项对经济合作与发展组织国家的研究发现，在 2006 年，临时工作占全部工作的比例在法国是 20%，在西班牙是 21%，而在 1983—1985 年，在法国这个数据是 3%，在西班牙是 15%（Vosko，2010，132）。[38]"灵活的劳动力市场"这一术语对于雇主和工人来说是具有不同含义的：对于雇主来说，灵活性的意思是他们可以自由地界定工作要求相关条款，然而对于工人来说，则意味着他们在工作条件等方面已经失去了任何抗争的权力，不得不接受雇主提供给他们的任何条款。

行业公司

在新自由主义时期，行业公司发生了几大变化。第一，大公司之间的竞争采取了新的形式。在管制资本主义时期，大公司进行一种受限的竞争，有时这种竞争被称作"合作式竞争"。尽管大公司会力图通过广告和产品创新，以牺牲竞争对手为代价扩大自己的市场份额，但是它们会遵守约定俗成的基本规则。最重要的规则就是避免价格战，或者大幅降价。在第二次世界大战后的一个时期，价格领导是那些被几个大公司控制的行业里广泛通行的做法。最大的或者最强的公司将设定价格，然后其他公司就会效仿。如果价格领导者提高了价格，其他的公司将抑制住自己以低价销售的欲望，一步步地提高价格。只要这些竞争对手之间没有召开会议或者进行沟通，那么价格领导者的行为就不触犯反托拉斯法律。这种合作式竞争不仅给大公司带来稳定的价格，还带来稳定的利润。即使在衰退时期，这些大公司通常也能够赢得利润，因为当销售额下降时，它们能够抵制降价销售的诱惑。[39]

在新自由主义时期，合作式竞争让位于一种无限制竞争，这和 19 世纪晚期的美国经济很像。大幅降价销售和价格战回归。相互尊重型竞争所维持的相对安全的世界被一种完全不同的环境取代了，在新环境中，即使是最大的公司也不得不面对这样的可能性：不仅可能在一段时间内亏损，而且可能被驱逐出行业。1999 年，耶鲁大学管理学院院长杰弗里·加藤（Jeffrey Garten）说，现在的大公司的首席执行官"感觉自己处于一种野蛮竞争的世界，他们认为自己在为生死存亡而竞争"[40]。这和管制资本主义时期大公司的首席执行官的生活形成了鲜明的对比。[41]

行业公司的第二个变化是关于公司如何选择自己的最高级行政管理者即首席执行官。在管制资本主义时期，大公司通行的做法是从公司内部提拔。几乎所有的首席执行官的整个职业生涯都是在为公司工作，他们逐级提升，最后才到达高级职位。这种做法产生的是"公司自己人"型的首席执行官——在那个时期几乎都是男性，他们对公司有高度的认同。首席执行官的上升渠道由于公司不同而表现出多样性，有些公司经常提拔那些精于生产的管理者——这种情况在石油公司尤为多见，而另外一些公司通常是来自销售部门或者财务部门的管理者成为首席执行官。不过，无论他们原来的专长有何不同，他们都是从内部提升，这是当时的规矩。

在新自由主义时期，一个首席执行官的市场形成了，大公司的首席执行官从大公司之外，经常是从另一个行业聘请，开始成为惯例。[42]公司的高级管理者经常从一个公司换到另一个公司。很多大公司的首席执行官不再像以前那样做一个一生不离不弃的"公司自己人"，而是在几年内创造出公司管理成功的表象，使自己的名声更好，以使自己有机会成为另一个公司报酬更高的首席执行官，可以说，这些人有强烈的物质性的自我利益追求。

第三个变化是市场原则进入了大公司。在 19 世纪，马克思观察到，大的资本主义公司的内部非常像计划经济。在公司内部，经济行为根据管理层制定的计划往前推进。雇员之间的关系不是市场交易型关系，而是共同完成一个计划。当产品生产出来并准备出售，同时企业也准备购入新的原材料时，内部流程便完成了。然而，在新自由主义时期，市场关系一定程度上侵入了大公司内部。各个部门开始变成互相竞争的利润中心，那些表现成功的部门被允许扩大规模，而那些在平均利润之下的部门将被缩小规模或者卖掉。[43]

行业公司的第四个也是最后一个特别重要的变化，发生在金融公司和非金融公司的关系上。在管制资本主义制度下，监管体系迫使金融机构不 *31* 得不为非金融公司服务。金融机构即使看到了某些活动能够取得极高的利润，也不能随意追逐，而是被要求只能提供受规制所允许提供的金融服务。就像上面所说的，商业银行吸收存款，并主要向企业发放贷款；储蓄银行吸收存款，只支付规定的较低利息，并且为购买住房的人提供抵押贷款；保险公司提供多种类型的传统保险；投资银行经营债券和股票的发行。[44]

在新自由主义时期，当管制措施逐步解除后，金融机构逐渐改变了它们的活动形式。和以前不同，现在它们看到什么活动可以带来巨额利润，就可以自由去追逐，所以金融机构越来越多地从事高风险的和投机性的活动。就像将在第五章中讨论的，它们通过一个被称作"金融创新"的过程，创造了一系列复杂的新金融工具，这些金融工具中相当多的部分和非金融行业很少或者根本没有关系，或者与后者仅仅有微弱的间接关系。金融行业很大程度上变得独立于非金融行业，越来越多地通过创造、购买和销售金融资产获取利润。在管制资本主义时期，它们被限制只能从事一些传统的金融活动，与那时相比，现在金融活动的利润要高得多。然而，这样的高额利润回报仅仅只能维持到 2008 年，这一年，它们建立的金融大厦崩塌了。

新自由资本主义的不均衡传播

在第二次世界大战之后，管制资本主义兴起，实际上在整个发达资本主义世界，包括西欧和日本，以及在亚洲、非洲和拉丁美洲的发展中国家，它很快成为占统治地位的资本主义形式。在世界不同地方，管制资本主义在具体形式上表现出差别。在西欧的大部分国家，它经常被称作社会民主主义。和美国相比，西欧国家对经济的干预更大，社会福利计划更慷慨，劳工在社会中发挥的作用也更大。[45]在日本发展起来的是另一种形式的管制资本主义，它的特点是，国家对经济的干预很强，但是社会福利不是很健全，同时劳工在社会上的作用不大。在很多发展中国家，管制资本主义采取的是"发展型国家"的形式，在这些国家，控制政府的权力集团力图利用国家力量来快速推进经济发展。

新自由主义在全球的传播不同于第二次世界大战后的管制资本主义的传播路径。新自由主义最早出现于美国和英国，但是它在其他某些国家得到了更全面的实施，这样的国家包括曾由共产党统治的中东欧国家，以及一些发展中国家，这些发展中国家背负的外债导致它们不得不受国际货币基金组织的控制，国际货币基金组织将新自由主义的结构调整计划强加给它们。此外，一些西欧国家只进行了有限的新自由主义结构调整，而在日本，实际上基本没有实施新自由主义改革。

1980 年之后，东亚的几个国家尤其是韩国在一段时间内保留了发展型国家的特色。然而，紧接着 1997 年爆发亚洲金融危机，一些原发展型国家经历了重大的新自由主义结构调整。在 1978 年之前，中国经济是以集中计划和国有企业为基础的，但是在 1978 年之后，中国转而采取了一种发展型国家体系，这一体系是市场和计划的混合物，也是私人企业和国有企业的混合物。

新自由主义被最全面贯彻的地方也许是管理全球经济的机构，如国际货币基金组织、世界银行和世界贸易组织。在单个的民族国家，新自由主义调整的程度在不同国家有很大的不同，而且随着时间的推移也不断变化，然而，将这个时期命名为"新自由主义时期"是恰如其分的，因为在资本主义的中心国家——美国进行了重大的新自由主义调整。由于美国是新自由主义全球体系的统治者，其他任何国家都必须调整自己以适应生存于其中的新自由主义体系。

金融化和全球化

在新自由主义时期，金融和金融机构在经济中的作用大大扩张了。"金融化"这一术语开始被使用，如第一章所述，它的意思是指"金融动机、金融市场、金融业精英和金融机构在国内和国际经济运行中的作用日益增加"（Epstein，2005，3）。这一进展能够被如下证据所证实：金融市场的活动增加；金融资产的价值上升；和国际贸易总量相比，外汇交易总量的增加大得多；还有其他金融活动的指标都在上升。[46]有些分析家将金融化看作近几十年中资本主义最重要的变化，主张用金融化而非新自由主义的视角来观察1980年以来的资本主义新形式。[47]

把金融化作为理解1980年以后的资本主义的整体性概念有如下两个局限性。第一，金融化来得迟一些。根据一些标准衡量，比如外汇交易总额与国际贸易总额之比，金融化看起来开始于20世纪70年代。[48]然而，根据大多数衡量指标，金融化只是到了较晚时期才形成。图2-7显示了美国金融公司总增加值占所有公司总增加值的比例变化情况。1948年到1981年，金融公司总增加值占所有公司总增加值的比例增长缓慢，从4.2%增加到7.8%。当第一批解除金融管制的重要法律在1980—1982年被通过以后，金融公司总增加值占所有公司总增加值的比例急剧上升，到2006年达到13.8%。[49]解除金融管制的法律获得通过是新自由主义调整的重要内容，它使得金融化进程开始启动。这表明金融化在一定程度上是新自由主义调整的结果。

金融行业在经济中越来越重要，这是由金融行业利润的飞速增长所推动促成的。如图2-7所示，根据增加值衡量，即使到2006年，美国金融公司总增加值占所有公司总增加值的比例也不是太大。但是从另一方面看，金融行业利润的增长却非常可观，比金融公司总增加值的增长要快。图2-8显示了美国金融公司的利润占所有公司利润的比例。1948—1970年，美国金融公司利润占所有公司利润的比例增加缓慢，从约10%增加到

33

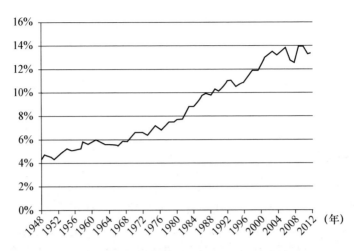

**图 2 - 7　美国金融公司总增加值占美国所有公司
总增加值的百分比，1948—2012 年**

资料来源：美国经济分析局，2013，NIPA 表 1 - 14。

20%——中间存在起伏。然而，1970 年之后，直到 1989 年，美国金融公司利润占所有公司利润的比例没有显现出任何增长趋势，到 1989 年仍然是 20% 。只是到 1989 年之后，美国金融公司利润占所有公司利润的比例才进入一个长期的急剧增长阶段——只是在 20 世纪 90 年代中期有所回落，2001—2003 年，已经上升至非常可观的 40% 的水平。[50] 也就是说，只是到 20 世纪头 10 年，金融化才完全展现出来，比新自由主义开始的时间晚了很多年。

34　　　把金融化作为理解 1980 年以后的资本主义发展的整体性概念存在的另一个局限性是，它难以解释新自由主义时期发生的大多数制度变迁。如前所述，在新自由主义时期，国家在经济中的作用发生了很多变化，在劳资关系方面的制度也发生了变化，对于所有这些变化，金融化都不能提供一个能够充分解释的理论框架。对于在新自由主义时期出现的不平等之急剧增加，金融化也不是一个适当的理论解释基础。

　　　　新自由主义的制度重组推动了金融化，这一观点是有充分的证据支持的。新自由主义的制度结构使金融机构在经济中攫取的利润份额迅速增加，而这最后将导致很多的问题——这些将在第四章中做出讨论。因此，尽管金融化具有无可置疑的重要性，但是金融化进程并不能为理解这一时期的资本主义发展提供一个适当的整体理论框架。[51]

35　　　全球化也是一个被大量讨论的当代资本主义特征。全球化是指商品、服

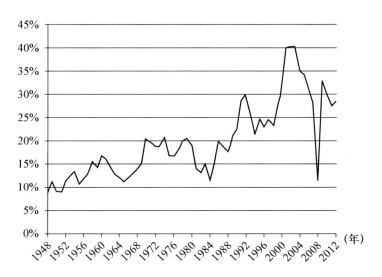

**图 2 - 8　美国金融公司利润占美国所有公司
利润的百分比，1948—2012 年**

资料来源：美国经济分析局，2013，NIPA 表 1 - 14。

务、资本和货币的跨国界流动大幅增加，结果产生了一个比以前更具全球
一体化特征的资本主义，创造出了比以前发达得多的全球生产和分销链。
为理解当前的资本主义形式，全球化被提出来作为解释框架的案例比金融
化更多。萨缪尔·鲍尔斯等人 2005 年的著作像本书一样也采用了积累的社
会结构理论，但是却拒绝承认国家在经济中的作用在这一时期减弱了
（Bowles et al. ，2005，162-164）。他们认为当代资本主义应从 1991 年左右
算起，且当代资本主义不是新自由资本主义，而是所谓"跨国资本主义"。
他们主张："与以前的资本主义比较，当代资本主义最大的不同特征是，美
国经济已经和世界体系一体化了，这个世界体系由商品贸易、人员流动、
知识交流和投资者的自由流动所组成。"（163）

　　资本主义在第一次世界大战之前的几十年中已日益全球化了。接着在
两次世界大战之间，全球经济一体化程度有所削弱。在第二次世界大战之
后，全球化进程得以恢复，不过最初进展比较缓慢。然而，到 20 世纪 60
年代末 70 年代初，全球经济一体化程度明显提高，参见图 2 - 1。图 2 - 9
表明，就美国而言，进口在 20 世纪 60 年代后期开始增加，在 70 年代迅速
增加。于是，和金融化相反，这个时期的全球化是在新自由主义兴起之前
就开始了，尽管全球化程度的确在新自由主义时期进一步加深了，特别是
在 1990 年之后。

36

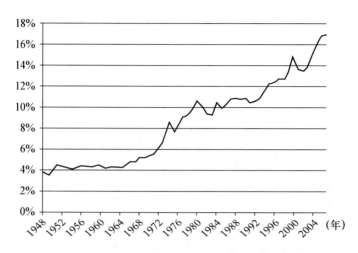

图 2 - 9　美国进口占美国 GDP 的百分比，1948—2007 年

注：进口包括商品和服务。
资料来源：美国经济分析局，2013，国际贸易表 1，NIPA 表 1 - 15。

　　我将在第三章提出这样的观点：20 世纪 60 年代后期直至 70 年代，
资本主义全球经济一体化日益加深，是导致新自由主义兴起的因素之一。
然而，基于全球化，无法解释从 1980 年以来的资本主义所展现的很多
最重要的特征。全球化不能解释金融化进程，以及投机导向的金融机
构的兴起——这两者在当代资本主义中发挥了重要作用。它也不能解
释大的资产泡沫为什么相继出现——这是新自由资本主义的一个重要
特征。全球化是加强资本相对于劳工的谈判力量的一个因素，但绝不
是唯一的因素。全球化不能圆满解释当代资本主义快速增长的不平等，
这一点在美国发展到非常极端的程度。有的国家，比如德国，比美国
更深地融入了全球经济，但是不平等却没有美国那么严重。由于相信
全球化是这一时期资本主义的核心特征，一些分析家预测，在 2008 年
前全球经济和金融的不平衡将导致另一次重大的经济危机，但是这个
预测被证明是错的。像金融化一样，全球化也是新自由资本主义的一
个重要特征，但它并非理解这一时期资本主义发展的最好的基础性
概念。[52]

　　围绕这些观察当代资本主义的不同视角产生了很多争论，解决这些争
论的最好办法是考察每一个视角能否有效地找准并解释清楚这一时期最重
要的经济发展形式。本书将力图展示新自由主义视角能够解释什么，读者
可以判断我最后提供的分析是否圆满。

37

它是自由主义的?

"新自由主义"这一概念容易使人联想起缩小国家的规模。在新自由主义时期这一情况真的发生了吗? 当经济的规模增加时,国家绝对性地注定要扩大。一个合理的衡量办法是,考察国家的规模和整个经济的规模之比。

衡量国家的规模有几种办法。经济学家提出了三种传统的衡量办法,它们与最宽泛的衡量办法即政府支出不同。这种衡量办法将统计公共雇员所生产的商品和服务的价值、从私人部门购买商品的价值以及转移支付——包括社会保障退休养老金、残疾人补贴以及为个人卫生保健而支付的医疗费用。[53] 还有,也可以只考察联邦政府的支出,或者将州和地方政府的支出纳入。

图 2-10 显示了上述衡量办法的结果。[54] 由于商业周期对这一衡量方法有重大影响,通过比较商业周期中高峰年的数值,可以看出长期发展趋势[55],这些高峰年在图中已用垂直线标示出来了。[56] 在 1948—1973 年,总的政府支出与 GDP 之比增加很快;在 1979—2007 年,1979—1990 年的增加有所放缓,从占 GDP 的 31.1% 增加到 34.3%,然后到 2000 年又稍微有一点下降,到 2007 年又重新上升。由此可以看出有两个不同时期:在 1948—1973 年,趋势是上升的;而在 1979—2007 年,趋势是增加不多,增长线基本是平滑的。军事支出是新自由主义意识形态所支持的,它受冷战和战争的影响很大。如果把军事支出排除掉,在 1953—1973 年,政府支出同样急剧增加,而在其后的 1979—2007 年,它仍呈现一个比较缓慢的增加趋势。根据政府增加值和政府消费与投资值衡量政府规模,是两种衡量政府规模较保守的方法,根据这两种方法衡量,政府规模与 GDP 之比在 1948—1973 年急剧扩大,而在其后的 1979—2007 年,基本没有变化,甚至出现轻微的下降——无论是否纳入军事支出项目,基本趋势都是如此。

因此,根据数据可以得出这样的结论:美国政府规模与 GDP 之比在管制资本主义时期增长较大,但是在新自由主义时期基本没有变化。尽管迅速扩大的趋势在新自由主义时期被打断和冻结了,但根据任何方式衡量,国家规模增加的趋势都没有被逆转。人们可以把这解释为新自由主义的一个小小的胜利,但是新自由主义的鼓吹者原先设计的目标并没有圆满达成。

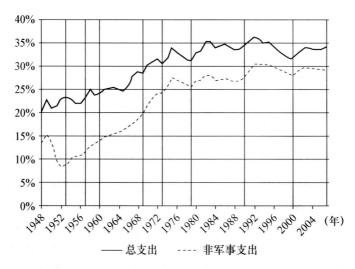

图 2 - 10　政府支出占 GDP 的百分比，1948—2007 年

注：垂直线标示商业周期峰值。
资料来源：美国经济分析局，2013，NIPA 表 1 - 15，3 - 2，3 - 3，3 - 9 - 5。

要判定这一形式的资本主义是否为新自由主义的，考察国家规模是一个指标，但不是最好的指标。自由主义鼓吹的国家是不"干涉"经济的国家，让"自由市场"不受干扰地运行。那么，国家在新自由主义时期真的从对经济的规制中大步撤出了吗？

有些对新自由主义持批评态度的人认为，国家在规制经济上仍然和原来一样积极，或者可以说比以前更加积极，不过政府干预的重点有所转移：从关注那些造福大多数人的福利计划转向关注那些有利于大企业和富人的事务。例子之一，就是政府在新自由主义时期在强制执行所谓的知识产权法律方面加大投入。这一情况常常被引用为批评新自由主义拥护者伪善的例子。新自由主义的拥护者谴责政府干预市场，然而却采取严苛的措施阻止对知识创造的自由交易——知识的传播和使用几乎是没有成本的。

与这种看法相反，事实上，积极强制执行知识产权法律和新自由主义关于国家作用的看法是完全一致的。新自由主义意识形态不是无政府主义意识形态。就像上面提到的一样，它将保护私有产权视为国家的一项适当职能，它认为维持公共秩序和强大的国防也同样是国家适当的职能。新自由主义宣称，对知识产权的保护维护了所有公民的权利，从个人投资者和作家到公司都是如此，但是在实践中，它往往只是有利于大公司，却牺牲了个体性的知识生产者。没有国家的保护，私有产权就难以存续，

40

国家对私有产权的保护将使社会避免让它的成员陷入对财产控制权无休止的冲突中。美国政府在美国境内和境外扩大对知识产权的保护，仍然处于新自由主义关于国家适当作用的概念范围内。一旦产权由国家界定和强制执行，上述产权的行使就交由财产的所有者及其律师在市场交易中决定了。同样地，美国政府在新自由主义时期对军事力量的积极使用，以及监禁人口的大规模增加，仍然处于新自由主义关于国家适当作用的概念范围内。

　　另一方面，如上所述，国家在新自由主义时期确实在很多方面从对经济的规制和干涉中撤出了，甚至某些本来主要有利于企业的政府干预也被砍掉了，比如政府对基础设施的支出。图 2-11 显示了联邦政府和各级地方政府有关基础设施的支出占 GDP 的百分比（估计数）。在 1960 年之后联邦政府在基础设施上的支出增加，然后保持稳定直至 1973 年，约占 GDP 的 2%。在 1979 年之后，联邦政府在基础设施方面的支出一直下降，即使在 20 世纪 90 年代的克林顿政府时期也是如此——尽管他承诺要增加这方面的支出。至 2007 年，这一数字降至约 GDP 的 1%。各级政府在基础设施上的支出到 20 世纪 60 年代中期增加至 GDP 的 4.8%，然后逐渐下降，至 1973 年，降至约 3.8%。在 1979 年之后，趋势是继续下行，在 2007 年降至 2.9%。有些规制的撤销可以解读为对商业整体有害，放松反托拉斯法的执行就是这种情况，因为反托拉斯法在运作过程中

41

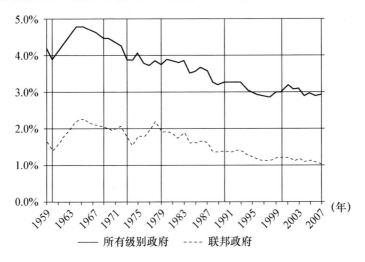

图 2-11　政府基础设施支出占 GDP 的百分比，1959—2007 年

注：垂直线标示商业周期峰值。基础设施支出包括经济事务范畴中的投资和消费。
资料来源：美国经济分析局，2013，NIPA 表 3-17，1-1-15。

主要用于保护绝大部分公司免遭其供应商的垄断权力之苦。

某些大的政府福利和补贴计划尽管与新自由主义原则相矛盾，但是由于这些福利计划的受益者具有政治影响力，所以这些福利计划在新自由主义时期幸存下来了。一个很好的例子就是农业补贴计划，它的受益者居住在多个议员选区。但美国政府在这一时期大幅减少对经济的规制和干涉，这是很难否定的。只有那些被新自由主义理念认可为具有正当作用的政府行为才被保留甚至扩大，这些行为主要集中在如下方面：私有产权保护、维持秩序和一支强大的军队。因此之故，与此前的管制资本主义比较，将当前形式的资本主义看作是一种自由资本主义是比较准确的。

尽管新自由资本主义迄今被展现为一系列的理念和制度，但是它确实有一个统一的原则，我们在第一章的一个简短定义中已经提出来了。表2-1概述了美国的新自由资本主义的主要理念和制度。统一的原则是，在管制资本主义经济活动中，市场关系和市场力量的作用在大幅扩大，而来自另外一些实体比如国家、企业科层组织、工会和专业协会的管制作用在减少。这解释了为什么"管制资本主义"这一术语比"国家管制资本主义"这一术语更准确，因为国家不是唯一代替市场关系和市场力量的制度主体。

表 2-1　　　　　　　　　　新自由资本主义的理念和制度

1. 新自由主义的理念和理论处于统治地位
2. 全球化的经济：商品、服务、资本和货币跨境流动的障碍被移除
3. 政府在经济中的作用
1）放弃总需求管理政策；
2）解除对基础行业的管制；
3）解除对金融部门的管制；
4）弱化对消费品安全、工作安全和环境的管制；
5）弱化对反托拉斯法的执行；
6）将国有企业私有化并将提供公共产品和服务的职能外包；
7）削减或者取消社会福利计划；
8）对商业和富人减税。
4. 劳资关系
1）集体谈判的边缘化；
2）工作的临时化。
5. 公司部门
1）无限制的竞争；
2）公司 CEO 从公司外部聘请；
3）市场原则进入公司内部；
4）金融机构转向新型活动并变得相对独立于非金融行业。

表 2-1 中任何一项制度的变化都涉及市场功能的扩大。对于某些变化   *42*
来说，它们所涉及的市场功能的扩大不是那么明显，比如，对商业和富人
减税，或者金融行业和实体行业的分离。然而，对商业和富人减税是将原
来掌握在政府手中的资金重新导回它原初的主人手中，后者因此获得了更
多的资本并将其投入市场交易中。由于金融行业不再受政府管制，因此就
可以遵从市场激励机制，这将使它们越来越远离它们的传统功能和定位。
新自由主义理念颂扬没有束缚的市场关系，并且即使面对市场失败也拒绝
做出干预，这些为从非市场形式的管制向扩大市场作用的转变提供了辩解。   *43*
新自由主义意识形态提供了这样一个情况：以上转变将能够同时实现经济
繁荣和个人自由。

新自由主义制度和劳资关系

在第一章中提出过，每一种制度形式的资本主义或者积累的社会结构
都必须稳定劳资关系，如果一种积累的社会结构想要提升利润规模并赢得
稳定的经济扩张的话，稳定的劳资关系就是必需的。[57]在资本主义条件下
有两种办法可以使劳资关系稳定下来，一种是通过两方的妥协，一种是资
本家对劳工的统治力量足够强大以至于劳工没有能力捍卫自己的利益。[58]
第二次世界大战后的管制资本主义就是采取前一种办法，即劳资之间达成
妥协，而新自由资本主义是基于资本对劳动的完全统治。在新自由主义时
期，资本对劳动的完全统治可以从多方面的发展看出来，这包括 20 世纪 70
年代以后实际工资的增长趋势突然中断，从每年按规则增长演变为停滞，
还有工会入会率下降，收入不平等加剧，公司高管的收入急剧上升。这些
变化将在第四章中得到论述。

新自由资本主义的统一原则是市场关系和市场力量的作用得到急剧扩
大，这体现在它的理念和制度中，那么，这一统一原则和劳资关系的转变
（从劳资相互妥协向资本全面统治劳动的转变）之间的联系是什么呢？关
于劳资之间的权力关系，新自由主义意识形态没有公开说过一个词。表
2-1 中列出的一些变化，特别是集体谈判的边缘化和工作的临时化，和劳
资关系的上述变化明显是有关联的，不过对于另外一些制度来说，它们和
资本权力扩大的关联就没有那么明显了。

无论明显与否，表 2-1 列出的绝大多数的——如果不是全部的话——
制度直接或者间接地加强了资本对劳动的全面统治。全球化使资本能够转

移到全球劳动力最便宜的任何地方，这使资本更有力量。放弃旨在降低失业率的总需求管理政策削弱了劳工的谈判力量，削减社会福利计划也取得了同样的效果。在基础行业中，工会曾经比较强大，工人工资也相对较高，但是随着对基础行业解除管制，这些工人的工资就急剧下降。私有化和外包常常导致没有建立工会的私人企业的低工资岗位代替了那些有工会的公有企业的高工资岗位。大公司间的无限制竞争使大公司难以负担工会所要求的工资，并且迫使大公司解散内部的工会。

有些分析者将当前的资本主义解释为以资本对劳工的全面统治为中心的资本主义，而另外一些人则将它解释为市场关系和市场力量急剧扩大的资本主义。我在这里提供的解释主张，新自由资本主义所具有的上述两个特征具有一致性，而且具有高度相关性。资本主义发生了新自由主义转变，即从一种非市场制度在管制资本主义经济活动中发挥重要作用的资本主义，转变为当前这种市场关系和市场力量占有绝对统治地位的资本主义。这种转变增强了资本对劳动的统治力量。

如何解释市场关系作用的扩大和资本对劳动的统治力量加强二者之间具有的奇妙关联性？探讨这一问题的最好办法是，考察新自由资本主义在20世纪70年代末80年代初是如何兴起的。这将使我们发现新自由资本主义的两大特征之间的关联，同时也将使我们对于占统治地位的理念之本质以及它们在经济和社会变迁中的作用方面获得启示。这是下一章的主题。

注释

[1]"新自由主义"这一术语有一个漫长的历史，至少可以追溯到20世纪20年代和30年代，当时一些欧洲和美国的知识分子小群体聚会，讨论如何复兴自由主义思想，以对抗社会主义理念日益增长的影响和国家经济计划的推进。此后，"新自由主义"曾被批评者用来批评智利的皮诺切特政府的经济政策，这些经济政策是在20世纪70年代中期由来自美国芝加哥大学的经济顾问设计的。在20世纪80年代和90年代，这一术语以越来越高的频率出现在拉丁美洲的书籍和杂志文章中，到21世纪头10年，新自由主义开始被全世界广泛使用。参看Mirowski and Plehwe（2009）。

[2]如果国家大幅从一些基础性功能领域退出，其结果将是暴力和混乱，后苏联时期最初几年的俄罗斯生动地展现了这一规律。尽管有多种因素解释这一灾难性的后果，但是其中一个重要的因素是，一些当权者相信国家实质上不应在社会中发挥任何作用（Kotz and Weir，1997，chaps. 9~10）。

[3]这并不意味着美国的民主党和共和党政府之间或者欧洲的社会民主主义政

党、自由主义政党和保守主义政党之间不存在差别。左右的差别还是保留下来了，但是在每一个时期这些差异——一旦一个政党取得执政地位——都被资本主义形式所限制。克林顿政府可以做一些有利于工人、妇女和少数族裔选区的事情，但是它不可能逆转经济政策的主要方向，这些将在第四章中论述。

[4] 通过第二次世界大战后的经济学教科书的讲述而广为人知的所谓"凯恩斯经济学"到底在多大程度上反映了凯恩斯著作的本意，对此存在着一些争论。有些学者认为，凯恩斯对资本主义的批评比教科书中描述的凯恩斯主义更彻底更激进。参见 Crotty（1999）。在本书中，我们使用"凯恩斯主义经济学"这一术语指称教科书版的凯恩斯主义，这种凯恩斯主义成为第二次世界大战后占统治地位的理论。

[5] "财政政策"这一术语是指政府开支和税收政策，它与货币政策不同，后者由美联储所管理，它调节货币和信贷的供给，调节利率水平。

[6] 凯恩斯主要从整体的视角考察经济，就是所谓"宏观经济学"，但是第二次世界大战后的新的正统经济学理论也包括一种形式老旧的"新古典微观经济学"。后者将市场看作最有效的配置资源的方式，但是也把"市场失败"看作一个需要国家干预的严重问题。因此一个古怪的术语——"新古典-凯恩斯综合"被用来指称第二次世界大战后取得统治地位的经济理论。

[7] 《纽约时报》，1971 年 1 月 4 日。"我们今天都是凯恩斯主义者"这一声明源头经常被错误地归为尼克松，这个声明实际出现在《时代周刊》1965 年 12 月 31 日刊上，该文将之归为芝加哥大学的米尔顿·弗里德曼教授。弗里德曼则抱怨这一引用是断章取义。弗里德曼的抱怨无疑是对的，因为他在 20 世纪 50 年代和 60 年代不懈地反对凯恩斯的理论。

[8] 有一段归于英国首相玛格丽特·撒切尔的名言是这样的："没有社会，只有个体和他们的家庭。"这句话源自一个更长的声明，在该声明中她说："……什么是社会？没有这样的事物！只有不同的男女个体以及他们的家庭……"完整的引语没有具体的说话时间，见于 http://blogs. spectator. co. uk/coffeehouse/2013/04/margaret-thatcher-in-quotes/。

[9] 其他可能阻止竞争性市场关系的组织，比如工会和标准制定专业协会也被反对。

[10] 尽管新自由主义理论家不否认某些市场失败可能发生，但他们认为，国家纠正这些失败所做的努力只会使问题变得更糟糕，市场而非国家干预是处理市场失败唯一有效的办法。

[11] 第二次世界大战后的几十年中，新古典经济学家一直在努力寻找能够证明竞争性市场体系具有最优效率的有力证据。如果不做出这样的假定，如市场参与者具有无限的知识，那么新古典经济学家的证明努力就不可能成功，甚至这些经济学家也承认这些假定是不现实的（Ackerman，2002）。他们还声称竞争性市场体系能够产生最优的收入分配，这源自他们的一个理念：每一个市场参与者获得的收

入，都反映了它们提供的生产要素如劳动、资本所产生的边际产出，同时这一收入也弥补了提供生产要素的市场参与者的边际损耗。这一声明还认定，如果所有别的条件都是同等的，那么最让人不愉快的那种劳动应该得到最高水平的工资。新古典理论以经济均衡为关注重心，对于竞争性市场是否有利于经济增长或者创新，一直没有做出确定性的判断。

[12] 这一体制有时也被称作"肮脏的浮动汇率制"，这种称呼是基于这样的新自由主义观点：在经济中运作的唯一"干净的"力量是市场的力量，而政府之手是不得已的"肮脏"。

[13] 劳动的自由流动，即劳动力的自由移民，没有成为这一新体系的目标。

[14] 在 2008 年爆发金融危机之后，美联储的做法又有新变化，政府的财政政策也改变了。2008 年，美联储将自己政策的焦点第一次转向阻止重点金融机构以及整个金融体系的崩溃，后来当经济经历通货紧缩和复苏缓慢时，它又转向刺激经济扩张。从 2008 年开始，财政政策在凯恩斯主义的财政刺激政策和新自由主义的财政紧缩政策之间摇摆（参见第五章）。

[15] 里根政府也大规模增加了军事开支。尽管里根政府增加军事开支的理由是提高美国的军事力量，但是凯恩斯主义者可能认为，这一做法的效果——如果不是做法本身的话——是通过增加总需求刺激了经济。当 20 世纪 80 年代早期减少税收和增加军事支出相结合的政策实施后，美国经济确实以一个相对较快的速度开始增长，从 1982 年（衰退年）一直到下一个商业周期的高峰年 1990 年，每年平均增速约 4.0%。

[16] 一部分新自由主义经济学家，比如供给学派经济学家阿瑟·贝茨·拉弗（Arthur Betz Laffer）主张，当削减税收时没有必要减少支出，因为降低收入税将大幅推动私营企业的经济活动，这样尽管新税率很低，但是税收收入将会增加而不是减少。几乎没有别的经济学家接受这种观点，甚至大多数学院派的新自由主义经济学家嘲笑这种观点。然而里根政府为了推动大规模减税在国会通过，援引这一观点作为公共辩护理由的一部分。接下来出现的便是日益增加的大规模预算赤字，因为许诺中的税收收入增加没有成为现实。

[17] 另一个被管制的重要行业是石油。对原油的管制体系在 20 世纪 70 年代早期之前建立，目的是稳定石油价格。尽管该管制体系很复杂，而且由州和联邦政府与主要的石油公司合作掌管，但是它和其他的行业管制比较起来，是一个在正规性方面更差一些的制度。

[18] 在欧洲，这样的行业经常是国有的，而不是归私人所有。甚至在美国，电力行业中也有一些资产是国有的。

[19] 要了解关于解除金融管制的经济原因的完整描述，参看 Benston（1983）。

[20] 1984 年本书作者在国会的银行委员会前就解除金融管制的危险做证时指出，它将导致银行失败和金融危机的回归（Kotz，1984）。对于任何熟悉银行历史

的人来说，这是显而易见的结论，但是新自由主义经济学家对这些历史视而不见。

[21] 这两个法律，即 1980 年的《存款机构解除管制和金融控制法案》和 1982 年的《存款机构法案》，推翻了国家对利率的控制和国家对金融机构经营范围的限制。

[22] 1998 年，当时的美国商品期货交易委员会（CFTC）主席布鲁克斯蕾·博恩（Brooksley Born）呼吁探讨对金融衍生品进行管制，警告说金融衍生品具有潜在的危险性。然而她的呼吁受到了财政部长罗伯特·鲁宾及其继任者劳伦斯·萨默斯的阻挠。财政部长萨默斯当时的主张是禁止对衍生品做任何管制，这一精神被注入那个时期对金融解除最后管制的法案，即 2000 年的《商品期货现代化法案》，该法案是由一位共和党人——得克萨斯州的菲尔·格拉姆（Phil Gramm）提出的。结果是不受管制的金融衍生品在 20 世纪头 10 年快速增加，这将在第五章中讨论。

[23] 该法案推动创立了一个新的机构——职业安全和健康管理局，它的任务是"保证工人工作条件的安全和健康"（http://www.dol.gov/compliance/laws/composha.htm）。

[24] 在经济理论中，这样的市场失败要么源于"负的外部性"，即将成本强加于第三方，如由于生产过程或者最终产品导致的空气和水污染；要么源于信息不对称，即交易的一方知道交易的后果，而另一方不知道，比如危险产品或者危险工作。传统的经济理论认为，在存在外部性或者信息不对称的情况下，没有管制的市场决定并不能带来有效率的资源配置。

[25] 在 20 世纪 70 年代，瓦特建立了反环境保护的西部州立法基金。安妮·戈萨奇曾是为贝尔公司服务的律师，当时是来自怀俄明州的国会保守派议员，她在任环境保护局局长时，放松对环境保护的管制，缩小该局的规模。

[26] 这里引用的人员数量下降是基于 1984 财年估计的职位。

[27] 这一决定被泄露给国会了，国会关于这件事举行了一个听证会，导致产生了寡妇和孤儿的诉讼这样的头条新闻，这成为阻止生产不安全产品的办法。由此产生的批评浪潮迫使联邦贸易委员会允许在这一案例中实施管制行动（Kotz，1987，166）。

[28] 参议院 1167 法案是 1967 年引入的（Martin，2005，11）。

[29] 在 20 世纪 90 年代中期，向联邦贸易委员会报告的并购案中的 70% ~ 80% 是行业内并购，这种类型的并购提高了大公司在市场中的垄断权力。相反，在 20 世纪 80 年代，只有 40% 的并购案是行业内并购（Federal Trade Commission，2013）。20 世纪 60 年代的并购浪潮中主要是混合并购，对于垄断权力的提高基本上没有作用。

[30] 在美国历史上也曾有过重要的国有企业，主要分布在发电、运输和武器制造等领域。

[31]《纽约时报》，2007 年 2 月 4 日，1，24。

[32] 由于存在各种漏洞，高收入纳税人的实际税率常常比列出的税率要低，这样美国在管制资本主义时期的有效税率不会像图 2 - 5 所显示的那样累进。

[33] 第三章将关注新自由资本主义的兴起，它主张，总的来看，大企业对于发挥重要作用的工会和集体谈判从来都不是热心的。20 世纪 40 年代的特殊历史条件导致大企业接受和工会的新关系，不过只是把它看作是那个时期所能提供的最好选项罢了。

[34] 该引语来自艾森豪威尔总统 1952 年 9 月 17 日在纽约对美国劳联的讲话（Dwight D. Eisenhower Presidential Library，2013）。

[35] 从 1953 年到 1973 年间，私人企业工会入会率的下降反映了行业结构发生了重要变化，因为传统的无工会的公司雇用的工人在总体被雇用的工人中的比例相对上升，也反映了一些产业的地理位置的变化——许多公司迁移到了美国那些对工会不友好的地方去了，如美国东南部和西南部。

[36] 卡特彼勒公司在 2011 年赢得了创纪录的 49 亿美元利润，但是在接下来的一年，该公司因为要求将员工工资水平冻结 6 年，引发了它位于伊利诺伊州乔利埃特的一家工厂的罢工。该公司将管理人员的工资提高了很多，还抱怨说加入了工会的工人获得了超过市场水平的工资。在前一年，由于工人拒绝削减 55% 的工资，该公司关闭了位于加拿大安大略省伦敦市的一家工厂（*New York Times*，July 23，2012，A1）。

[37] 参看 Uchitelle（2013），在该书中，这位《纽约时报》的著名经济学作家回顾了低工资的双层工会合同的蔓延过程。

[38] 并不是所有的经济合作与发展组织国家都被发现有很大比例的临时工。如 2006 年，在爱尔兰、奥地利和英国，临时雇员占全部就业人数的比例只有 5% 或者更少。

[39] 不少著作描述了管制资本主义时期的合作式竞争，巴兰和斯威齐的著作（Baran and Sweezy，1966，chap. 2）就是其中之一。

[40]《纽约时报》，1999 年 7 月 18 日，D4。

[41] 在 20 世纪 60 年代末期和 70 年代，在摧毁合作式竞争并以无限制的竞争取而代之的过程中，国际竞争的强化发挥了重要作用。这将在第三章中讨论。

[42] 一项研究发现，在标准普尔 500 指数所包括的 500 家上市公司中，新任首席执行官雇自本公司之外的比例从 20 世纪 70 年代的 15.5% 上升到 2000—2005 年间的 32.7%（Murphy and Zabojnik，2007，34）。

[43] 市场原则最终也进入了非资本家控制的区域，包括高等教育。教职员的工资以前很大程度上是和学科没有关系的，但是现在根据这一学科在大学之外赚钱的潜力而分化了。大学里的头头们争相衡量院系和项目的"表现"，许诺将给那些得分高的院系和项目更多的回报，同时撤回对那些被判定为表现较差的院系和项目的资金支持。

[44] 这种对管制资本主义时期金融机构活动的描述在某种意义上太过简化。例如，商业银行，特别是那些最大的商业银行，除向企业贷款外，还从事其他活动。不过，本书的描述抓住了那个时期每种类型的金融机构在国民经济中的主要作用。

[45] 在第七章中，我们将在更广泛的意义上使用"社会民主主义"这个术语。如果某种资本主义具备第二次世界大战后几十年在美国和西欧的管制资本主义那样的特征，我们就称之为"社会民主主义"。

[46] 如果想概要性地了解金融化，参考 Orhangazi（2008）和 Epstein（2005）。

[47] 有种相关的分析将新自由主义的兴起解释为金融或者金融资本家崛起的结果。这种观点将在第三章中加以考察。

[48] 全世界的外汇交易总量从 1973 年的日均约 150 亿美元上升到 1980 年的日均 800 亿美元（Bhaduri，1998，152）。

[49] 金融化的过程也包括非金融公司开始提供日益增加的金融服务，并且持有日益增加的金融资产。

[50] 尽管金融公司的利润占全美公司总利润的份额在 2003—2006 年间急剧下降，但是金融公司的利润事实上仍在继续增加，只是非金融公司的利润增加更快。2007 年金融公司和非金融公司的利润都下降了，接着在 2008 年，由于金融危机的打击，金融行业崩溃了。2009 年之后，由于政府对大型金融机构实施救助，金融公司的利润又迅速反弹。

[51] 如果当代资本主义的实质可以理解为金融化的资本主义，那么它就隐含着这样的逻辑：它产生的问题能够通过监管金融部门得到解决。然而，如果金融化是新自由主义结出来的果实，那就表明，要解决当前的资本主义的问题，需要进行更广泛的改变。

[52] 有些强调全球化的分析者认为全球化是一个不可阻挡的过程，它也不可能被管制。但是全球化的批评者认为，全球化以前在历史上曾经被逆转过，现在能够再一次被降速或者甚至被逆转。

[53] 更狭窄一些的衡量办法是政府增加值，它包括政府雇员的薪酬和政府拥有的资产折旧，以及政府的消费和投资，后者将政府从私人公司购买的产品和服务计入政府的增加值中。

[54] 宽泛衡量办法中的政府支出并不真的是 GDP 的一部分，因为它的一个重要组成部分——转移支付，代表的是购买力的再分配，而不是构成 GDP 的产品和服务的一部分。然而，一般的做法是将政府支出和 GDP 对比，以估算政府规模占经济的比例。

[55] 就像我们在第一章中指出的，我们并不认为 1981 年是商业周期的高峰年，尽管国家经济研究局将这一年认定为高峰年。

[56] 当经济扩张时，私人企业的产出增加很快，而某些类型的政府支出如失

业补偿金将减少。在衰退阶段，会出现相反的情况。这种效应可以在图2-10有关政府支出的周期性运动中看出来。

[57] 表2-1中的"劳资关系"是指那些表征劳资关系的制度和实践，比如集体谈判的边缘化，这和劳资之间的阶级关系不同，我们将后者解释为一种权力分配关系。

[58] 参考Wolfson and Kotz（2010）。

第三章
新自由资本主义的兴起

　　新自由资本主义及其相关思想的兴起令很多分析者感到诧异。在美国
已经实行了约20年的管制资本主义后，人们普遍认为，20世纪30年代至
40年代诞生的那些制度——如扩大政府权力、设立工会、建设福利国
家——代表了经济和社会的真正进步。即便资本主义在其发展初期曾经略
显残酷，但那也是老皇历了。资本主义的经济成果不再只被少数财阀独占，
而是被多数民众广泛分享。如上文所述，"资本主义"这个词已经基本上
从公众话语中消失了，代之以"混合经济"。

　　凯恩斯经济学似乎将永远居于学术领域和政治领域的主流地位。而陈
旧的自由市场经济理论可以扔进历史的垃圾箱了。对于美国顶尖的大学经
济系（芝加哥大学经济系除外）而言，旧式自由市场经济理论只能进入经
济思想史的课堂。[1]主流的凯恩斯主义理论成了"现代"经济学的代
名词。[2]

　　新自由主义于20世纪60年代在思想界萌生，在70年代不断发展壮
大。[3]新的自由市场经济理论来势迅猛，令很多顶尖经济学家错愕。到70
年代末，新自由主义市场理论受到学界年轻经济学家的极力推崇，最终将
居于正统地位的凯恩斯主义拉下神坛。

　　在上一章中，我们指出新自由主义与里根政府存在密切联系。但新自
由主义制度变革早在里根就职（1981年1月）前就开始了。1978—1980
年，美国开始放松对航空业和汽运业的管制，并在同期通过了第一项重要
的放松银行管制法案。美联储不顾利率对失业的影响，快速提高了利率。
实际平均AFDC在1978年达到最高，之后持续降低。联邦政府规定的实际
最低工资标准也开始下降（见图2-3和图2-4）。1981年罗纳德·里根就
职之后，新自由主义变革开始加速。1981年8月，里根总统强势终止了空
管员的全国性罢工。该事件对企业意义重大——直接打压工会很久以来一

直被视作禁忌，而今是合法的了。[4]

为什么突然发生了如此重大的转变？为什么新自由资本主义（带有少许新特点，但本质上与旧式资本主义没有根本区别）突然在 20 世纪 70 年代末兴起？其深层次原因在于大企业的转变。[5] 管制资本主义是 40 年代美国两大社会团体——大企业和工人组织——结盟的产物。[6] 管制资本主义的主要反对者是小企业，但它们力量太弱，无法阻挡管制资本主义日渐巩固的势头。[7]20 世纪 70 年代，大企业从支持管制资本主义转向支持新自由主义改革，它们与小企业组成新的联盟，形成一股压倒性力量，迅速确立了资本主义的新自由主义格局。工人组织被其昔日的盟友抛弃，并从盟友变成了主要对手。工人组织已无力阻止这种剧变。

本章将从六个方面阐释新自由资本主义的兴起。第一，我们列举了对新自由资本主义兴起的三种不同解释，并逐一分析其不足之处。第二，我们用证据说明多数大企业在 40 年代加入支持管制资本主义的阵营，并解释了大企业支持管制资本主义的原因。只有理解大企业在管制资本主义形成过程中的角色，我们才能进一步分析大企业在 70 年代转而支持新自由主义改革的原因。第三，简要回顾新自由资本主义兴起的历史背景——70 年代的经济危机。第四，提供大企业在 70 年代转向新自由主义的证据。第五，解释大企业做出这种转变的原因，这也是整个问题的核心。第六，分析思想和意识形态在经济稳定和经济转型中的作用，以及我们从中得到的经验和教训。

对新自由主义兴起的不同解读

第一种说法认为，新自由主义理论本身就诠释了新自由主义兴起的原因。新自由主义者认为，政府干预经济不仅限制了个人自由，而且削弱了经济绩效。因此，当人们意识到几十年来国家主义（statism）对经济造成了多么大的损害时，自由主义思想就会再次兴起。

但这种说法存在问题。从 20 世纪 40 年代末到 70 年代初大约 25 年的时间里，美国经历了历史上前所未有的快速经济增长，而且经济增长的成果被大众广泛分享。麦迪逊（Maddison，1995，60，Table 3.1）发现，美国的 GDP 和人均 GDP 在这段时间内增长迅猛，其增长速度高居 1820 年以来全球增长率的榜首。[8] 在第四章，我们将证明美国经济在第二次世界大战后这 25 年里运行得足够良好，完全配得上"资本主义的黄金时期"的称号。[9]

这样说来，"国家主义"在第二次世界大战后几十年中似乎有效地促进了经济进步。实际上，这就是 70 年代前管制资本主义一直被广泛接受，以至反对者无法撼动其地位的主要原因。但是，严重的经济问题在 60 年代末就有迹可循，并在 1973 年后全面爆发。美国经济和全球资本主义经济在 1973 年之后陷入了长期危机。虽然新自由主义倡导者可以援引 1973 年之后的严重经济问题来显示他们的正确性，但声称管制资本主义没有促进经济进步显然缺乏历史依据。

新自由主义兴起的第二种解释是：大企业的金融部门在臣服于管制资本主义几十年之后，终于能够在 70 年代彰显其能力（Arrighi，1994；Du-menil and Levy，2004）。这种说法有几个版本，但基本思路都是一样的：管制资本主义是由一些企业高管、工业资本家（非金融资本家）和工人组织联手创造的。当金融机构处于严格监管之下时，金融资本家无从施展其能力。待到经济危机在 70 年代爆发，金融资本家借势而为，超越其他团体而跃居主流，从而开创了新形式的资本主义，即新自由主义。[10]根据这种说法，新自由主义时代与第一次世界大战前的 J. P. 摩根时代类似，可视为金融资本主义的回归。

为了增强这种说法的可信性，必须提供证据证明 70 年代出现了优势经济地位在行业间的转移。假定金融资本家是从大工业资本家、公司高管等团体演化而来，那么这些失势的团体必将奋起抗争，但是没有任何证据显示工业资本家或公司高管参与了抵制新自由主义的活动，倒是普通劳动者对此反应强烈。实际上，新自由资本主义时代的公司高管比以前更为富有（详见第四章）。与这种优势经济地位转移说相反，大金融资本家和非金融资本家的选择出奇的一致：他们最初一起支持管制资本主义，但在 70 年代，又都转向了新自由主义改革。

第三种解释指向技术因素。主流经济学家提出了几种技术变革说，但霍华德和金（Howard and King，2008）依据传统的马克思主义社会变革理论提供了另一种解释。霍华德和金对新自由主义内涵的理解与本书非常相似，例如，他们也将全球化视为新自由主义的一个方面（Howard and King，2008，5）。

根据传统的马克思社会变革理论，技术变革（生产力的进步）在长期实践中将导致社会关系、经济制度、政治制度以及主流思想的相应变革。[11]霍华德和金利用这一理论解释了新自由主义的兴起。他们否认是资本家对利润的追逐导致新自由主义变革。他们认为，新技术——特别是信息处理和通信技术——削弱了集中生产和集中决策的优势,同时降低了由市场协调的、分散化生产的成本(Howard and King,2008,chap.6)。新技术鼓励产能外包,导致市场关系扩张。市场关系扩张滋生了自利行为,同时削弱了工会的力量。根据这种观点,新自由主义是一种制度变迁,新自由主义的兴起是培育新技术、有效利用新技术的结果。

传统的马克思社会变革理论可以有效地解释一些重大历史事件(如几百年前资本主义在欧洲的兴起)和资本主义历史上的一些制度变迁(如19世纪晚期大企业的崛起),但把新自由主义的兴起归结为技术进步无法令人信服。这种解释至少存在三方面不足。

首先,这种说法存在概念上的错误。根据这种说法,信息处理和通信技术使社会生产更趋分散化,表现为市场关系的扩张,而事实并非如此。新技术降低了信息搜集的成本,从而使集中决策更为有效。一般认为,新技术不仅提高了集权式经济的效率,也使经济在应对未来不可预期的技术进步时具有更大的灵活性。金融、电信、餐饮、零售等行业在新自由主义时代呈现出更强的集中化趋势。

其次,关键技术进步出现的时间不匹配。个人电脑、互联网、移动电话这些最重要的技术或是在70年代后出现,或是在70年代后才发挥重要作用。这在时间上与社会变革理论不匹配。社会变革理论认为,新技术首先出现,而现有制度抗拒新技术的应用,最后导致制度出现变革。

再次,技术进步观点认为,技术进步导致制度变革,从而解放生产力、加速生产力的发展。但新自由主义时代的经济表现并不支持这种观点。我们将在第四章详细分析1980年之后美国经济的运行状况。重大新技术的启用并没有加速经济的整体进步;实际上,如果用GDP增长率、劳动生产率增长率等常用经济进步指标衡量,该时期的经济表现低于管制资本主义时期。即使与70年代管制资本主义危机时期相比,新自由主义时代的GDP增长率也没有明显优势。

尽管技术变革有助于解释特定历史背景下的社会、政治、意识形态等方面的变化,但它似乎无法解释新自由主义的兴起。新自由资本主义似乎推动了经济的发展,表现为新自由主义时期的价格稳定、经济扩张(2008年之前出现了几次较长期的经济扩张,当然,其间也伴随着短暂、温和的衰退),但如以常用指标衡量,它并未带来经济的快速发展。在我们看来,在经济发展等诸多方面,新自由主义倒退了一大步。在历史上,倒退是一种非典型现象,当历史确实出现倒退时,技术进步无法提供充分的解释。[12]

管制资本主义的兴起与大企业

战后管制资本主义的思想和制度不是同期产生的。[13]表 3 - 1 列出了美国管制资本主义的主导理念和主要制度（可与第二章表 2 - 1 "新自由资本主义的理念和制度"进行对比），各项制度的具体内容可参考第二章。[14]表 3 - 1 中的一些制度早在 20 世纪 30 年代之前就已出现，并逐渐成为战后体系的一部分，如对基础工业实施管制，从公司内部提拔 CEO，公司根据科层制原则进行内部关系治理等；另有几种制度，或产生于罗斯福新政时期，或在新政时期重新出现，并延续至第二次世界大战后，包括金融管制、强力实施反托拉斯法、建设福利国家、实行累进所得税制等。 *51*

表 3 - 1　　　　　　　　　管制资本主义的理念和制度

1. 凯恩斯主义的理念和理论成为主导
2. 全球化的经济：建立布雷顿森林体系，实行固定汇率制，美元与黄金挂钩成为世界货币，适度开放的世界经济，设置关税等障碍以限制资本自由流动
3. 政府在经济中的作用 　　a）实施凯恩斯主义财政政策和货币政策，以低失业率和适度通货膨胀为目标 　　b）政府对基础工业实施管制 　　c）政府对金融部门实施管制 　　d）实施社会管制，涉及环境保护、职业安全和健康、消费品安全等领域 　　e）强力实施反托拉斯法 　　f）大量提供公共产品和服务，包括基础设施和教育 　　g）福利国家 　　h）累进所得税
4. 劳资关系 　　a）集体谈判在处理公司和工会关系中占重要地位 　　b）长期、稳定的工作岗位成为主流
5. 公司部门 　　a）合作式竞争 　　b）从公司内部提拔 CEO 　　c）公司运用科层制原则进行内部关系治理 　　d）金融机构主要服务于非金融企业和家庭

但是，发端于 20 世纪 30 年代的管制资本主义制度无法形成新的社会积累结构，从而无法实现提高利润和经济稳步扩张的目标。到 30 年代末，劳动力和企业之间的剧烈冲突仍在持续，社会不稳，前景迷茫，经济无法从萧条中完全恢复。1941 年底，美国参战。在这个特殊时期，劳资双方努力备战，冲突得以缓和。有效的社会积累结构在第二次世界大战后才得以 *52*

形成。一系列重要制度在 40 年代出现，如布雷顿森林体系、凯恩斯主义经济思想、以避免高通胀和降低失业率为目标的宏观经济政策，还有尤为重要的，大企业和工会之间的集体谈判制度。[15]

第二次世界大战接近尾声时，大企业在管制资本主义制度形成过程中的重要性开始显现。从 1944 年开始，布雷顿森林体系逐渐成形（详见第二章）；1946 年，国际货币基金组织开始运行。[16]布洛克（Block, 1977）深入分析了各大强力集团在布雷顿森林体系建立过程中的复杂斗争，并援引充分证据证明跨国公司和大银行是布雷顿森林体系的重要推手。布洛克称大企业和银行为"多边主义者"，相对开放的世界经济和稳定的货币价值是它们追逐的目标。尽管银行最初对建立国际货币基金组织抱有疑虑，更倾向于回到金本位，但当国际货币基金组织放弃了更为激进的资本流动限制（资本流动限制备受美国财政部官员的推崇）时，银行还是加入了支持者的行列。

财政部是"国家计划员们"（布洛克语）的大本营。在哈利·德克斯特·怀特（Harry Dexter White）的带领下，这些国家计划员得到了新的工业联合组织——产业工会联合会（CIO）——的支持。怀特提出了一个计划，以使那些实行有利于工人的经济改革的国家不受国际货币市场动荡的影响。怀特的布雷顿森林协议提案被多边主义者大幅修改。而第三方，即很少涉足国外市场的小企业，支持"孤立主义"（布洛克语）立场，反对美国带头构建全球货币新体系。但大企业和银行丝毫没给它们发声的机会。[17]

大企业和工会的集体谈判是美国战后诞生的最重要的内部制度。与该制度紧密相关的另一个制度是以保持低失业率、预防萧条为目标的凯恩斯宏观经济政策。在该政策下，大企业同意根据集体谈判合同提高工人工资（合同的有效期为三年），同时大企业不用担心无法在经济萧条时支付工人上涨的工资。凯恩斯主义经济思想跃居主流，奠定了凯恩斯宏观经济政策的理论基础。

本书的一个基本观点是：在 20 世纪 40 年代中后期，美国大企业的中坚力量开始支持集体谈判、凯恩斯主义宏观经济政策、凯恩斯主义经济思想和福利国家制度。但在 30 年代，只有少数几个大企业领袖支持"新政"，支持工会的少之又少。1935 年，旨在保证工人集体谈判权利的《全国劳工关系法案》（National Labor Relations Act）得以通过，美国企业理事会（Business Council）——当时最为重要的美国大企业政策促进组织——和全国制造协会（National Association of Manufacturers）、全美商会（US Chamber of Commerce）联手阻止，但未能成功。全美商会在美国参战后仍然抵制工会（McQuaid, 1982, 47–48, 96）。但当战争渐近尾声，大企业领袖开始反思十多年来的经济萧条、劳资冲突，以及战时动员等多种因素，最终更多的大企业转变了立场。

经济发展委员会（The Committee for Economic Development，CED）是大企业表达其政策立场，并对政府决策施加影响的最重要渠道（大企业正是通过 CED 表达了对集体谈判、凯恩斯宏观经济政策和福利国家制度的支持）。CED 在 1942 年 9 月成立，衍生于美国企业理事会，是"由美国的一些大企业家组成的……私人非营利性、非政治性协会"[18]。CED 有两个官方目标：促进战后恢复；"确定……经济政策，以达到并维持高产出、高就业的经济目标"（CED，1948，57）。CED 理事会在 1944 年仅有 13 个大企业代表（见表 3-2）。但到了 1948 年，这一数字增加到 43 个（见表 3-3）。两年之间，CED 理事会、CED 研究委员会（Research Committee） *54* 的成员名单几乎变成了同期美国大企业领袖的名人录。1944 年和 1948 年的成员囊括了重要的金融公司和非金融公司的高管，如 J. P. 摩根、银行家信托公司（该公司与摩根金融集团渊源颇深）、高盛、雷曼兄弟、伊斯曼柯达、通用食品、百路驰轮胎、联合百货、纽约人寿保险、壳牌石油。到 1964 年，这份名单扩展到 91 个大企业，包括巨型企业美国电话电报公司、美洲银行、第一国家城市银行（花旗银行前身）、通用汽车、美国钢铁公司、新泽西标准石油（埃克森美孚前身）等。[19]

表 3-2   **1944 年 CED 中的大企业代表**

冠军纸业
可口可乐
伊斯曼柯达
诚实意外保险公司（Fidelity & Casualty Co）
通用食品
高盛
荷美尔食品
摩根公司
桂格燕麦公司
梅西百货公司
斯科特纸业
斯蒂庞克汽车
联合太平洋铁路

注：包括 CED 理事会或研究委员会的代表。
资料来源：CED，1944.

表 3-3   **1948 年 CED 中的大企业代表**

阿勒格尼路德卢姆钢铁公司	高盛
安德森-克莱顿公司	荷美尔食品

阿肯萨斯电力和照明公司	国际收割机
百路驰	J. P. 史蒂文斯公司
信孚银行	雷曼兄弟
博士伦	利比-欧文斯-福特玻璃公司
百时美	美国国家广播公司
冠军纸业	纽约人寿保险公司
芝加哥、印第安纳波利斯、路易斯维尔铁路	北太平洋铁路公司
辛辛那提电车公司	西北银团
克利夫兰电气照明公司	欧文斯-伊利诺伊玻璃公司
可口可乐	宾州铁路公司
高露洁棕榄	飞歌
大陆保险公司	宝洁
康宁玻璃公司	桂格燕麦
泽勒巴赫皇冠	梅西百货
伊斯曼柯达	斯科特纸业
联合百货	壳牌联合石油公司
福特汽车	辛克莱尔煤炭公司
通用电气	得克萨斯电力和照明公司
通用食品	联合航空
通用磨坊	

注：CED 中的大企业理事。1948 年研究和政策委员会的所有企业成员也是理事会成员。
资料来源：CED，1948.

CED 有哪些政策主张？在成立后两年，也就是 1944 年，CED 发布了题为《自由社会经济学》（*The Economics of a Free Society*）的报告，由其创始人之一威廉·本顿撰写。[20]这篇报告公开支持管制资本主义的三个关键制度——集体谈判，用凯恩斯主义政策调控经济周期，政府提供社会福利项目。文中写道："为了弥补雇佣工人个人谈判的弱势，应赋予他们加入组织、参与集体谈判的权利。"（Benton，1944，6）报告倡导政府实行积极政策，以"维持高水平就业所需的购买力"为目标，甚至赞同在必要时为失业者提供公共岗位（7）。报告不仅支持社会保障退休养老金制度、失业补偿金制度，而且坚持说"这种对个人的保护制度……应该尽可能地扩大开来"（7）。

CED 理事会成立之初规模还比较小只有 13 个，原因可能是上述理念还没有获得大企业的广泛支持。但之后快速扩大。然而，到 1948 年，其成员达到 43 个。1964 年，通用汽车等在 30 年代中期曾极力反对工会的大企业也加入了理事会。[21]

55

56

1947 年，CED 研究和政策委员会（主要由 CED 理事会中的大企业 CEO 组成）发表了一份"国家政策声明"——《如何使集体谈判更有效？》（*Collective Bargaining：How to Make it More Effective*）。[22]声明中同意与工会进行集体谈判，并讨论如何避免工会干扰企业生产。声明警告说："工业纷争"危及美国经济，同时鉴于美国的世界领导地位，也威胁到了"国际和平与繁荣"（CED，1947，7）。声明指出，CED 研究和政策委员会"相信有效的集体谈判"，并警告不要重蹈劳资双方"内战"的覆辙（7-8）。声明号召公司和工会之间要"彼此信任、彼此理解"，支持工人申述程序（grievance procedures），支持修改《瓦格纳法案》（Wagner Act），并要求工会和雇主重视集体谈判（9，12-13）。

1964 年，在该声明发表 17 年后，CED 研究和政策委员会又发布了一个报告——《更均衡的工会权力和工会功能》（*Union Powers and Union Functions*），报告指出，"工人应被赋予组成工会的权利，工会应具备实力，能与雇主就工人工作条件和工资条款进行有效谈判"（CED，1964，9），虽然声明也警告工会可能会积累过多权力。[23]报告简要回顾了 20 世纪 30 年代中期工人暴动和 1932 年国会通过的一系列劳动法案，指出：

> 我们认为，近期国家（有关）劳工的立法总体上是有建设性成就的。回到 1932 年之前，或 1947 年之前，抑或 1959 年之前的状态是令人极度厌恶的。（12）[24]

1948 年，CED 发表了《追求更稳健的货币政策和财政政策》（*Monetary and Fiscal Policy for Greater Stability*）的政府政策声明。该声明详细阐述了 CED 支持凯恩斯主义的立场，即联邦政府实施货币政策和财政政策，以稳定经济、增加就业。声明指出"货币政策和财政政策是重要的政府职能……能够刺激或阻碍经济扩张"（CED，1948，57）[25]。

为什么 CED——该时期最为重要的大企业政策游说组织——主动表达对成立工会、集体议价、凯恩斯宏观经济政策、福利国家等制度的支持？其深层次原因是 20 世纪 40 年代的美国国内形势和世界局势。[26]首先是 20 世纪 30 年代以后美国劳资关系的演变。30 年代以前，几乎所有的大企业都态度坚决地拒绝承认工会，比其他发达资本主义国家的大企业更甚。当大萧条愈演愈烈时，美国劳工运动走向高潮，许多行业（包括汽车、钢铁、轮胎、电力机械、货运、码头装卸等）的工人发起运动，要求资方承认工会。激烈的斗争时有发生，往往演变成暴力。工人越来越有力量，这迫使

57

许多巨型企业承认工会并与工会谈判。[27]美国参战后，工人领袖们同意休战，并做出战争期间无罢工的承诺。战争时期，工人全员就业，又因备战必需加强了工人之间的合作，因此工人的谈判力量得以增强，工会在一些方面获得重要进展（如代扣工会会费，工人申诉程序，工龄作为晋职和免于被解雇的依据，工会会员增多等）。

战争结束后，战时工资价格管制结束，工人不罢工的承诺到期，几大行业在 1946 年爆发了全国性罢工潮。此时冷战已在酝酿，美国政治开始右转。工会中有能力的领袖往往都是共产党、社会党成员，或独立的激进分子，工会运动因此被定义为"颠覆"活动。共和党——工会运动的长期反对者——在 1946 年的国会选举中收获颇丰，于是大企业开始与小企业结盟，试图推动立法以限制工人权利。即使杜鲁门总统动用了否决权，《塔夫脱-哈特利法案》（Taft-Hartley Act）仍于 1947 年通过。根据该法案，间接抵制（secondary boycotts）等有效的工会手段不再合法。当冷战愈演愈烈时，因担心激进分子的影响，较为温和的 CIO 在 1948 年突然转向，开始反对左翼工会领袖，而这些工会领袖从 30 年代起就是对抗大企业的中坚力量。这种趋势在 1949—1950 年达到高潮，CIO 驱逐了几个由共产党员等左翼分子领导的全国性工会。很多左翼工会积极分子（激进分子）被管理层解雇。

大多数企业领袖认为，与工会领袖做交易的时机到了。这些工会领袖的思想更为温和，而且《塔夫脱-哈特利法案》也束缚了他们的手脚。15 年来，大企业一直想遏制高涨的工人运动，但未能成功。企业领袖们认为，接受工会，并就工资和工作条件与工会进行集体谈判是当前最好的出路。工会因好战分子被驱逐，立场变得温顺，同时又因大众民意不再偏向工会，因此不得不与企业达成妥协，同意放弃激进策略，扩大管理层权限，约束好斗的工会会员，使他们遵守集体谈判合同等。当然，解散工会是大企业最希望看到的结果，但毕竟是不现实的。

福特汽车公司的立场转变很有代表性。福特汽车公司在 30 年代极力反对成立工会，但在 40 年代末开始转变思路。1937 年 5 月 26 日，全美汽车工人联合会（United Auto Workers Union）领袖沃尔特·鲁瑟（Walter Reuther）在福特厂房大门处发放传单时被保安殴打成重伤。这个事件在当时很是轰动。1946 年，福特公司突然转变了态度，刚刚掌管公司的亨利·福特二世指出，公司"无意逆势而为……我们不想毁掉工会"（McQuaid，1982，143）。

CED 研究和政策委员会对工会的态度在 1964 年的一份文件中表露无遗：企业与工会保持稳定关系会带来好处。该文表达了对政治激进主义的不满，但同时又写道：

> 但是工会政治激进主义也有好处。它可能使美国工人更关注集体 *59*
> 谈判，而不会试图拉政府参与其中，从而具备了私下和解的最有利条
> 件……成功的劳工政策就是尽可能地避免让政府参与制定具体的雇佣
> 条件。（CED，1964，13-14）

工会的政治立场从激进转向温和，CED 对此感到满意。而同期大多数欧洲国家的工人在政治上更为激进，他们支持左翼政党，希望政府更多地干预经济，同时宣称他们的最终目标是用社会主义取代资本主义。

大企业支持管制资本主义的第二个原因是担心大萧条重演。第二次世界大战后，大企业有充分的理由支持凯恩斯宏观经济政策和思想。战时大规模的政府支出和战时动员迅速结束了大萧条。1939 年，在大萧条持续十年后，失业率虽然低于 1933 年的最高水平 25%，但仍高达 17.2%；企业固定投资只有 1929 年的 58%。但参战的经济效应使经济迅速脱离萧条的泥沼，失业率在 1944 年下降到 1.2%。人们普遍担忧萧条会在战后重现。大企业达成共识，一个强大的联邦政府会提高经济的稳定性、防止萧条再次出现。

CED 在 1948 年的货币和财政政策报告中写道："在经历了美国历史上最为严重的萧条和通货膨胀之后（第二次世界大战后取消了价格管制，导致了通货膨胀），我们这代人知道，生产、就业、价格可能会出现大幅波动。"（CED，1948，9）为了避免萧条再次出现，报告支持政府实施反周期调控政策，如在萧条可能出现时发行货币、降低税收，即使带来政府预算赤字等副作用。报告指出，因军费开支的影响，战后联邦政府预算支出大大增加，占到国民收入的 15%～25%。报告的结论是："如果对如此大规 *60* 模的预算采取正确的政策，将对经济产生巨大的稳定作用。"（14）[28]

报告明确指出，萧条很可能再次出现，大企业应尽力阻止经济陷入萧条。大萧条不仅导致产量下降、失业、破产、丧失抵押品赎回权等显而易见的问题，还会导致"不公平和挫败感"，"民众更易受哄骗，更易相信某种灵丹妙药能使他们脱离苦难"（9-10）。就是说，大企业的真正担忧是，如果经济陷入严重萧条，人们会认为萧条是资本主义制度的必然结果，可能更倾向让社会主义取代资本主义。与资本主义走向灭亡相比，凯恩斯主义政策似乎更为可取。

推动大企业支持管制资本主义的第三个因素是，左翼政党在很多发达资本主义国家中得到了群众的广泛支持。激进的英国工党在 1945 年选举中大获全胜，开启了英国主要工业的国有化进程。法国和意大利的共产党和

社会党相继掌权。日本也有强大的左翼政党。美国共产党在冷战背景下被轻易击溃，但其曾在 30 年代末期到 40 年代中期发挥过重要作用。美国大企业可能担心，即使大规模萧条没有再现，还是会有更多民众支持社会主义。承认工人的一些权利、实施提高就业等政策似乎可以阻止美国国内社会主义情绪的扩散。CED 在 1944 年发表文章，反对取消社会保障和失业补助，建议大企业接受适度的社会福利项目（Benton，1944）——这些似乎是为抵御社会主义而付出的最小代价。

第四个因素：第二次世界大战结束后，共产党统治的国家从最初的苏联突然增加到了九个。苏军控制下的六个东欧国家由共产党执政，没有苏联援助的南斯拉夫和阿尔巴尼亚也是共产党执政。1949 年，中国共产党在世界人口最多的国家执政，意味着世界约三分之一的人口处于共产党统治之下。强大的社会主义集团诞生。共产党掌权的国家宣称国家是工人阶级的国家，已经消除了资本主义对工人的压榨和剥削。在此背景下，大企业被迫对工人做出让步，以免美国工人受到社会主义的蛊惑，将其视为有吸引力的选项。[29]

20 世纪 30 年代，没有几个大企业领袖像约瑟夫·肯尼迪那样支持罗斯福新政（他被罗斯福任命为证券交易委员会的第一任主席）。[30] 在 30 年代，像肯尼迪这样的"投敌者"只是少数，大部分大企业反对新政（新政的首要目标是建立管制形式的资本主义）。到第二次世界大战中期直至结束，在上文所述的种种背景之下，很多大企业转向，开始支持管制资本主义。当大企业与工人组织结盟，共同支持管制资本主义时，这个联盟就有足够的力量确立并巩固新的体系。

并不是所有大企业领袖都支持管制资本主义。两类企业是管制资本主义的强烈反对者。一类企业一直对工会持有敌意，反对政府稳定经济的政策。杜邦家族（美国最富有的家族之一，控制着杜邦化学公司，并在第一次世界大战后至 20 世纪 30 年代一度控制通用汽车）是管制资本主义的顽固反对派。[31] 但是，反对管制资本主义的大企业现在变成少数派了。

另一类是小企业和小企业联合会，它们是管制资本主义的主要反对者。全美商会一直以来代表着小企业的利益，坚决反对管制资本主义，尤其反对工人成立工会，反对政府设立社会福利项目、实施预算赤字等政策（Collins，1981）。20 世纪 50 年代，全美商会定期派出专家参加国会的经济政策听证会，辩称工会侵犯了工人的权利、社会保障体系削弱了工作动力，以及美国正在走向社会主义等。小企业反对管制资本主义是可以理解的。与大企业不同，小企业处在高度竞争的经济部门中，利润微薄，挣扎求生，每年都有相当多的小企业破产。小企业难以支付工会经费，难以支付社会福利税收及其他政府管制费用。

第二次世界大战后，大企业与小企业面临着截然不同的处境。大企业所处行业竞争小，财力雄厚，足以支付工会工资和社会福利税收。如有必要，大企业可以操纵市场价格，转嫁成本。它们不用像小企业那样担心破产，因此可以从长远角度权衡新制度的成本和收益。对小企业来说，大政府对经济的干预是十分可怕的，因为小企业无力左右联邦政府的政策方向。而大企业则不同，它们有信心、有能力阻止联邦政府的一些决策以免危及其核心利益。尽管这些因素并不能保证大企业一定支持管制资本主义，但在 20 世纪 40 年代后期的背景之下，大企业对其并无抵制之意。[32]

事实上，大企业从管制资本主义得到的好处可能高于预期。"资本主义黄金时期"在美国持续，大企业享受着管制资本主义的种种好处，如稳定的劳工关系，可预测的劳动成本，严重衰退不再出现，经济高速增长，劳动生产率高速增长等。工人工资虽然上升了，但仍一直低于工人人均产品的增长速度。到 60 年代中期，企业利润率达到第二次世界大战后最高，详见图 3 - 1。

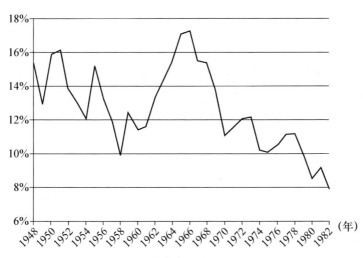

图 3 - 1　非金融企业利润，1948—1982 年

资料来源：美国经济分析局，2013，NIPA 表 1 - 14，固定资产表 4 - 1。

但对大企业来说，管制资本主义并不尽如人意。大企业必须与相对强大的工会斗争，必须支付社会福利开支，必须接受政府不同形式的管制。虽然大企业希望保持现状，但持续不断的工人斗争、对未来经济萧条的担忧、对共产主义和社会主义的恐惧迫使大企业不得不接受变革。

黄金时期结束：20 世纪 70 年代的危机

63   如上文所述，管制资本主义在 20 世纪 40 年代末到 70 年代初促进了美国经济的增长。1948—1973 年间，GDP 快速增长，私有经济产出提高，劳动生产率上升。尽管贫穷、不平等现象没有消失，但实际时薪实现了快速、持续的增长（仅在 1959 年出现下降）。这一时期的经济增长成果被广泛分享，收入不平等程度降低。具体数据见第四章。

大企业在资本主义黄金时期也表现不俗。图 3－1 显示了 50 年代早期到 60 年代早期利润率出现下行趋势时美国非金融企业的利润变动：利润率在 60 年代中期达到战后最高点，峰值出现在 1966 年，为 17.3%。

但在 1966 年后，大企业觉察到了问题。实际工资增长速度变慢，但仍
64 在增长，但利润开始滑落。从 1966—1973 年，真实时薪每年以 1.7% 的速度增长，低于 1948—1966 年 2.5% 的年增长率（*Economic Report of the President*, 1990）。[33] 但利润率在 1966—1973 年急剧下降，1973 年比 1966 年下降了 29.5%（见图 3－1）。[34] 1966—1973 年国民收入中劳动报酬的份额上升了 2.8 个百分点，而企业利润份额下降了几乎同样的程度，为 3.0 个百分点（U. S. Bureau of Economic Analysis，2013，NIPA 表 1－1－4，1－12，1－14）。

1973 年后，劳动力和企业都经历了困难时期。1973—1979 年，实际工资下降 4.4%，利润率持续下跌，幅度达 17.8%。同一时期，非农企业部门每小时产出的年增长率仅为 1.1%（U. S. Bureau of Labor Statistics，2013）。声称美国在 1973—1979 年处于经济危机中，并不为过。

65   1973 年之后，劳动生产率停滞不前，工资和利润率下降，更糟的是，经济进入了不稳定期。从 1971 年以来一直实行的工资价格管制被取消，羽翼渐丰的石油输出国组织在 1973 年底急剧抬高了石油价格，导致从 60 年代末开始逐渐上升的通货膨胀在 1973—1974 年突然加速。如图 3－2 所示，1974—1975 年的美国经济出现了可怕的滞胀，一次严重的衰退使失业率在 1975 年 5 月上升到 9.0%；同期通货膨胀虽稍有回落，但仍处高位。消费品价格在 1973 年增长 8.3%，1974 年增长 12.3%，1975 年增长 6.9%。失业率和通胀率在 1973 年之后都显著上升。

同时，建立在固定汇率制基础上的布雷顿森林体系在 1971—1973 年崩溃，国际货币市场变得极不稳定。如图 3－3 所示，1971 年之后，美元

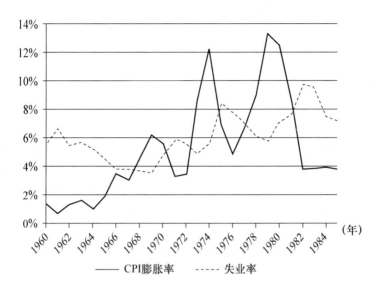

图 3 - 2 通货膨胀率和失业率，1960—1985 年

注：CPI 膨胀率的统计周期为 12 月到来年 12 月。
资料来源：美国劳工统计局，2013。

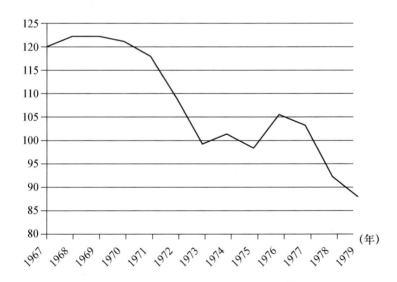

图 3 - 3 经过多边贸易加权的美元价值
（1973 年 3 月 = 100），
1967—1979 年

资料来源：《总统经济报告》，1990，418，表 C - 109。

66　（国际贸易货币）的国际价值急剧下降，并出现剧烈震荡。人们普遍认为，1973—1979 年的美国经济已处于失控状态。凯恩斯主义政策已被证明不再有效，无法同时解决高失业率、高通胀和国际货币不稳定的问题。财政和货币扩张政策可以刺激增长、减少失业，但是在失业降到可接受水平之前，通货膨胀又将发生。紧缩性政策可以缓解通胀，但会导致极高的失业率。

　　20 世纪 30 年代大萧条的成因至今仍众说纷纭，同样，专家们对 70 年代的经济危机也各持己见。社会积累结构理论把长期经济危机的根本原因归结为社会积累结构的变迁：一种社会积累结构会在初期提升利润，促进经济扩张，但最后终将失效。但这个理论没有明确阐述某种社会积累结构为什么在某一时点上开始失效。鲍尔斯等人（Bowles et al., 1990, chap. 5）依据社会积累结构框架对 70 年代的经济危机进行了有效的分析。为什么管制资本主义在 40 年代末以后运行良好，却在 70 年代成为经济稳定、持续赢利和增长的障碍？他们认为深层次原因在于美国大企业在国内和全球范围内面临着不断加剧的冲突，这些冲突撼动了管制资本主义的稳定性，导致了 70 年代的危机。

　　工人们抵制恶劣的工作条件，反对企业提高劳动强度，想争取更多的利益。工人运动、工人联盟通过联邦医疗保险、食品券项目、社会保障体系改革等推进了福利国家的建设。公民运动蓬勃发展，反对企业从事危险品生产，反对企业破坏环境，反对工人从事危险工种，并成功阻止企业将其逐利行为的成本转嫁到社会。中东和拉美的石油出口国提高了出口石油的价格。美国制造企业从 40 年代起便鲜有对手，但在 60 年代末不得不与西欧和日本的出口商展开激烈竞争。

67　　鲍尔斯等人（Bowles et al., 1990）认为，美国大企业试图对抗上述不利因素，但多种冲突直到 70 年代末仍未解决。美国大企业与美国劳动力、美国公民、贫穷国家和其他发达国家资本家的冲突加剧，原有的社会积累结构失效，导致利润率下降，劳动生产率增长停滞，通货膨胀加剧，失业率上升，布雷顿森林体系崩溃，以及国际货币秩序混乱。

　　我们认为这种解释是有说服力的，但我们不想在此对这种解释或其他解释进行评价。无论如何，下列经济事实确定无疑：1）经济危机在 20 世纪 70 年代出现；2）大企业最重视的利润率在危机之前就急剧下降，这种趋势一直持续到 70 年代末；3）劳动生产率是企业长期利润上升的关键，但实际上这一时期的劳动生产率并未增长；4）管制资本主义承诺的平稳的"混合经济"不再平稳，其解决问题的药方——凯恩斯主义的需求管理——不再有效。

在整个 70 年代，人们对经济问题的成因展开了热烈的辩论。不同企业集团、不同社会行业的代表提出了不同的解决方法。著名的投资银行家、拉扎德公司的费利克斯·罗哈廷（Felix Rohatyn）提议，企业、劳工、政府三方代表应进行谈判，并基于平等谈判实施一种更高级的管制资本主义。但这个提议对大企业来说没有任何吸引力。置身于 70 年代的经济危机，大企业逐渐朝另一个方向聚拢，那就是我们今天所说的新自由主义。

大企业 70 年代转而支持新自由主义的证据

1972 年 10 月，两个不知名的团体合并，形成了一个新的企业组织——企业圆桌会（Business Roundtable）。与之前的企业组织不同，只有企业 CEO 才能成为企业圆桌会的会员。该组织成立伊始就有 82 个企业成员，囊括了美国工业企业 100 强中超过半数的企业领袖；到 1979 年，100 强企业中近 70 家企业加入（Reuss，2013，69-70）。其会员不限于工业企业，还包括金融和其他非金融行业的大企业。表 3-4 列出了 1972 年和 1979 年企业圆桌会的部分成员。[35] 其中 45 个大企业（或其前身）在 1943 年和 1964 年与 CED 存在某种附属关系，包括美国电话电报公司、美洲银行、花旗银行、埃克森、福特、通用电气、通用汽车、J. P. 摩根、美国钢铁公司等。

表 3-4　　　　　　1972 年和 1979 年企业圆桌会部分成员名单

美国电话电报公司[+]	凡士通轮胎和橡胶公司[++]
联合化学公司[++]	福特汽车[++]
美国铝业公司[*]	通用动力公司[++]
美国制罐公司[++]	通用电气[++]
美国电力公司[*]	通用食品公司[++]
大西洋里奇菲尔德公司[++]	通用磨坊食品公司[++]
百路驰[+]	通用汽车[++]
美洲银行[+]	海湾石油公司[++]
伯利恒钢铁公司[++]	国际收割机[++]
伯灵顿工业公司[++]	国际镍公司[++]

伯灵顿北方公司++	国际纸业公司++
金宝汤公司++	杰西潘尼公司++
冠军国际公司++	J. P. 史蒂文斯+
大通曼哈顿银行++	肯尼科特铜业公司++
克莱斯勒公司++	美孚公司++
花旗银行++	纽约摩根信托+
可口可乐+	摩根士丹利+
爱迪生联合电气公司*	宝洁+
康宁玻璃公司++	梅西百货++
泽德巴赫皇冠公司++	斯科特纸业++
陶氏化工++	西尔斯-罗巴克公司++
杜邦公司++	壳牌石油公司++
美国东方航空++	得克萨斯电力和照明公司*
伊斯曼柯达++	联合航空*
埃克森公司++	美国钢铁公司++
联合百货++	

* 1972 年成员。
+ 1979 年成员。
注：来自 1972 年 10 月 16 日和 1979 年 8 月 1 日企业圆桌会成员名单。
资料来源：企业圆桌会，1972；格林和布克斯鲍姆，1980，附录 A）。

与 CED 不同，企业圆桌会的定位是游说团体。因企业圆桌会的会员涵盖了美国各个行业的主要企业，因此其目标是为大企业的共同利益代言。企业圆桌会成了该时期为美国大企业争取利益的最重要团体（Clawson and Clawson，1987；Ferguson and Rogers，1986；Vogel，1989；McQuaid，1982）。尽管企业之间利益诉求不同，但企业圆桌会成功协调了企业之间的利益分歧，从而大大增强了其影响力。例如，在 1978 年涉及劳工法改革的关键问题上，有些 CEO 对企业圆桌会的决议持不同意见，但他们最后还是支持了决议，并参加了反对该法案的游说活动，详见下文（Vogel，1989，154-155）。

企业圆桌会的创办声明发表于 1973 年 4 月，措辞谨慎而温和。根据声明，其使命是促进经济教育，促进公众交流，进行法律诉讼，提升与政府的关系，促进劳资关系平衡等。最后一项目标为其几年后对工人的强势立场埋下了伏笔（Business Roundtable，1973）。在这之后，企业圆桌会在表达自己的政治倾向方面变得越来越直接。[36]

企业圆桌会是一个游说团体，而不是一个政策促进组织，但它偶尔会发布一些支持新自由主义转型的论文和报告。1977 年，其下设的"税收政策特别小组"建议政府采取更有力措施刺激企业投资，如降低企业所得税、加大折旧抵税幅度、降低资本收益税等（Business Roundtable，1977）。 *70* 1979 年，企业圆桌会出台了一份社保退休养老金报告，强调养老金应处于满足"基本需求"的"基础水平"，"应对福利项目进行严格审查，以确定福利项目是否真正必要"（Business Roundtable，1979，3－4）。报告指出，个人养老应在社会保险退休计划所保证的"基础水平"外，辅以退休者个人储蓄和个人养老计划，这样个人养老才能"更有灵活性，更能满足个人的需求和情况"（4）。该报告还呼吁提高退休年龄（6）。

企业圆桌会在 1979—1981 年出台了一系列报告，呼吁削减社会管制。这些报告或由他人代写，或由企业圆桌会自行编写。阿瑟·安德森 1979 年应邀为企业圆桌会进行了研究，他发现，48 个大企业在 1977 年为满足政府管制要求花费了 26 亿美元，占企业税后收入的 15.7%，占企业研发支出的43.4%（Arthur Anderson，1979，iii）。企业圆桌会质疑现行的空气质量评估方法，并发表了长篇累牍的报告，敦促相关部门更改评估方法，"对健康产生负面影响"的界定应仅限于导致"永久性损害或伤残"的情况（Ferris and Speizer，1980，iv）。报告认为，在制定空气质量标准时不应提高安全标准，应以"可接受风险"替代（iv）。1981 年，企业圆桌会的一份报告指出，劳动生产率增长滞后的主要原因是"政府过度管制"（Business Roundtable，1981，1）。报告呼吁对政府管制进行成本−收益分析，以确定管制措施是否合理，并援引穆雷·韦登鲍姆（Murray Weidenbaum）备受批评的数据作为证据（穆雷是里根政府经济顾问委员会的第一任主席，一直抨击政府对企业的管制，据他估算，1980 年政府管制产生了 1 260 亿美元的成本）。

从企业圆桌会 70 年代的游说活动中，我们可以发现它充当了哪些团体的利益代言人。1975—1978 年间，企业圆桌会与工人、公共利益集团展开斗争，试图延缓工人运动不断加强、社会管制日趋严厉的进程，这一时期它在斗争中主要处于防守态势。1973 年"水门事件"爆发，国会参众两院民主党多数派席位在 1974 年选举后大幅上升。同时，工人运动和公共利益运动不断革新民主党的政治议题。尽管福特总统否决了一系列相关法案， *71* 但民主党人吉米·卡特在 1976 年当选总统，形势似乎更有利于工人和公共利益团体了，他们长期以来倡议的法案更有可能获得通过。

企业圆桌会从 1977 年开始有能力阻止类似议程。1977 年，在企业圆桌会的助力下，"全工地总罢工"（common situs）条款未能在国会获得通过，建筑工会提高谈判能力的努力受挫。1978 年，企业圆桌会成功地阻止一项消费者权益法案（该法案旨在建立一个重要的消费者保护机构，这是管制运动长期以来的目标之一）的通过，使消费者权益倡导者拉尔夫·纳德（Ralph Nader）遭遇惨败（Vogel，1989）。

企业圆桌会最重大的胜利是在 1978 年上半年使《劳动法改革法案》（Labor Law Reform Act）搁浅。《劳动法改革法案》是该年工会最重要的法律议题，工会力图通过该法案扭转工会会员不断减少的趋势。因为虽然现行劳动法支持工人建立组织或加入工会，但未设工会的企业往往使用非法的策略（如解雇支持工会的工人）阻挠工人联合。此类诉讼需要历时多年才能结案，而最终对企业的惩罚微乎其微。《劳动法改革法案》希望压缩国家关系委员会形成决议的时间，并适度加大对企业违法行为（如因工人参加工会活动而解雇工人）的惩罚力度。法案原本在国会两院争取到了足够多的支持者，卡特总统也承诺要签署该法案。

除企业圆桌会外，还有其他几个企业团体（如小企业团体）也进行了抵制，但企业圆桌会是其中的主角。企业圆桌会与全美商会、全国制造者联合会合作，展开积极游说。通用电气的 CEO 雷吉纳德·琼斯（Reginald Jones）在企业圆桌会政策委员会中表达了对该法案的中立态度，因为通用电气已经成立了工会，该法案对通用电气不会产生直接影响。但当政策委员会投票结果显示反对法案者占绝大多数时，通用电气又公开表示反对该法案，并参与了相关游说。大企业用专机把全国各地的小企业者送到国会大厦与他们所在选区的议员会面。这些努力获得了回报。1978 年 6 月，支持该法案的多数参议员被分化，反对方以冗长辩论（filibuster）侥幸取胜，法案没有获得通过（Vogel，1989，154-156）。大企业过去几十年来一直没有加入小企业反对工会的联盟。直到这时，工人领袖们才终于意识到，大企业变了。

企业圆桌会在 70 年代时攻时守。1978 年，企业圆桌会让一项温和的累进税改革法案变得对企业极其有利（例如将资本收益税从 48% 的最高点降到 28%）。同年，企业圆桌会和有关企业组织以及大众媒体不断抨击"政府管制过多"，迫使卡特总统发布总统令，要求管制机构分析新管制措施造成的影响（Ferguson and Rogers，1986，106）。从此，美国经济政策背离了社会管制的初衷（如果一种企业行为导致社会经济受损，该行为就应被禁止），转向了成本-收益法（决策基于企业可能带来的损害与难以测量的管制成本的对比）。

1981 年 1 月，罗纳德·里根就任总统。里根政府迅速推出了新自由主义变革的举措。1981 年 3 月，企业圆桌会公开表示对总统经济计划的支持。企业圆桌会发表声明："企业团体认为，经济复苏计划的四个组成要素（减少社会开支、减税、减少管制、实施紧缩货币政策）都是十分重要、密切相关的，必须尽快实行。"两个月后，企业圆桌会又发布了报告，指出"经济危机已经来临，需要对国家经济政策进行深入改革"（McQuaid，1982，320）。就这样，企业圆桌会不再支持管制资本主义——它首先反对管制资本主义的扩大化，然后试图推翻管制资本主义的核心原则。

企业圆桌会在 20 世纪 70 年代到 1981 年采取了一系列支持新自由主义变革的行动。这些行动表明，大企业中的多数重要企业已经转变了立场，它们抛弃了与工人组织的联盟，转而联合小企业。（企业圆桌会的会员企业大部分也是 CED 的成员，也曾在 40 年代踊跃支持管制资本主义。）当然，我们还有其他证据证明这一时期大企业的转变。 ₇₃

CED 在 70 年代仍然是一个积极的政策促进机构，1980 年，其理事会仍然囊括了重要的金融和非金融大企业（CED，1980）。但作为大企业的重要代表，这一时期的 CED 在政策层面的影响力弱于 40 年代。CED 从 70 年代起一直到 1980 年发表了一系列政策声明，表明 CED 从支持管制资本主义过渡到支持新自由主义思想。1972 年，CED 发布了一份报告——《没有通货膨胀的高就业》（High Employment without Inflation），标题即带有明显的凯恩斯主义色彩。报告支持"通过适度的财政和货币政策进行稳健的总需求管理"（CED，1972，16）。报告甚至建议政府扩大干预，对工资价格进行管制（17）。1976 年，CED 发布了通货膨胀和经济增长报告，不再支持政府实行工资价格管制这样的严格干预政策，但仍然支持传统的凯恩斯主义政策。报告建议实行扩张性财政和货币政策，以使经济增长率在未来两年达到 6%，从而在长时期内既能减少结构性失业，增加企业投资，又能降低失业率（CED，1976）。但到 1980 年，尽管经济出现了衰退，CED 的报告仍强烈建议"尽量少地使用财政政策和货币政策"，以控制通货膨胀（CED，1980，2-4）。报告呼吁改革税收政策和政府管制，以刺激储蓄和投资（5）。[37]

1979 年，CED 发表了题为《重新定义政府在市场体系中的作用》（Redefining Government's Role in the Market System）的政策声明。该声明涉及多方面内容，从中可以看出 CED 在政策方向上的转变。报告批评"政府权力在经济体系中无序扩大"，"政府对私人部门施加越来越多的过分要求"

（CED，1979，9-10）。报告呼吁政府减少对企业的管制，指出"如果把市场从政府设计的诸多不合理限制中解放出来，如果给予市场更多的自由，国家会变得更美好"（14）。CED 在整个 70 年代的不同政策声明进一步佐证：美国大企业在这一时期开始放弃管制资本主义，转而投向新自由主义变革。

大企业转变的另一个证据是公共政策智库的转变。在 20 世纪 50—60 年代，几家重要智库都以凯恩斯主义为其政策分析框架。大企业为这些智库提供资金支持，其中布鲁金斯学会是最重要的智库之一。这些智库为国会、政府部门和大众传媒提供政策分析，在美国发挥着重要的影响力。智库的影响力不局限于某个政策问题，有时甚至会影响到评估公共政策的基本框架体系。"混合经济"政策在战后几十年中一直占据主导地位，而布鲁金斯学会是支持该政策的中坚力量。

20 世纪 70 年代，几家大力支持新自由主义变革的智库出现了，其中最有影响力的是美国企业研究所（American Enterprise Institute）。美国企业研究所创始于 40 年代，但直到 60 年代末仍是一家小型保守智库，资金不算雄厚。其在 1970 年的预算不到一百万美元。但在接下来的十年里，美国企业研究所的年度预算增长了十多倍。到 1980 年，许多大企业（如壳牌石油、大通曼哈顿银行、花旗银行、惠普、加利福尼亚标准石油公司、得州仪器等）代表成为该研究所的理事，而通用电气成了研究所的赞助人（Peschek，1987，28；Phillips-Fein，2009，211）。另一个重要的智库——美国传统基金会（Heritage Foundation）——亦是如此，传统基金会由右翼思想的长期拥护者约瑟夫·库尔斯（Joseph Coors）创立。到 1973 年，传统基金会的理事会中开始出现大通曼哈顿银行、陶氏化工、通用汽车、辉瑞制药、西尔斯-罗巴克、美孚等高管的身影（Edwards，1977，227-229；Phillips-Fein，2009，171-172）。一项研究发现，如果把三个最重要的"保守"智库（美国企业研究所、传统基金会和胡佛研究院）1970 年的预算相加，其总和仅为布鲁金斯学会同年预算的 45%，但到了 1980 年，三个智库的年度预算总额是布鲁金斯学会的 2.25 倍。到 1980 年，仅美国企业研究所一家的预算便已经超过布鲁金斯学会。而分析同期布鲁金斯学会发表的研究文章，我们可以发现该智库也正在向新自由主义智库过渡（Clawson and Clawson，1987，207）。

在 20 世纪 70 年代，支持新自由主义思想和政策的智库在大公司的资助下开始崛起。同时，大众媒体越来越倾向于支持新自由主义的政策理念。这两方面因素是美国经济领域新自由主义思想和理论快速成长的主要原因。

突然之间，倾向于自由市场、反对政府管制的年轻经济学者更容易获得研究资助。另外，经济学者开始对完全竞争的自由市场理论充满了兴趣，热衷于比较分析自由市场经济与凯恩斯主义混合经济的优劣。他们认为，市场和国家各有利弊，两者之间没有简单的"最优"结合。[38]

大企业转向的最具决定性的证据是其对总统候选人的支持。1964 年，亚利桑那州参议员巴里·戈德华特（Barry Goldwater）获得了共和党总统候选人提名，其竞选纲领带有新自由主义的基调：反对政府管制企业，反对社会福利项目，反对工会。[39]但 1964 年的选举发生在管制资本主义盛行和大企业支持管制资本主义的高潮时期。戈德华特在与时任总统林登·约翰逊的对阵中惨败。约翰逊的竞选活动获得了许多大企业（包括福特、摩根保险基金、伊斯曼柯达、联合百货、施乐、菲利普斯石油等）领袖的支持。更具说服力的是竞选捐款流向的变化。企业理事会聚集了许多美国大企业的精英，CED 就是在该组织的推动下成立的。在 1956 年和 1960 年的总统选举中，企业理事会成员的捐赠大多数流向了共和党候选人。[40]但在 1964 年，形势出现了逆转，企业理事会成员向约翰逊的竞选捐赠比戈德华特高出 50% 以上（McQuaid，1982，232）。

1980 年的总统选举结果出乎意料。总统候选人罗纳德·里根也同样旗帜鲜明地提出了放弃管制资本主义，支持新自由主义的施政纲领。起初，里根主要寄希望于美国西部和南部白手起家的企业家们为他提供经济支持。在里根赢得共和党总统候选人提名后，里根放弃或淡化了一些备受争议的政治立场（如贸易保护主义等）。随后，他在最后一轮竞选中获得了大企 _76_ 业的压倒性支持。卡特仅留住了"几个投资银行家和少数跨国企业领袖"（Ferguson and Rogers，1986，112－113）。大企业在政治上越发敢作敢为。在 1980 年之前的总统选举中，大企业一直采取务实的打法，通过企业行动委员会（political action committee，PAC）支持在位总统连任，无关乎党派。但在 1980 年的总统选举中，大约 40% 的企业 PAC 最终"支持意识形态保守的总统挑战者，即使在位总统立场稳健、实力强大"（Clawson and Clawson，1987，213）。1980 年，大企业不仅帮助一个自诩新自由主义者的总统候选人入主白宫，而且积极促成国会接受同样的思维。

乍一看，里根的当选似乎导致了新自由主义革命，恰逢当时的选民选择支持另一种观点。实际上，大企业在 20 世纪 70 年代的转变是新自由主义革命的根本原因——美国新自由主义变革在里根当选之前的几年就开始了。我们有充分证据证实这种观点。就任之后，里根在新自由主义纲领上的成功也难以用流行的政治观点来解释。公共舆论调查表明，在里根总统任期的头两年，即新自由主义行动纲领颁布的那段时间里，里根总统的公众支持度为 55 年来最低，远远低于艾森豪威尔、肯尼迪、尼克松和卡特。1981 年，民主党在众议院中占有多数席位；共和党虽在参议院处于 53∶46 的优势地位，但仍远远低于可以阻止冗长辩论的多数。尽管民意支持居后，国会障碍重重，但里根的新自由主义纲领在稍加改动后，还是得到了国会的支持。克劳森夫妇（Clawson and Clawson，1987，214-215）得出结论："里根成功的原因……在于其纲领得到了企业界几乎一致的支持。"正是大企业抛弃与工会的结盟，转而与小企业联合后，企业界的协同行动才成为可能。[41]

为什么大企业支持新自由主义变革？

77 　　就这样，大企业实现了从支持管制资本主义向支持新自由主义变革的惊人转变。大企业的转变可以归结为几个原因。第一个原因是大企业在 20 世纪 70 年代遇到了经济危机。如前文所述，60 年代中期以后，大企业的利润率显著下降。企业圆桌会的创立声明（1973 年）表达了大企业对这种趋势的关注和担忧。声明指出，"税后利润在 1966 年达到最高，但之后利润因成本的上升而急剧下降（cost-squeeze）"，"70 年代早期利润占国民产出的份额降至战后最低"（原文如此）。声明明确指出了成本挤压利润的原因："从 1966 年开始，单位劳动力成本急剧升高，导致通货膨胀恶化，利润急剧下降。"（Business Roundtable，1973，slides 18-20）企业圆桌会其实早在 1973 年就提出工资上涨和劳动生产率停滞（这两个因素在声明中也有提及）导致了企业利润率的持续下降，并为此忧心忡忡。

　　第二个因素是 60 年代和 70 年代早期社会管制（政府对环境、劳动安全、工人健康、消费品安全的管制）的扩大化。新兴大众运动与政治力量不断增强的工人运动结合到一起，促成了 60 年代末一系列社会管制新法案的通过，导致了社会管制的扩大化。[42]大企业在 40 年代末接受管制资本主义的主要制度时，高度的社会管制并不在协议之内。与管制资本主义的初期形态不同，社会管制限制了大部分企业的逐利行为，因此，企业逐渐倾向于结盟对抗社会管制。沃格尔（Vogel，1989）、克劳森夫妇（Clawson and Clawson，1987）等人对 70 年代企业的政治行动进行了研究，他们认为，大企业之所以进行政治动员，反对政府对经济的积极干预，其重要原因是社会管制的扩大。鲍尔斯等人（Bowles et al.，1990）认为，管制资本主义几十年的运行导致了工人和公民组织权利的不断扩大，大企业力图对

这种趋势实施反击。这就是社会积累结构运行的一种方式：初期有效的社 *78*
会积累结构催生了一系列变化，最终使社会自身丧失了进一步提高利润和
扩张经济的能力。

　　前文指出，工人和公共利益集团在 70 年代中期处于政治上的攻势，不
断寻求在管制资本主义体系内扩大自身利益。在大企业看来，这是对管制
资本主义已有平衡的威胁。同时，就像鲍尔斯等人（Bowles et al.，1990）
所说，美国大企业也面临着其他威胁，例如，拉丁美洲、中东等石油输出
国的话语权不断增强。大企业面临着一系列难以驾驭的问题，因此很自然
地开始质疑当前的制度安排是否仍然对它们有利。企业圆桌会的创立声明
显示，早在 1973 年，大企业就已经开始考虑进行重大变革的可能性，并暗 *79*
示问题的解决方式可能涉及"变更法律，或改变法律的管理或诠释方式，
也可能涉及一种新的思想"（Business Roundtable，1973，6）。[43] 但在 1973
年，企业圆桌会似乎仍不知道路在何方。

　　第三个因素是美国大企业在 70 年代面临着愈演愈烈的国际竞争。第二
章已述及，美国进口总量占 GDP 的比例在 60 年代末开始上升（图 2 - 9）。
从 60 年代中期到 1980 年，美国商品和服务进口总量占 GDP 的比例从 4%
上升到大约 10%。但这并不能充分说明美国企业面临严重的国外竞争，因
为 GDP 中相当一部分商品和服务不是由跨境贸易产生的。60 年代初，商品
进口总量占 GDP（仅包含商品）的 6% ~ 7%（见图 3 - 4）；到 60 年代末，

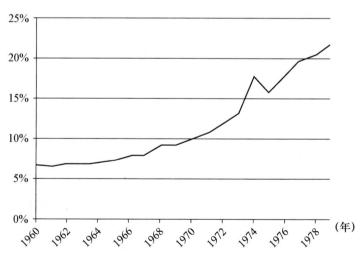

图 3 - 4　进口商品占 GDP（仅包含商品）的百分比，1960—1979 年

资料来源：美国经济分析局，2013，NIPA 表 1 - 1 - 5，1 - 2 - 5。

这个比例开始上升，1973 年为 13.1%，1979 为 21.8%——是 60 年代初的 3 倍多。大型制造企业在 50 年代和 60 年代初几乎没有遭遇国外竞争，现在它们面临着日本和西欧企业的不断进犯。[44]

打入美国核心产业的外国企业不断扩大市场份额，不断对这些行业原先奉行的合作式竞争模式施加压力。只有在由少数公司主导的行业内，才能建立和保持合作式竞争，因为只有这样才能在企业间建立稳定的关系，避免价格战。外国公司的进入破坏了旧秩序，这些原来实行稳定价格机制的行业现在充满了竞争，价格战又回归了大企业的领地。大企业开始面临着与小企业类似的境遇，稳定的价格和利润不复存在，大企业突然置身于激烈的价格竞争中，甚至存在破产危险。

很多人并未意识到大企业之间的合作式竞争有多么重要，或者合作式竞争的消失将带来多大的影响。采取合作式竞争的大企业不需要担心短期生存问题，它们可以从长计议，如果它们预期某项制度将使它们在长时期内获利，那么它们可以接受这项制度带来的短期成本。

20 世纪 70 年代，在美国实行了 25 年高度发达的管制资本主义之后，合作式竞争瓦解。其主要原因是进口竞争加剧。简而言之，大企业变成小企业，有破产之虞，不再高枕无忧；因此大企业决定行动起来，找到削减劳动成本、减少税负、避免政府管制的良方。这些正是新自由主义思想和政策所强调的目标，因而新自由主义对大企业极具吸引力——这是大企业从管制资本主义转向新自由主义变革的重要原因。

如何解释外国企业在 60 年代末颇显突然地闯入美国市场？一方面，这是资本主义企业永不停歇地追逐利益、突破逐利边界（包括国家边界）的必然产物。这种趋势存在于资本主义的整个历史中。另一方面，60 年代末出现的变化是布雷顿森林体系运行 20 年的结果。布雷顿森林体系支持相对自由的商品贸易，随着时间的推移，贸易变得更加自由。战争中毫发未伤的美国工业在战后初期主导了国内市场和世界市场。但是，管制资本主义体系在世界范围内的有效运行使西欧和日本的经济迅速恢复和发展。布雷顿森林体系曾是促进稳定和经济增长的重要制度，但到 60 年代末，它逐渐动摇了管制资本主义另一个关键制度——合作式竞争。[45] 就这样，布雷顿森林体系削弱了支持美国管制资本主义的阶级联盟。

推动大企业背离管制资本主义并转向新自由主义的第四个因素是：随着时间推移，大萧条成了渐行渐远的记忆。1948 年企业圆桌会的文件表明，对大萧条刻骨铭心的记忆和对第二次世界大战后大萧条死灰复燃的担心是自由市场思想被削弱，同时大企业倾向于接受凯恩斯主义政策的原因之一。大萧条也促使大企业接受福利国家制度。但到了 70 年代，大萧条变成了尘封已久、最好被忘却的记忆。几十年来，米尔顿·弗里德曼一直在宣扬他的学说——大萧条不是私有制的某种缺陷导致的，因而不需要政府纠正；大萧条是政府在大萧条开始阶段的误导性货币政策造成的（Friedman and Schwartz，1963）。到了 70 年代，这种观点逐渐得到经济学界的认可。如果不需要大政府的干预来预防萧条，为什么大企业还要继续支持政府的政策并通过缴税来为之埋单？

促进大企业在 70 年代抛弃管制资本主义的动因很强大。上面讨论过的一些因素不仅促使大企业背离管制资本主义，而且推动大企业投向新自由主义变革的怀抱。但是，新自由主义变革不是取代管制资本主义的唯一选项。如前文所述，一些大资本家建议实施加强版的管制资本主义：三方机构（分别代表企业、工人和政府）合作，共同解决企业面临的问题。但是，在大企业看来，工人力量的增强和工人结盟才是它们担心的主要问题（这种想法在企业圆桌会的声明中有所显露）。除了国有化，没有什么比利润率下降更令企业恐惧的了。而大企业认为利润率下降的主要原因是劳动力成本的上升。建立在企业、工人和政府三方基础上的资本主义将给予工人更大的权力，因而大企业对这个提议置若罔闻也就毫不奇怪了。

新自由主义变革将恢复大企业对工人的支配权，并帮助大企业达成其在 70 年代设定的其他目标，因此这种变革是一种有效的制度变革。新自由主义变革将借助美国文化中固有的价值观（如个人自由、自治、有限政府）展开。尽管新自由主义变革穿上了自由市场、个人自由的外衣，但它实际上提升了资本的地位，削弱了工人的力量（参见第二章）。新自由主义变革承诺将扭转利润率下降的长期趋势，这才是大企业的核心关注点。

经济稳定、经济转型和思想的关系

对照管制资本主义的兴衰，新自由资本主义的兴起为我们研究思想在经济稳定和经济变革中的作用提供了有益的视角。我们知道，大企业在 20 世纪 40 年代开始支持管制资本主义，因为相信这种体制最符合它们的利益。凯恩斯主义思想和经济理论为管制资本主义的合理性奠定了基础：凯恩斯主义宣称，企业和工人都将受益于管制资本主义的各项制度安排，管制资本主义将带来高就业、高产出和高利润。

而在 20 世纪 70 年代，新自由主义思想和经济理论更好地契合了大企业的实际需求：增进企业利益，解决企业面临的问题。思考下列问题：

• 如何削弱工会的力量，降低工人工资？直接牺牲工人的利益，让富有的资本家更富有是行不通的；而谴责工会领袖，说他们侵犯工人自由选择权（新自由主义思想的逻辑）就动听多了。

• 如何削弱福利国家？说穷人生活富足，因此应该缩减社会福利项目，让高收入纳税者少缴税是行不通的。但说福利项目破坏了工作激励机制，使人们依赖于救助，因此削减福利对穷人有利，就动听多了。

• 如何降低社会管制的成本，减少社会管制的干扰？大企业破坏环境，让工人从事危险工作，生产有害的消费品等行为本身就是错的，但谴责华盛顿官僚管闲事，说他们削弱企业竞争力，破坏工作机会就动听多了。

• 如何使大企业规避对劳动安全保障的长期投入？如何使大企业不支付工人养老金？直接剥夺工人的劳动安全保障或退休保障是不可行的，说"灵活的劳动力市场"有利于市场竞争、有利于创造工作岗位就动听多了；同时，可以劝说工人将养老金投入股市，因为这样他们在将来会"生活得更好"。

• 如何减少大企业税负？将税负从最富有的一方转嫁到最贫穷的一方是不可行的，但换种说法，说给创造就业岗位的企业减税，工人将从中受益，同时，基于公民责任和公正纳税的理念，应提高工资税（累退税），以弥补几十年后可能出现的退休金支出缺口，就动听多了。

新自由主义的思想和理论宣称，管制资本主义设计的所有制度都是错误的，这些制度建立在集体主义逻辑上，破坏了个人努力、效率和经济进步。同时，新自由主义思想和理论支持大企业在 70 年代设定的所有目标。毫无疑问，在这种背景下，大企业决定采纳新自由主义思想。思想在旧形式的资本主义消亡和新形式的资本主义确立时十分重要。

我们不是说大企业领袖虚伪，说一套做一套。在人生不同阶段，我们对公正和正确有着自己的理解，同时我们承认，我们偶尔也会犯错，因此我们有强大的动机相信自己的行为是正义而非自私自利的。严密的思想体系本身自有其现实性，这种思想体系驱动人们的行为，并为这些行为提供合理性。大企业领袖们当时一定意识到了自由主义重组对大企业的好处。他们同时也应该理解新自由主义变革代表了美国经济最好的出路，至少在长期内将使整个社会受益（新自由主义的承诺）——

我们也没有理由怀疑大企业领袖的公心。涓滴效应最近频遭喜剧演员和漫画家的嘲讽，但在最初，涓滴效应是大家信服的新自由主义变革理念之一。

一种思想体系的执行必须保持一定的一贯性。思想是资本主义制度体系的黏合剂，为其存在提供合理性。这就解释了为什么新自由主义时代的某些政策与部分大企业（或全部大企业）的利益对立。例如，必须在基础设施的建设和维护上投入大量资金，这样才能确保企业持续赢利。但基础设施投资毫无疑问是公共投资，与新自由资本主义的理念背道而驰，因此基础设施支出在新自由主义时代严重萎缩（见第二章）。航空公司、铁路、通信企业和电力公司反对放松管制，但它们无法战胜新自由主义思想，也无法抗衡大企业（大企业是它们的用户）的游说。 *84* 新自由主义思想并非完全符合大企业利益，在一些问题上大企业之间同样立场不一，但新自由主义思想有效地维护并促进了大企业的整体核心利益。

美国的新自由主义变革成功地解决了大企业在 70 年代面临的重大问题，或至少改善了大企业的境遇（见第四章）。但是，新自由主义的"成功"存在两个缺陷。第一，新自由资本主义提高了利润率，使经济稳步扩张，但利益越来越集中到社会上层。尽管这在美国和世界大部分国家引发抗议，但仍无法阻止新自由资本主义的步伐，不平等持续扩大。第二，新自由资本主义恢复利润率、实现经济稳定扩张的途径与新自由主义经济思想和理论所承诺的大相径庭。新自由资本主义促进经济扩张的方式（其中经济不平等发挥了重要作用）随着时间推移导致了金融问题和经济问题，最后必然导致整个体系失灵。2008 年，本以为不会出现的经济萧条和金融崩盘的幽灵，再次显现。

注释

[1] 芝加哥大学经济系在米尔顿·弗里德曼等人的领导下没有参加凯恩斯主义革命，而是坚守了自由市场经济思想。后来，"芝加哥学派"经济学成了自由市场经济思想与理论的代名词。

[2] 米尔顿·弗里德曼的一两篇论文偶尔会出现在宏观经济学研究生的教学大纲中，以显示理论的多样性。当时除芝加哥大学外，几乎没有人认为弗里德曼的理论是正确的。

[3] 罗杰斯（Rogers，2011，chap. 2）详细描述了该时期自由市场经济思想和理论的兴起。

［4］罢工开始两天后，里根总统下令解雇全国11 000多名空管员，导致行业工会在10月22日解散。

［5］尽管大企业在20世纪70年代转而支持新自由主义变革被认为是推动这种转变的起因，但这一时期的经济和政治背景为大企业转向提供了理由。因此，当时的背景及由此带来的影响也是解释新自由主义兴起的重要因素。

［6］"结盟"有不同的含义，如建立密切、统一的联盟。但此处大企业和工人联盟的意义不同，此处结盟指的是不同团体或派别集合起来共同行动，就像联合政府由几个党派联合组成，而各个党派的支持者和政治愿景却各不一致。大企业和工人组织结盟，共同支持管制资本主义并不意味着两方有共同的利益，或者两方不再因利益分歧而斗争。

［7］管制资本主义的反对者中也包含一些主要面向国内市场的中型企业，还有少数大企业。文中说大企业支持管制资本主义，并不是指所有大企业，而是指大多数重要的大企业、大企业集团的中坚力量。事实上，这些团体从未在任何问题上取得完全一致。

［8］麦迪逊（Maddison，1995）分析管制资本主义时使用的是1950—1973年的数据，本书使用的是1948—1973年的数据。

［9］例如，参见 *The Golden Age of Capitalism*（Marglin and Schor，1990）。

［10］福斯特（Foster，2007）的观点与此类似。他认为垄断资本主义内生的停滞倾向导致资本进入金融活动，从而引发垄断资本主义金融化，新自由主义是金融垄断资本主义的意识形态。他把新自由资本主义看作一种意识形态而不是多种制度的集合，因而不如我们的看法全面。

［11］马克思的社会变革理论（历史唯物主义）是马克思著作中争议较多的部分，存在多种不同的诠释。

［12］另一个历史倒退的例子是：当美洲在16—19世纪进入资本主义经济快速发展阶段时，古老的奴隶制经济制度再次出现并蓬勃发展。

［13］真实的历史远比理论上的历史更为复杂。虽然我们可以用社会积累结构理论证明某个提高利润、促进积累的完整结构在某一较短时期内产生，但历史现实是，每个社会积累结构都是基于一系列复杂历史事件且经过更长的时间逐步发展形成的（Kotz，1994）。

［14］表3-1列出了管制资本主义的主要制度，但不是全部制度。更多内容参见Kotz（1994）。

［15］大公司的合作式竞争行为在20世纪初就开始出现，如J. P. 摩根和其他大银行在其控制的行业内的合作式竞争（见第六章）。合作式竞争在20年代和30年代有所弱化，但在第二次世界大战后成为一种标准模式。

［16］布雷顿森林体系的一些主要制度直到20世纪50年代后才完全发挥作用（Kotz，1994）。

[17] 20 世纪 40 年代末美国还确立了一系列与布雷顿森林体系相关的重要制度安排，包括积极援助外国经济、确立美军的优势地位等。

[18] 主要创办人有：斯蒂庞克汽车公司总裁保罗·G. 霍夫曼；本顿-鲍尔斯广告公司的联合创立人威廉·本顿；伊斯曼柯达公司的财务总管玛丽恩·B. 福尔松（MCQuaid，1982，109—121）。

[19] 与大公司的董事会类似，CED 理事会里也有大学校长等非企业界人士。

[20] 该报告得到了广泛关注，全文发表在 1944 年 10 月的《财富》杂志上（MCQuaid，1982，119）。

[21] 弗格森和罗杰斯（Ferguson and Rogers，1986）指出，大型金融机构和资本密集型企业是支持新政的主力，部分原因是这些公司的工资成本只占总成本的一小部分。国际化大银行和大企业往往也持同样立场，因为它们支持自由市场的立场与支持新政存在着政治上的联系。到了 20 世纪 60 年代，汽车、纺织等劳动密集型行业的大公司也加入了 CED，亨利·福特则在很早之前就已经表示支持 CED 的政策主张。

[22] 尽管该声明可能并不代表所有 CED 理事的观点，但这是 CED 研究和政策委员会的官方声明。其成员包括下列公司的 CEO：利比-欧文斯-福特玻璃公司、伊斯曼柯达公司、纽约人寿保险、斯蒂庞克、荷美尔、联合百货、通用电气、梅西百货、西北银团等（CED，1947）。

[23] 1964 年的声明发布时，CED 研究和政策委员会有 50 位成员，他们是从 CED 的 200 位理事中选出的（CED，1964）。

[24] 1959 年的《兰德勒姆-格里芬法案》（Landrum-Griffin Act）对工会的内部组织做出了新的规定。

[25] 该 CED 报告建议在企业投资下降时减税，而不是扩大政府支出。这些主张代表了凯恩斯主义的一个流派——"保守的凯恩斯主义"。20 世纪 60 年代是联邦政府公开实施凯恩斯主义政策的高潮时期，这种以大范围减税为特征的保守凯恩斯主义刺激政策受到推崇。其在肯尼迪执政时期提出，在约翰逊执政时期获国会通过。

[26] 尽管其他发达资本主义国家也出现了类似情况，此类措施也获得了这些国家大企业的支持，但是管制资本主义在不同国家确立的具体路径有所区别，形式也各不相同。在一些欧洲国家，工人政党在管制资本主义确立过程中发挥了主导作用，社会福利项目比美国显得更为慷慨。

[27] 30 年代末，在工人和工会的坚决斗争下，几家大企业软化了立场，开始承认工会。例如，美国钢铁公司在 1937 年承认了工会。但是，大多数大企业选择了抵制。全美汽车工人联合会在 1936—1937 年举行了长期的静坐示威，最终使其工会组织得到了通用汽车的承认。其他几家大的钢铁公司则在 1937 年与美国钢铁工人联合会进行了激烈的斗争。

[28] 相反，即使在 1949 年出现经济衰退时，全美商会（其会员主要是小企业）仍然反对凯恩斯主义的经济刺激政策（Collins，1981，127−128）。

[29] 很多共产党执政的国家出现了诸多体制问题，削弱了其对西方工人的吸引力。

[30] 据报道，约瑟夫·肯尼迪（约翰·F. 肯尼迪总统、参议员罗伯特·肯尼迪及爱德华·肯尼迪的父亲）在解释为什么支持罗斯福新政时说，他愿意"放弃一半财产，以换取家族与美国另一半家庭的和平相处"（Whalen，1963）。但他仅仅是在打比喻，因为据我们所知，他并没有放弃一半财产，但他确实支持新政的再分配政策。肯尼迪这句名言出自惠伦的文章，但是没有注明时间和背景。

[31] 20 世纪 30 年代发生了一次不同寻常的反托拉斯诉讼：美国政府强迫杜邦化学公司出售其对通用汽车的股权。这场诉讼的表面原因是杜邦化学利用对通用电气的控制权垄断了油漆的采购。但很多观察者认为，诉讼的真正原因是杜邦家族公开表示了对法西斯的同情。第二次世界大战迫在眉睫，通用汽车很可能成为主要的武器生产商。对罗斯福政府来说，让杜邦家族控制通用汽车似乎不太明智。杜邦家族被迫出售通用汽车的股份，但其对管制资本主义的敌意并未消减。

[32] 一些分析者指出，大企业支持某种积极形式的国家管制资本主义是一种必然。尽管这种说法可以在 70 年代之前的历史中找到一些证据，但 70 年代之后的历史显然不支持这种结论。

[33] 这里的实际工资是扣除通货膨胀因素后的私人企业中生产工人或非管理型工人的时薪。

[34] 与 1966 年相比，1973 年的企业税前利润（扣除通货膨胀因素）实际下降了 9.3%。

[35] 杜邦家族在 20 世纪 40 年代是管制资本主义的铁杆反对者。但到了 70 年代，杜邦化工在时任 CEO 欧文·夏皮罗（Irving Shapiro）的领导下成功融入美国大企业的主流政治圈。

[36] 企业圆桌会不是大企业在 20 世纪 70 年代的唯一游说工具。每个大企业都建立或加强了自身的政府关系部，任命高级管理人员掌管这一部门，并给予该部门更多的预算。在 70 年代，企业 CEO 对游说的态度更加积极（Vogel，1989，195−199）。

[37] 大众关注点在 1980 年开始转向控制通货膨胀，毫无疑问是因为 1980 年的通货膨胀相比前几年迅猛增长。凯恩斯主义无法解决 20 世纪 70 年代的经济问题，其思想的主流地位因此动摇。

[38] 凯恩斯主义的政策干预无法解决 20 世纪 70 年代越演越烈的经济问题，这也削弱了学界对凯恩斯理论的支持，给自由市场经济理论的倡导者创造了可乘之机。

[39] 戈德华特在外交政策方面也颇为好斗。

［40］在此期间获得提名的共和党总统候选人并不想改变管制资本主义制度。

［41］马亚里奇（Mizruchi，2013）分析了第二次世界大战以来大企业和制度变革之间的关系。其观点与本书有几分类似。但是，他认为新自由资本主义兴起意味着资产阶级退出领导地位，企业为追求短期利润而放弃了对局势的控制权。我们认为，新自由资本主义有效地促进了大企业的利益，但自由市场资本主义的性质使大企业不必积极地掌控局势。

［42］公共利益集团和工人环保运动之间有一些冲突，但总体上两个集团在这些问题上是结为同盟的。

［43］这种表述意在解决工资上升、利润下降、通货膨胀等问题，但也可能只为表达一种普遍观点。

［44］图3－4显示了进口竞争不断加剧的宏观趋势。进口商品与GDP（仅包含商品）的比不能充分体现美国企业面临进口商品竞争的激烈程度。部分进口商品是生产原材料，美国企业无法从国内采购，只能进口。

［45］1967—1973年，布雷顿森林体系的成功也埋葬了体系本身。西欧和日本的经济复苏是导致美国贸易顺差变成逆差的最基本原因，这导致美元无法维持与黄金和其他主要货币的固定兑换率。

第四章
新自由资本主义如何运行？

　　20世纪80年代早期，美国已经建立了新自由资本主义制度。政府放弃了凯恩斯主义总需求管理，实施放松管制、私有化（或外包）等政策（详见表2-1中的八种转变），开始逐步转变角色。国际贸易与投资壁垒正在逐步解除，新自由主义的经济观念确立了其主导地位。

　　与管制资本主义一样，新自由主义形式的社会积累结构在实现其最初的架构后，也依然随着时间的推移继续完善。例如，1980年和1982年通过的两项新法律基本确立了放松金融管制的制度，但放松管制在20世纪90年代末仍在深化。雇用临时工、在公司内部倡导市场原则等新自由主义制度在80年代后仍在革新。金融机构也逐步向新型业务转型。尽管如此，新自由资本主义制度在80年代早期就已经相当完善了，因此这一时期可被视为新自由主义时代的开端。

　　本章，我们将首先循着新自由资本主义倡导者的思路，考察新自由资本主义的运行机制。其次，我们将评估美国经济以及全球经济在1979—2007年间的真实表现，并与之前的管制资本主义时期进行对比。[1]再次，我们将对该时期经济运行的积极方面与消极方面进行解释。此外，我们将

用证据证明，共和党和民主党的交替执政并未影响到美国经济政策在新自由主义时期的连续性。我们将在本章最后解释，为什么新自由主义曾导致不少问题，但仍在重重阻碍下沿着既定方向不断发展，直到2008年的金融危机爆发。

新自由主义的运行机制

　　新自由主义变革意在移除政府和工会在经济决策中充当的"有形的

手"，用自由市场"无形的手"取而代之，以使经济达到最佳运行状态。新自由主义削减了企业和富人的税负，目的是刺激储蓄和投资的增长；增加对新工厂和新设备的投资将提高产出、劳动生产力和就业岗位的增长速度；放松金融管制将会释放被"压制"行业的市场潜力，这样金融机构就能够为不断增长的生产性投资提供资金。

新自由主义经济理论认为，自由市场的参与者通过为生产提供劳动或资本获得收入，其收入的多少反映了其在满足消费者需求上所做经济贡献的大小。[2] 新自由主义理论不研究自由市场体系中经济不平等的发展趋势，但它假定，即使经济不平等加剧，也仅仅反映了参与者经济贡献的多寡，因此经济不平等是合乎情理的。

如果自由市场的激励机制（如降低对企业和富人的税收）能够极大地提高公司的利润和富裕家庭的收入，那么由此所带来的产出、生产力以及就业岗位的更快增长也终将惠及中层和底层人民。尽管每个人所能分得的平均份额可能会下降，但社会整体更快的增长意味着每个人的收入同样也会更快增长。换言之，富人的一部分利益将向下"涓滴"到其他人手中。

最后，新自由主义经济理论认为，资本主义经济（包括其金融行业在内）本质上就是稳定的。根据自由市场的稳定性假设，摒弃凯恩斯主义稳定经济的宏观政策不会引发任何问题。哪怕经济因外部"冲击"而陷入衰退，自由市场与生俱来的矫正机制也将使经济快速回复到充分就业的状态。 *87*
金融行业的放松管制移除了对金融机构所施加的不必要的限制；私人借贷中双方的理性行为可以确保金融系统的稳定性，因为如果银行承担了过多风险，它就会失去储户，甚至破产。

20 世纪 80 年代早期，基于上述新自由主义理论的大型实验在美国、英国以及世界其他诸多地区拉开了序幕。[3] 当然，这并非是一场全新的实验。自由市场形式的资本主义早在 19 世纪晚期和 20 世纪 20 年代（详见第六章）就曾盛行于美国。但新自由主义倡导者们并未对历史证据进行考察，其主张仅仅是基于他们坚定不移的理论信仰。无论如何，新自由资本主义已经走过了三十多年的历程，我们有足够的经济数据验证新自由主义者当年的承诺了。

根据经济数据，新自由资本主义时期的美国经济表现在大多数方面不及管制资本主义时期。但这一时期宏观经济运行稳定，这种稳定性一直持续到 2007 年。也就是说，在 1979—2007 年间，美国经济虽然偶发短暂、温和的衰退，但仍保持了长期扩张的态势，通胀率也处于较低水平。然而，论及这种良好表现的根本原因，却与新自由主义理论阐述的理念大相径庭。一旦我们探究这 25 年间相对稳定的宏观经济的真正成因就会发现，经济稳定的表面下潜伏着一场灾难——危机终在 2008 年爆发。

新自由主义时期的经济表现

图 4-1 延长了图 3-1 的时间轴，显示了 1948—2007 年美国非金融企业利润率的变动。如图所示，从 20 世纪 60 年代中期开始，利润率一路走低，直到 1982 年之后才逐步回升。尽管利润率在经济周期中剧烈波动，但其周期的峰值却从 1981 年的 9.2% 稳步攀升到 1997 的 12.6%。随后峰值稍有回落，在 2006 年降至 11.7%。虽然利润率是在新自由主义时期结束了下降态势并开始回升，但新自由主义时期的利润率仍未能达到管制资本主义时期水平。杜美尼尔和列维（Dumenil and Levy，2004，24）发现，三个主要西欧国家的综合利润率在 60 年代中期之后均显现出急剧下降，然后在 80 年代初期才开始回升。他们还发现，欧洲国家的利润率直到 90 年代末才超过 60 年代中期的水平。[4]

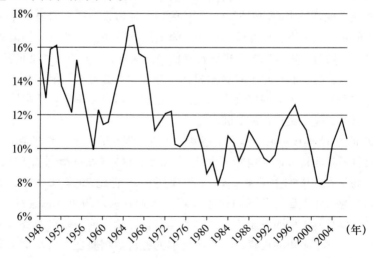

图 4-1 美国非金融企业利润率，1948—2007 年

注：利润为税前利润加上净利息以及各种支付款项。
资料来源：美国经济分析局，2013，NIPA 表 1-14，固定资产表 4-1。

通过分析美国新自由主义时期利润率的决定因素，我们发现，工资停滞是利润率在 80 年代后期回升的主要原因。排在第二位的原因是企业所得税的降低（研究方法参见本章附录）。在1979—2007年间，非金融企业的税后利润率增加了20.4%。[5]而税后利润率的提高应完全归功于税后利润在净收入中所占份额的增长。[6]其中超过84%的增长都应归功于工资在净收入中所占比例的下降，而剩余16%则得益于企业所得税的降低。工资份额下降的原因是工人总体薪酬增长极为缓慢——每年仅为0.25%，而平均工时产出则以年均1.72%的速度增长。[7]可以说，大企业通过新自由主义变革压制工资以及降低税率的努力取得了成果，主要表现为利润率的重新回升。

在新自由主义时期，金融企业和非金融企业的利润都恢复了迅速上升的势头。[8]1948—1966年，企业利润年增长率（扣除通货膨胀因素）为4.5%。正如上文所述，利润率在1966—1979年呈下降趋势，企业利润总额也仅以年均0.1%的速度增长。而在新自由主义时期，利润开始恢复快速增长，1979—2007年，利润年均增速为3.3%。正如人们对新的社会积累结构的预期，新自由资本主义确实促进了利润率的回升。

新自由主义发轫之后，美国经济经历了3次长期的经济扩张，分别发生在1982—1990年、1991—2000年和2001—2007年。经济扩张过程中偶尔夹杂着一些相对温和、短暂的衰退，这种态势一直持续到2008年。美国经济在1948—1973年间共出现过5次周期性扩张，平均时长50个月。相比之下，新自由主义时期的3次周期性扩张持续时间更长，平均为95个月。由此可见，宏观经济在这段时间保持着相对稳定的态势。通货膨胀曾在20世纪70年代加剧，但在1982年得到了控制。此外，在1982—2007年间，平均居民消费价格指数（CPI）年均涨幅仅为3.1%。普林斯顿大学的经济学家、前任美联储主席本·伯南克认为，长期的经济扩张、短暂而温和的衰退，以及低水平且稳定的通货膨胀表明，经济到达了"大缓和"（Great Moderation）时期。这些数据似乎能够证明，自由市场资本主义比之前的管制资本主义更为稳定。

尽管如此，美国经济并未在新自由主义时期实现快速增长。图4-2将新自由主义时期美国GDP的增长率与管制资本主义全盛时期及管制资本主义危机时期进行了比较。美国GDP在1948—1973年的年均增长率为4.0%，而在1979—2007年间，GDP年均增长率仅为3.0%，甚至未能超过1973—1979年管制资本主义遭遇结构性危机时的数据。[9]1990—2000年，新自由主义时期GDP峰值的最高增长率也仅为3.4%，远低于整个管制资本主义时期平均4.0%的增长率。

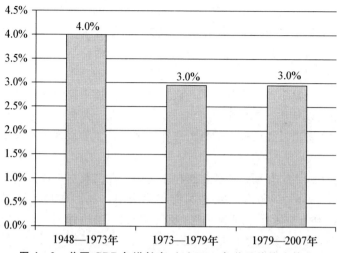

图 4 - 2　美国 GDP 年增长率（以 2005 年美元价值为基准）

资料来源：美国经济分析局，2013，NIPA 表 1 - 1 - 6。

经济学家安格斯·麦迪逊提出了对世界经济及地区经济长期增长率的估算方法。[10] 图 4 - 3 是麦迪逊团队对新自由主义三个时期全球 GDP 增长率的估算（麦迪逊的年代分期与我们基本一致，唯一差异是他以 1950 年为第一个时期的起始年份，而非 1948 年）。这些数据表明，新自由主义时期的 GDP 增长速度大大低于管制资本主义时期，甚至略低于管制资本主义的危机时期。

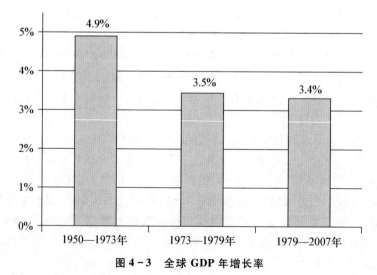

图 4 - 3　全球 GDP 年增长率

资料来源：麦迪逊，2010。

图 4 - 4 显示了麦迪逊团队对上述三个时期西欧国家 GDP 增长率的估算，但其中并未纳入中国经济近几十年急速增长所带来的影响。西欧国家 *92* 在新自由主义时期的 GDP 增长率要远远低于管制资本主义时期的水平，甚至难以达到管制资本主义危机时期的水平。但新自由主义变革对经济增长究竟产生了多大的影响，仍然不得而知。因为虽然这一时期的世界经济由新自由主义制度主导，西欧各国也只能在这样的环境中发展，但在某些国家内部，新自由主义变革的程度十分有限。

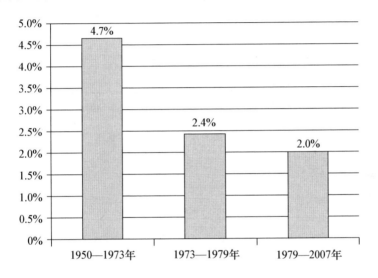

图 4 - 4　西欧国家 GDP 年增长率

资料来源：麦迪逊，2010。

图 4 - 5 比较了美国上述三个时期的劳动生产率（平均工时产出）增长率。尽管新自由主义时期的劳动生产率比 20 世纪 70 年代的危机时期有所提高，但其 2.0% 的增长率仍然远远低于管制资本主义时期 2.8% 的增长率。

新自由主义变革本应促进企业投资，进而推动劳动生产率较快增长。但新自由主义时期的劳动生产率增长不尽如人意，却也不出意料。因为 *93* 该时期的企业投资并未如预期快速增加。图 4 - 6 显示了新自由主义时期和管制资本主义时期的两项私人投资数据：平均资本积累率（私人资本产品中存量价值的年增长率）和净私人投资占国内生产净值的百分比。[11] 两个数据均表明新自由主义时期的投资不如管制资本主义时期活跃。[12]

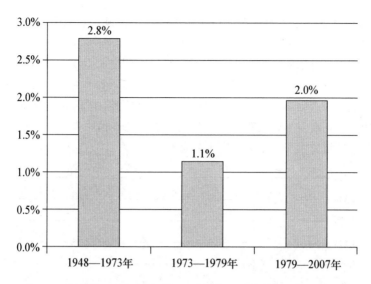

图 4 - 5　美国劳动生产率年均增长率

注：非农企业部门每小时产出的年均增长率。
资料来源：美国劳工统计局，2013。

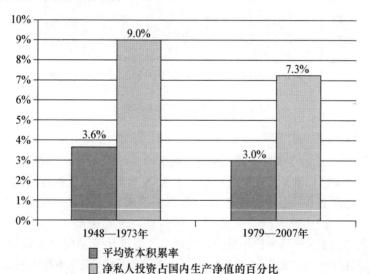

■ 平均资本积累率
■ 净私人投资占国内生产净值的百分比

图 4 - 6　两个时期内美国的投资表现

注：资本积累率指私人非住宅类固定资产投资净值除以私人非住宅类固定资产净值。两种数据都扣除了通货膨胀的影响。
资料来源：美国经济分析局，2013，NIPA 表 1 - 1 - 9，1 - 7 - 5，5 - 2 - 5 以及固定资产表4 - 1。

　　根据构想，新自由主义变革将刺激储蓄的增长，但现实并非如此。如图 4 - 7 所示，个人储蓄占（税后）个人可支配收入的百分比在 1971 年上 *94* 升到 10%，超过了其在管制资本主义时期的最高水平。但在之后的整个 70 年代，储蓄率没有出现明显的上升或下降趋势。储蓄率在 80 年代早期急剧下滑，到 2005 年跌落至 1.5%。个人储蓄在新自由主义时期非但未能增长，反而下降到几近消失的水平。因此可以说，在新自由主义时期，个人储蓄对投资的增长几乎没有贡献。

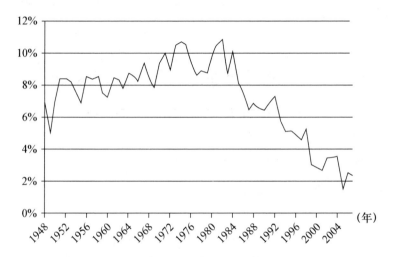

图 4 - 7　个人储蓄占个人可支配收入的百分比，1948—2007 年

资料来源：美国经济分析局，2013，NIPA 表 2 - 1。

　　既然美国新自由资本主义并未像其承诺的那样刺激储蓄和投资，那么长期的经济扩张又是怎样发生的呢？事实上，新自由资本主义没有促进企业对工厂和设备的投资，而是拉动了消费支出。如图 4 - 8 和图 4 - 9 所示，1979—2007 年，消费支出占 GDP 的比例从 63.0% 上升至 69.7%，而企业固定资产投资比例则从 13.0% 下降至 11.7%。由图 4 - 9 可知，企业在 90 年代进行的固定资产投资（大量购买新型信息设备）的确对经济扩张起到了重要的作用，但这一影响未能持续到 21 世纪初。1979—2007 年间，GDP *95* 的所有其他组成要素，如住宅投资、政府消费、政府投资、净出口等占 GDP 的份额均呈下降趋势。因此，在整个新自由主义时期，仅消费支出占 GDP 的份额有所上升。[13]

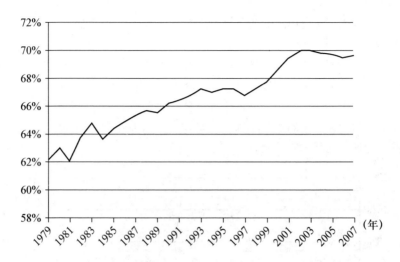

图 4 - 8   消费支出占 GDP 的百分比，1979—2007 年

资料来源：美国经济分析局，2013，NIPA 表 1 - 1 - 5。

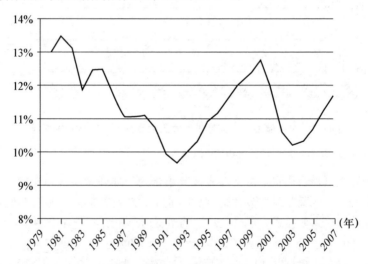

图 4 - 9   企业固定资产投资占 GDP 的百分比，1979—2007 年

资料来源：美国经济分析局，2013，NIPA 表 1 - 1 - 5。

美国家庭的收入差距在新自由主义时期急剧扩大。图 4 - 10 显示了美国最富裕的 5% 家庭和最贫穷的 20% 家庭收入占总收入的份额。在管制资本主义时期，收入差距有所缩小，但在新自由主义时期，这一差距却明显扩大了，远远超出前一时期缩小的幅度。此外，在新自由主义时期，最富裕的 1% 和 0.1% 的人群收入占总收入的份额大幅上涨。如图 4 - 11 所示，

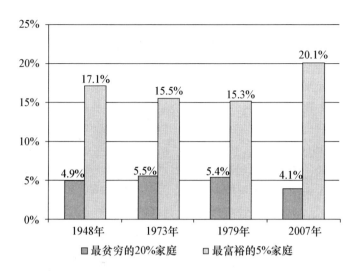

图 4 - 10　最贫穷的 20% 家庭和最富裕的 5% 家庭的收入占总收入的份额

资料来源：美国人口普查局，2013，表 F - 2。

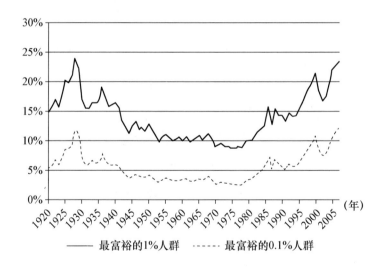

图 4 - 11　最富裕的 1% 和 0.1% 人群的收入占总收入的份额，1920—2007 年

资料来源：皮克提和塞兹，2010。

1928 年，最富裕的 1% 人群的收入占到总收入的 23.9%，但这一比例在第二次世界大战后的数十年内明显走低，降至 10% 左右。1981 年之后，这一比例开始持续攀升，到 2007 年升至 23.5%，几乎与大萧条前夕的高水平比肩。而最富裕的 0.1% 人群的收入份额增长更多，甚至超过了其在 1928 年

所达到的最高值。[14] 1978 年，大企业 CEO 的平均工资是工人的 29 倍，而到
96 了 2007 年则提高到 351.7 倍，收入差距扩大了 12 倍（Mishel et al.，2012，
289）。[15]

新自由主义时期收入不平等的第二种表现是利润与工资差距的不断拉
大。图 4 - 12 显示的是 1948—2007 年间工资的年增长率以及公司利润的年
增长率（扣除通货膨胀影响）。1948—1966 年，工资与利润的增长率相差
无几。但在 1966 年之后，利润率开始下滑（详见第三章）。[16] 1966—1979
年，工资增长率放缓，而利润甚至没有增长。1979—2007 年，利润率重新
开始攀升，增速远快于工资增长率。特别在 2000—2007 年间（2008 年金融
危机之前的最后一个完整经济周期），利润的增长率是工资增长率的 13 倍
还多。

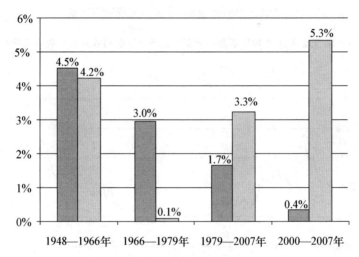

图 4 - 12　工资及企业利润的年增长率

注：利润根据 GDP 平减指数进行了调整，工资根据 CPI 进行了调整。工资指企业所有员
工的工资。
资料来源：美国经济分析局，2013，NIPA 表 1 - 14，1 - 1 - 4；美国劳工统计局，2013。

在新自由主义时期，中下层劳动者的日子并不好过。在 1948—1973 年
间，非管理岗工人每小时的平均收入以每年 2.3% 的速度增长，在这一时
期共增长了 74.6%（参见图 4 - 13）。[17] 而到了 2007 年，非管理岗工人每小
97 时的平均收入却比 28 年前（1979 年）降低了 3.7%。在 1948—1973 年间，
实际家庭收入中位数增长了一倍多。在新自由主义时期，尽管有很多已婚妇
女加入劳动力大军，提高了家庭收入，但在 1979—2007 年这个更长的时段
里，实际家庭收入中位数仅提高了 17.7%（U. S. Bureau of the Census，2013）。

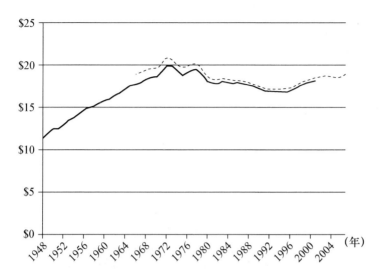

**图 4 - 13　非管理岗工人每小时平均工资（以 2011 年
美元价值为基准），1948—2007 年**

注：参见本章第 17 条注释。
资料来源：《总统经济报告》，1990，2003，2010。

　　我们把美国家庭从最贫穷到最富裕平分为五个家庭组。图 4 - 14 分别
显示了两个时期内五个家庭组和最富裕的 5% 的家庭组平均实际收入的增
长率。在 1948—1973 年间，美国最贫穷的 1/5 家庭组的平均增长最快，收
入居中的三个家庭组也增长了一倍多。这表明贫穷家庭和"中等家庭"在
1948—1973 年这段时间内都过得不错。但在 1979—2007 年的 28 年间，1/5
最贫穷的家庭组的收入几乎没有提高，中间三个家庭组的平均收入也增加
得比较缓慢。而在 2000—2007 年间（图 4 - 14 没有显示），最贫穷的两个
家庭组的平均实际收入下降，居中的第三个家庭组的收入也仅增长了
0.6%。这表明在 2008 年金融危机前的若干年中，在 40% 最贫穷的家庭组 *98*
中，许多家庭的实际收入下降了。

　　因此，快速增长的收入红利实际上流入了富人的腰包，而并未像起先
承诺的那样向下"涓滴"。中下层的家庭收入增长放缓，占总体收入的比
例下降；更甚的是，他们实际收入的增长也更为缓慢。在 2000 年之后，
40% 的底层家庭组的实际收入是下降的。而在管制资本主义时期，中下层
家庭的收入快速增长，与上层家庭的收入差距不断缩小。这种收入趋势变
动与管制资本主义时期形成了巨大反差。

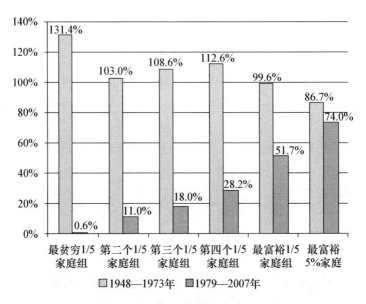

图 4 - 14　五个家庭组和最富裕 5% 家庭平均实际收入的增长率

资料来源：美国人口普查局，2013，表 F - 3。

　　这个重大的转变使得更多的收入流向了所谓的"就业岗位创造者"，但实际上他们提供的就业机会并未快速增长。图 4 - 15 显示了 1949—1973 年、1974—1979 年以及 1980—2007 年的平均失业率。[18] 1980—2007 年的平

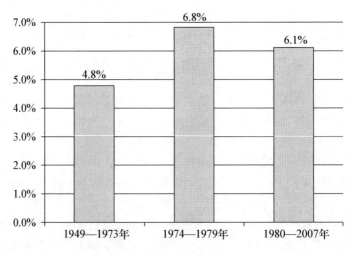

图 4 - 15　年均失业率

资料来源：美国劳工统计局，2013。

均失业率要远高于1948—1973年。而在1974—1979年间，受经济衰退的影响，失业率也才略高于6%。1948—1973年，美国全职工作岗位以年均 *99* 1.9%的速度增长，而在1979—2007年，经历了结构变革，就业率本应增长更快，但全职工作岗位的增长率仅为年均1.4%（U. S. Bureau of Economic Analysis，2013，NIPA表6−5A、B和C）[19]。

　　贫困率在1979年之后大幅上升，但这种结果不足为奇。如图4−16所示，家庭贫困率在1961年为20.3%，之后持续下跌，1969年为10.4%。在此之后直到1979年，这一数据均未表现出明显的上升或下降的趋势。但贫困率在1979年之后再次上升，其间除2000年和2001年（在经历了十年的经济扩张之后）的贫困率低于1979年的水平外，其他年份均高于1979年。

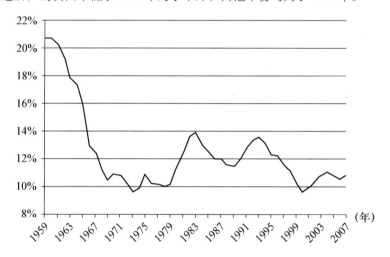

图4−16　贫困线以下的家庭比例，1959—2007年

资料来源：美国人口普查局，2013，历史贫困表，表2。

　　20世纪70年代末之前，无家可归者一直都不是公众关注的主要话题。而到了1980年，美国城市街道上的流浪汉暴增。据美国住房和城市发展部（U. S. Department of Housing and Urban Development）估计，美国流浪汉在1983年达到了25万至30万。对这一现象的诸多评论指向无家可 *100* 归的精神疾病患者的增加①。但这一现象也与贫穷与廉价房等因素相关。弗里曼和霍尔（Freeman and Hall，1998，22）研究发现，生活在贫困线以下家庭的数量在1979—1983年增长了45%，但政府却削减了为穷人提

---

　　①　1975年，美国最高法院裁定，对于无危害的精神病患者，如果政府无法提供治疗，就不能强制拘禁。——译者注

供住房或住房补贴的公共项目，导致廉租房数量在这段时间仅增长了 0.1% 。

101　　尽管新自由主义变革旨在振兴美国经济，但同期美国工业竞争力却在稳步下滑。图 4 – 17 显示了 1948—2007 年美国净出口占 GDP 百分比的变动。1971 年，美国净出口继 1893 年之后首次跌至负值。70 年代中期之后，贸易赤字持续攀升。1979 年，贸易赤字占 GDP 的 1.1% ，居于适中水平，到 2007 年，这一数值增长到 6.0% 。贸易赤字严重，以至于政府不得不靠大量外债来弥补赤字。

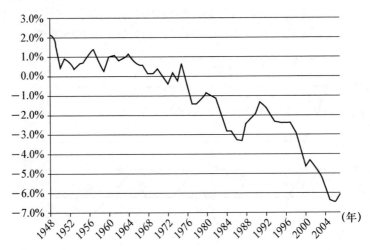

图 4 – 17　美国净出口占 GDP 的百分比，1948—2007 年

资料来源：美国经济分析局，2013，NIPA 表 1 – 5，4 – 1。

新自由资本主义经济表现之分析

103　　新自由资本主义的成功与失败都根植于 1979 年后发生的一系列变革。如何解释长期的经济扩张、短暂而温和的衰退，以及较低的通货膨胀等新自由主义的成就呢？虽然新自由主义倡导者们声称的储蓄与投资的大幅增长并未出现，但新自由主义作为一种社会积累结构确实促进了长期的利润增长以及低速却相对稳定的资本积累。但这些结果的实现路径与之前的预期有天壤之别。

　　新自由资本主义催生的三种变化共同造就了新自由主义的经济成功，但同时也导致了 2008 年以来的严重的经济危机。这三种变化分别是：利润与工资的差距，及家庭之间收入差距的拉大；大量资产泡沫产生；金融机构开始从事高风险投机性活动。这三种转变并非某人有意而为之，而是在新自由资本主义运行的过程中自然发生的。我们将分析新自由资本主义如何导致了上述三种变化，以及这三种变化如何促成了新自由主义时期宏观经济的成功。在第五章我们将分析这三种变化如何最终引发了2008年的金融和经济危机。

收入差距扩大、资产泡沫、投机性金融与新自由资本主义

1979年之后，美国社会中的收入差距——表现为利润和工资之间的差 *104*
距，及家庭收入之间的差距不断扩大。家庭收入差距不断扩大，一方面是由于雇佣劳动者之间的收入差距拉大，另一方面也在于利润与工资差距的扩大。[20]对于这两种差距的扩大化，新自由资本主义的诸多制度难辞其咎。表2-1列出了新自由资本主义的各项制度，现在我们思考一下这些制度变迁会带来哪些影响：

• 全球经济壁垒的移除使得全球工人处于竞争状态。随着美国工业向低工资国家转移，许多工资较高的岗位消失了；尽管有些行业还保有一些高工资岗位，但也承受了严峻的工资下行压力。

• 放弃凯恩斯主义政策导致平均失业率上升（见上文数据），削弱了工人的议价能力。

• 基础行业（如航空业、通信业以及电力行业）放松管制加剧了行业内由工会控制的工资较高岗位的竞争，导致大幅减薪。

• 公共服务的私有化与外包将高工资的公共部门岗位变成了低工资的私有部门岗位。

• 社会福利项目的减少直接扩大了家庭之间的收入差距，也削弱了工人的整体议价能力，因为如果失业率进一步上升，工人将无路可走。尤为重要的是，实际最低工资标准代表的实际价值大幅下跌，影响到一大批低收入工人。

• 对企业和富裕阶层减税进一步提高了大企业和富裕家庭的税后收入。

• 集体谈判被边缘化，罢工作为工会最有效的武器，几乎不再使用。工人几乎丧失了议价能力。

• 雇用临时工将收入相对较高的长期工作岗位变为低工资的临时岗位。 *105*

• 大企业之间的竞争不再受限，竞争不仅使企业面临利润下行压力，也迫使企业降薪。

• 从企业外部聘请 CEO 抬高了 CEO 的工资，同时也拉升了公司其他高管的工资。[21]

在新自由主义时期，资产泡沫在经济中发挥了重要作用。资产泡沫的一般定义为："当证券或其他资产的价格急剧且持续上涨，并且超过了基准（fundamentals）的价值尺度，便极有可能在突然之间崩溃，即泡沫'破灭'。"（Financial Times Lexicon，2013）然而，判定资产价格是否符合"基准"尺度却并非易事。

容易出现泡沫的资产有两种特质：一是其经济价值全部或者绝大部分依赖于未来的变动，二是这些资产（如土地、证券等）没有正常的"生产成本"。食品容易腐坏，因此其价格不会出现泡沫。机器的部分价值可能来源于其未来的使用情况，但其生产成本限定了价格的变动。但土地、证券等资产没有生产成本，其价格不受限制，而且也很难预测这些资产的未来收益，因此这类资产在市场经济的买卖过程中很可能会泡沫化。

理解资产泡沫的最佳方式就是观察泡沫产生和维持的过程。如果企业股票或房地产等资产价格上涨，人们会期盼这些资产的价格继续上涨，从而获取资本收益。这使得人们对这种资产的需求增大，导致资产价格继续上升，这时资产泡沫可能会发生。由此可见，资产泡沫就是资产价格的自主维持式（self-sustaining）增长：资产价格的增长为持有者带来了资本收益，从而吸引更多的投资者；资产价格进一步上升，导致更大的需求，如此往复，形成资本价格上升的螺旋。资产价格上扬并不都是资产泡沫。有些资产价格的上升可以归为符合"基准"的价值尺度，如城市涌入大量外来人口，或居民有了更高的收入，导致房地产价格上升；抑或是有合理证据表明，公司利润在近期可能上升，由此带来股票价格的上扬。

资产泡沫在收缩后很容易识别。在某个时点上，买家不再出现，资产价格停止上涨。一旦资产价格停止上涨，刺激投资者持有资产的动机便消失了，资产持有者便开始出售资产，整个过程开始逆转。有人说，资产泡沫只有在破灭后才能被发现，这有些言过其实。尽管我们不可能直接了解到所有资产投资者的动机，但如果一项资产的价格在上涨一段时间（至少几年）后仍不能确定其上涨原因——如不是因为居住需求而购买房地产，或不是基于资产的经济价值（如购买公司股票以获得公司分红，或购买房地产以获得房租）而购买资产的话，那我们就可以合理地判定资产泡沫已经产生。

新自由资本主义易于滋生严重的资产泡沫。1948—1973 年，美国经济并未出现过严重的资产泡沫。但在 1979 年后，一系列大的资产泡沫接连出现。80 年代中期，美国西南部商业地产经历了资产泡沫；到了 90 年代，纽约股市浮现泡沫；而迈入 21 世纪后，一波巨大的房地产泡沫殃及全国。1994—1999 年，标准普尔 500 指数以年均 23.6% 的速度增长，而按当期美元价值计算的公司税后利润年增长率仅为 5.9%。这强有力地昭示着股市泡沫的存在。2000 年股市达到巅峰之后，标准普尔 500 指数在接下来的两年内下跌了 30.3%。如图 4-18 所示，早在 21 世纪初，就有证据表明房地产泡沫已经滋生。该图显示了房产价格指数与业主等价租金（home owner's equivalent rent，用来衡量业主拥有房产的经济价值）的比率。从 80 年代到 90 年代，这一比率随着经济的扩张而上升，随着经济衰退而下降。但在 2001 年的衰退中，这一比率却未降反升，并在 2002 年之后加速增长，在 2006 年达到峰值，比 1995 年高出了 43%。随着泡沫在 2007 年开始消退，这一比率必将快速下降。

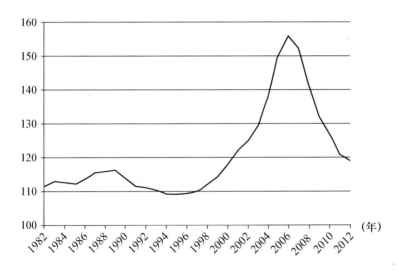

图 4-18 房产价格指数与业主等价租金的比率，1982—2012 年

注：业主主要住所的业主等价租金。
资料来源：联邦住房金融局，2013；美国劳工统计局，2013。

新自由资本主义为什么会导致严重的资产泡沫？新自由资本主义时期经济不平等持续加剧（表现为利润增长快过工资增长，财富向富裕家庭集中）导致投资性资金在满足生产性投资之外仍有剩余。剩余的部分资金可 *107* 以用来购买公司股票或房地产等资产，导致相关的资产价格攀升。然而，维持大资产泡沫需要金融机构为资产投机者提供贷款。经由新自由主义变革，原先专注于提供生产性贷款的金融机构开始为高风险、投机性投资提供贷款（如当某项资产价格膨胀时，金融机构会提供贷款支持客户购买此类资产）。我们将在下文分析金融机构转而支持投机活动的原因。因此，经济不平等加剧，金融机构从事高风险、投机性业务是一系列严重资产泡沫产生的重要原因。[22]

在第五章中，我们将探讨新自由资本主义阶段出现的多种高风险金融工具。现在，我们分析新自由主义变革为何会催生出追求投机、热衷于高风险业务的金融机构。原因有三。首先，放松金融管制是新自由主义变革的主要内容。放松管制使金融机构不再受限，可以自由选择获利最高的业务。金融机构从事投机活动的回报要远远高于为生产活动提供贷款，放松金融管制为金融机构的转型铺平了道路。[23]金融机构的客户对金融机构提供的产品和服务知之甚少，他们在交易中处于不利地位。金融机构从业人员创造金融产品、从事金融产品交易，他们在金融领域的专长使他们能够从各种投机活动中快速获得巨额利润（如获得交易利润，购买证券后重新加价售出或重新包装，收取各种费用，以及进行其他多种投机性活动）。[24]

金融机构越演越烈的投机行为确实带来了巨额利润，这种态势一直持续到 2008 年金融危机之前。在新自由主义时期，金融机构的利润占企业总利润的份额翻了一番（见第二章图 2－8）。1990 年之后，金融机构的利润迅猛增长，并在 2005 年达到了顶点。在 1990—2005 年间，非金融企业的利润以年均 5.0% 的速度稳健增长（按 2005 年美元价值计算），而金融企业的利润年均增速达到了 9.1%（U. S. Bureau of Economic Analysis，2013，NIPA 表 1－14 和 1－1－4）。

作为新自由资本主义的特征之一，放松金融管制鼓励了金融机构的高风险投机性活动，但并不是唯一因素。新自由资本主义的另两个特征也发挥了作用。其一，新自由资本主义推崇的毫不受限的竞争。一些保守的金融机构最初不甘堕落，拒绝从事高风险业务。但当其竞争对手先行一步，竞争压力不断加大时，这些金融机构也不得不步其后尘。[25]其二，市场原则对大公司内部的渗透。大银行中的交易部门往往被视为独立的盈利单元，只要能够赚取高额利润，便可不受高层的监管而自行运营。竞争压力的增大、公司内部市场化原则的风行缩短了投资周期，也使得投机业务比进行长期的生产性投资更受欢迎。有关这一过程的完整分析，请参见克罗蒂的文章（Crotty，2008）。

三种变化诠释了新自由主义时期的宏观经济成就

新自由主义变革后，企业利润率不断攀升，受到激励后企业也开始扩 *109*
张。但新自由主义制度本身却也为经济的持续扩张设置了障碍。仅凭高利
润率无法完成这一目标，经济扩张还依靠产品需求的不断增长。利润增长
迅猛，但工资水平却停滞不前，政府支出与前一时期相比只是稍有增长，
贸易赤字的增加意味着出口需求的减少。在这四种需求中，哪种需求能够
增长呢？新自由主义理论从未觉得需求会成为问题，正如萨伊定律（Say's
Law）所言：“供给创造自己的需求。”但凯恩斯曾明确指出，萨伊定律并
不适用于现实世界。[26]

经济的扩张要求需求不断增长。在一段时间内，企业投资带来的需求
可以满足经济扩张的需要。投资不仅引发对建材、设备和软件等产品的当
期购买需求，而且还能够提高生产能力。因此，只有当前的生产能力无法
满足家庭、政府和出口的最终需求时，投资才能成为促进需求增长的唯一
因素。但投资在新自由主义时期并未出现快速增长。有数据显示，尽管新
自由主义时期的工资水平停滞不前，但家庭消费支出却快速上升，消费支
出占 GDP 的比重在不断地提高（见图 4-8）。

消费支出如何在工资水平停滞的情况下实现快速增长？与中下层家庭
相比，高收入家庭的储蓄占收入的比例更高，而消费的占比更低。不断扩
大的收入差距本应抑制消费支出，提高储蓄率，但事实是，消费支出相对
于 GDP 仍处于上升态势。想要解答这一谜题，就要分析消费支出相对于
（税后）可支配收入的变动趋势，以及家庭借款的变化。如图 4-19 所示，
在管制资本主义时期，消费支出占可支配收入的比例不断下降，到 1973 年
时，已经降至 87.1%，并在 1982 年跌至谷底，仅为 86.0%。随后，这一比
例开始走高，并在 2005 年达到 94.9%。一方面工资停滞，收入差距不断拉
大；而另一方面，消费支出却在不断增长。之所以会出现这一明显相悖现
象，是因为消费支出的主要推动力来自不断增加的家庭借款，事实上消费 *110*
支出的增长与收入变动无关。

家庭债务的主要形式首先是抵押债务，其次是消费类债务。从 1948 年
到 20 世纪 60 年代中期，随着住房自有率的提高，抵押债务不断增加，因
此家庭债务占收入的比例也逐步攀升。而从 60 年代中期到 80 年代早期，
家庭债务水平逐步稳定下来（见第五章图 5-1）。80 年代早期过后，家庭债
务占收入比例的趋势发生了改变，重新开始一路走高，从 1982 年的 59.2%

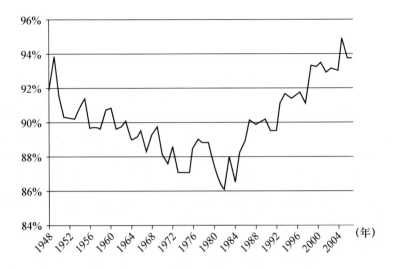

图 4 - 19   消费支出占个人可支配收入的比例，1948—2007 年

资料来源：美国经济分析局，2013，NIPA 表 2 - 1。

提高至 2007 年的 126.7%，几乎翻了一番（如图 4 - 20 所示）。研究显示，
2004—2006 年，美国家庭通过抵押贷款从其房产中支取的资金占到了其可
支配收入的 9% ~ 10%（Greenspan and Kennedy，2007）。

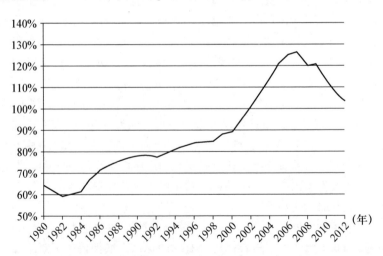

图 4 - 20   家庭债务占个人可支配收入的比例，1980—2012 年

资料来源：美国联邦储备系统管理委员会，2013，资金流量表，表 B - 100；美国经济分
析局，2013，NIPA 表 2 - 1。

家庭债务的持续增长表明，尽管家庭负债比上升，但更多的家庭仍在继续寻求借款，而金融机构也愿意提供更多的贷款。很难解释为什么越来越多的家庭从银行借款，但可能有几点原因比较重要，如非管理岗位工资下降，家庭收入中位数增长显著放缓，低收入家庭平均收入增加极为缓慢等。在新自由主义时期，一些生活必需品和服务的价格飙升，包括自付医疗费用、大学学费、能源开支，以及一些地区的住房成本（包括地方征收的房产税）等。许多经济拮据的家庭很可能只有依靠借款才能勉强维持生活水平。[27] *111*

但这仅仅是问题的一方面。为什么金融机构仍愿意不断借钱给数百万计的中低收入家庭，用于这些家庭的消费呢？上文所述的两个因素起了作用——一系列资产泡沫的产生，以及投身于高风险投机业务的金融企业。资产泡沫可以为资产所有者带来更多的财富，同时用这些资产作为抵押可以获得贷款。此外，从事投机性业务的金融机构毫无疑问更善于开发为中低收入家庭提供贷款这种利润丰厚的业务，哪怕风险也会随之而来。 *112*

一般而言，若借方没有能力还本付息，贷方是不愿意借钱的。因此，借方既要有稳定的收入，也要有足够的资产。尽管大多数人的收入增长滞缓，但在1979年之后出现的一系列大型资产泡沫为家庭提供了资产，使得家庭可以通过抵押获得贷款。新自由主义时期的第一个资产泡沫出现在80年代后期，但主要是地区性泡沫，也仅仅影响到商业房地产行业。有研究显示，这一泡沫的破灭是导致1990—1991年美国经济衰退的原因之一，但并不是主要原因（Geltner，2012）。但这次泡沫使得美国西南部大量中小型储贷机构破产。据估计，为了妥善处理80年代末期的储贷机构危机，联邦政府花费了1 238亿美元（Curry and Shibut，2000，33）。

90年代的经济扩张是美国历史上历时最长的一次扩张，从1991年一直延续到2000年。分析1995—2000年的股市泡沫，我们就可以解释为何这次扩张历时如此之长，同时也能解释这次扩张呈现的一些不同寻常的特点。科兹（Kotz，2003）对这次经济扩张进行了具体的分析。信息处理与通信技术的采用使企业固定投资飞速增长，导致了初期的经济扩张。然而，这并不足以促进经济整体的快速增长。从1991年到1995年，GDP的年均增长率仅有3.2%。

1995年之后，GDP增长开始加速，并在1995—2000年间达到了年均4.3%的较高水平。这一现象主要归功于1995年之后消费支出的加速增长（同期股市泡沫开始膨胀）。1995—2000年，消费支出的年增长率达到了4.6%，而税后家庭收入的年增长率仅为3.5%。在这次扩张的最后三年

113

时间里（1997—2000年），消费支出的年均增长率达到了5.3%，而税后家庭收入仅以每年4.0%的速度增长。这表明家庭消费贷款推动了消费支出的增长。如图4-20所示，家庭债务在90年代末迅速增长。由此看来，1995—2000年的股市泡沫使得收入较高家庭的股票组合投资迅速膨胀，这些家庭通过借款支持消费，并由此促成了90年代末的消费狂潮。尽管企业利润率在1997年后骤降（如图4-1所示），但并没有终止经济扩张，上述因素依然发挥着作用，使得经济扩张继续加速，并得以延长。直到2000年股市泡沫破灭，这一扩张过程才最终结束。

2001—2007年是经济危机出现之前新自由主义的最后一次扩张。房地产泡沫在扩张中扮演了重要角色。拥有房地产的人要比拥有公司股票的人更多。2007年，美国住宅的总市场价值约20万亿美元。有分析师估计，住宅总价值中的40%（8万亿美元）都是由泡沫带来的（Baker，2007，8）。经济学家推断，家庭财富每增加1美元，消费支出便会增加5美分。那么根据上文的估计，由泡沫所带来的8万亿美元的财富将会直接产生约4 000万美元的额外消费需求。房产财富的增长对消费支出的影响，主要是通过房屋价值的不断攀升，进而推动家庭借贷的增长而实现的。

巨型的资产泡沫不仅会直接影响到企业固定投资，同时也会影响消费支出。由于这种泡沫能够年复一年地带来丰厚的利润，因此会在投资者中营造出一种欢欣鼓舞的氛围。出现在21世纪初的房地产泡沫正是如此。所以，房地产泡沫很有可能直接刺激企业的固定投资与消费支出。

科兹（Kotz，2008）对2001—2007年美国的经济扩张进行了细致的研究，发现这次经济扩张主要是由房地产泡沫驱动的。房地产泡沫一方面使得家庭入不敷出，另一方面也刺激了住宅投资，使其一路飙升至2005年。[28]其中，2002—2005年是房地产泡沫膨胀最快的时期（参见图4-18）。随后在2006年，房价停止了增长。[29]同样在2002—2005年间，税后家庭收入的年增长率为2.2%，而消费支出的年增长率则达到了3.2%。到了经济扩张的最后两年，也就是2005—2007年，房价不再攀升反而开始下跌，消费支出的增长率也随着GDP一同下滑。到2007年，即经济扩张的最后一年，消费支出的增长率已经降至1.9%。尽管与90年代的经济扩张相比，2000—2007年的经济扩张时间更短，势头不那么强劲，但这次扩张还算相对持久。同时，与21世纪初的经济扩张类似①，大型资产泡沫的出现使经济扩张得以持续。

————————
① 原文如此。——译者注

98

正如上文所言，新自由主义时期的通胀率是很低的。20世纪70年代开 *114*
始的通货膨胀终于在1982年告一段落，此后一直到2007年，CPI的年均增
长率仅为3.1%。经由90年代历时十年的经济扩张，失业率最终在2000年
降至4.0%。同样，通货膨胀在这次扩张的最后一年也依旧缓和，CPI的年
增长率为3.4%，而GDP价格指数的增长率也仅为2.2%。到2007年，21
世纪初的这次扩张接近尾声，失业率降至4.6%，CPI通胀率仅为2.8%，
GDP价格指数增长率也仅有2.9%。回顾第二章所讨论的新自由资本主义
的特征，我们便可以理解为何失业率很低以及通货膨胀水平依然平缓的原
因。首先，即使失业率已经到达了4.0%的水平，工人们的工资议价能力依
旧很弱。在90年代经济扩张的最后三年，实际平均职工工资的年均增长率
为3.1%，稍稍高于每工时产出年均2.8%的增速。因此，实际工资几乎未
对价格产生任何压力。而在21世纪初经济扩张的最后三年，尽管实际职工
薪酬下滑，生产率仍以年均0.8%的速度增长（数据来源见附录）[30]。此
外，新自由资本主义所带来的激烈竞争也抑制了通货膨胀的发展。

因此，新自由主义时期的长期经济扩张不是由快速增长的储蓄与投资
引致的，这点不同于新自由主义倡导者的预期。不断扩大的不平等、巨大
的资产泡沫、以投机为导向的金融机构，这三者相互作用，导致了新自由
主义时期的经济扩张。这些因素共同作用又推动了消费引致的增长（消费
借贷为消费提供了资金）。[31]工人微弱的议价能力，以及新自由资本主义所
导致的工资停滞是通货膨胀率较低的成因。

早在1995—2000年股市泡沫刚刚出现的时候，美联储主席艾伦·格林
斯潘就曾经警告"非理性繁荣"可能招致的危险，表明他在当时已经料到
泡沫的形成。[32]但若他动用美联储的力量对股市泡沫或是之后的房地产泡
沫进行管制，则有可能使新自由资本主义经济扩张的唯一机制陷入瘫痪。
也许当时他已经意识到了这一点，所以他快速地从"非理性繁荣"的警告
中抽离出来，还为20世纪90年代和2001—2007年由泡沫驱动的经济扩张
加油助力。

新自由主义政策在政权交替中持续前行

在政党权力交替时依然能够保持制度连续性，这是新自由资本主义的 *115*
突出特点。许多人将新自由主义的发端与罗纳德·里根和玛格丽特·撒切
尔联系起来。这两位领袖都持中间偏右的政治立场，都虔诚地信奉新自由

主义思想，并获得了所在国大财团的支持。我们从第三章了解到，美国的新自由主义变革在里根总统上任之前就拉开了序幕，那时民主党人吉米·卡特执政，国会也由民主党掌控。尽管当时民主党与工人组织关系密切，但新自由主义变革已经悄然发生，改变二者的关系正是新自由主义变革的主要目标。

尽管民主党与工人运动联系密切，但作为执政党，民主党仍在新自由主义转型过程中扮演了重要角色。这不足为怪。许多国家的中间偏左政党亦是如此。因为这些政党的主要拥护者是工人阶级，所以党派领导人在竞选中会抨击新自由主义，但一旦当选，他们便会接受新自由主义制度，并施行新自由主义政策，有时甚至会推进新自由主义转型。这种现象不仅发生在西欧和拉丁美洲，在先前由共产党执政的东欧和中欧国家也有出现。下面我们举两个例子：美国的克林顿政府（1993—2001 年），以及英国的布莱尔政府（1997—2007 年）。

比尔·克林顿属于民主党的中间派别"新民主党"，但在挑战时任总统乔治·H. 布什的竞选中，他还是坚持了民主党在新自由资本主义时期之前的传统论调，例如政府能够在经济和社会之间发挥积极作用。克林顿甚至使用了"人民第一"的口号，与左翼运动"人民高于利润"的口号相呼应。从 80 年代初开始，新自由主义变革导致社会不平等扩大，就业增长缓慢，这激起了大众的普遍不满，民意帮助克林顿击败了在任总统。尽管1991 年的衰退程度较轻，但经济复苏缓慢，失业率居高不下（在 1992 年秋季竞选期间，失业率一直徘徊在 7.3% 到 7.6% 之间）。作为总统候选人，克林顿大力支持政府就业项目，而就业是民主党拥护者——工会——的首要议题。

执政的第一年，克林顿履行了自己的诺言，启动了一项就业法案。根据该法案，政府将向基础设施建设、环境和教育投入 190 亿美元资金，用以创造 100 万个就业岗位。但联邦政府出手创造就业机会与新自由主义时期主导的政策方针背道而驰。尽管当时民主党人在国会参众两院中占大多数席位，但在 1993 年 4 月，克林顿仍未能成功地使该法案获得通过。虽然克林顿的支持者认为，这一结果是由参议院中的反对党（共和党）造成的，但见多识广的观察家们却不这么认为。在他们看来，克林顿并不想花费政治资本争取该项法案。1992 年 12 月，民主党在小石城举办了克林顿赢得竞选后的首次高峰会议，工人代表在当时便察觉，克林顿并未尽全力支持该就业法案，而是持逐渐退缩的态度。[33]

在克林顿任期内，尽管政府的一些政策与新自由主义精神相悖（如政

116

府扩大劳动收入所得税减免的范围，为低收入工人家庭提供大量补贴等），但其主要经济政策和社会政策还是非常符合新自由主义框架的。克林顿在执政初期便承受着巨大的压力，根本不敢背离新自由主义的根基。1993 年 4 月，克林顿在与他的首席顾问开会时，脱口而出如下的讽刺性言论，令在场的众人大吃一惊：

> 民主党人都到哪儿去了？我想你们都以为自己是艾森豪威尔派的共和党人吧……我们支持低赤字、自由贸易、债券市场，这难道不好吗？（Woodward，1994，165）

其实克林顿误解了艾森豪威尔政府。在艾森豪威尔执政时期，联邦政府启动了大型公共投资项目，建设了州际公路系统，并对金融行业实施严格管制。而克林顿政府最终遵循的是同时代主流的新自由主义政策，而不是他印象中的 20 世纪 50 年代的共和党政策。

克林顿政府的经济战略主要集中在减少预算赤字，签署自由贸易协定以及改革福利项目上。克林顿总统签署的第一项预算法案便是《1993 年预算调整法案》（Omnibus Budget Reconciliation Act of 1993），也就是众所周知的《赤字削减法案》（Deficit Reduction Act）。根据该法案，联邦政府可自由支配的支出将在 5 年内降低 12%（Economic Report of the President，1994，3）。在向国会提交的《总统经济报告》（1994 年 2 月）中，削减预算赤字以增加私人投资是报告的首要目标（Economic Report of the President，1994，3）。

1995 年，克林顿签署法案，废除了 AFDC，代之以 TANF。AFDC 自 1935 年实施，主要为低收入人群提供服务，是美国重要的福利项目之一。TANF 替代了政府对联邦项目的固定拨款，设定了 5 年的救助期限，增加了对接受救助者的工作要求（包括残疾人），并且结束了免费医疗补助（Medicaid）。很多政府官员辞职以示抗议，其中包括美国卫生与公共服务部助理部长、克林顿的老友彼得·埃德尔曼（Peter Edelman）。埃德尔曼在离职前说："在过去的 30 余年中，我竭尽所能地为减少美国的贫困而工作。而我认为，最近颁布的福利法案与这一方向背道而驰。"（Mitchell，1995）

克林顿政府逐渐将更多的精力集中在减少赤字方面。正如第二章所讲，政府增加私人投资的早期目标从未实现，但在减少赤字方面确实取得了"成功"。在 1992 财政年度，联邦政府预算赤字是 GDP 的 4.8%，而到了 1998 财政年度，赤字已经变成盈余。到 2000 财政年度，预算盈余已经攀升至 2 360 亿美元，占 GDP 的 2.4%。据政府所言，其目标是偿清全部联邦政府债务。该任政府提交给国会的最后一份经济报告中这样写道：

> 政府战略的根本出发点是财政平衡。我们先是减少了赤字，并进一步消除了赤字；我们还帮助建立了低利率、高投资、高就业、高劳动生产率、高工资的良性循环。（Economic Report of the President，2001，3）

尽管减少赤字这一目标看起来符合常理，但一般而言，一门心思追求预算平衡甚至预算盈余，便算不上好的经济政策了。联邦政府与个体家庭不同，减少联邦政府赤字意味着削减对经济产出的需求。在经济急剧扩张的时候，这种政策不受欢迎；而在经济停滞或紧缩的时候，减少赤字将使经济停滞恶化，变为紧缩，加剧经济困难。幸运的是，克林顿政府在90年代初逐步削减赤字时，私人投资出现迅猛增长（该时期的投资增长得益于计算机和通信领域的技术革命，而不是利率的下调）。[34] 正如本章前面所言，当利润率在90年代末开始下滑后，股市泡沫刺激了消费开支和私人投资增长，从而推动经济向前发展。实际上，偿清所有联邦政府债务对经济而言是灾难性的，因为这不仅需要偿还美联储买卖的美国国债（美联储通过买卖国债的方式履行传统的货币政策调控职能），而且剥夺了私人储户们唯一一种绝对安全、可以买卖的国内金融资产。

克林顿政府重视削减赤字，本身就表明了该任政府对新自由主义的经济政策以及支撑这些政策的新自由主义经济学理论的认可。在第五章中，我们将会提到，在2008年金融危机发生后近半年时间，减少赤字（现在所说的紧缩政策）的呼声又出现了。这是新自由主义者用以维护新自由主义经济学并阻击其他经济学理论乘虚而入的手段。

克林顿脱口而出的那段话，表明了其对自由贸易的支持，这也在北美自由贸易协定（NAFTA）的通过过程中得到了验证。1994年1月1日，尽管面对着来自劳工组织、环保组织、消费产品安全组织的反对，克林顿总统还是将其写进了法律。尽管该协定没有受到公众的欢迎，但却是企业的重大立法胜利。该协定是乔治·H. 布什总统签署的，但直到1993年才被国会批准。

为了平息民主党内反对的声音，克林顿在NAFTA中增加了有关工人保障和环境保护的条款。当时人们担心，墨西哥较低的劳动和环境标准将使更多的就业机会转移到墨西哥；如果相关标准严格一些，这种状况便不会发生了。但是NAFTA的补充条款效力太弱，很难安抚人们的这种担忧。NAFTA的批评者们声称，协定破坏了美国的制造业，进一步加剧了美国的社会不公，使境外的不安全食品流入美国市场，并阻碍了对危害产品的管制（Public Citizen，2013）。根据宣传，NAFTA是一项自由贸易法案，将会消减进出口壁垒，但其关键性条款也会对外国投资产生影响。NAFTA 设立了特别仲裁法庭，由私人企业的律师担任法官，外国投资者可以通过该法庭向协定签署国政府提出索赔，这为投资者提供了前所未有的新特权。通过这个仲裁法庭，美国乙基公司（Ethyl Corporation）在 90 年代末成功推翻了加拿大对 MMT（甲基环戊二烯基三羰基锰，一种致癌的汽油添加剂）的禁令，并从加拿大政府获得了 2 300 万美元的赔偿（Public Citizen，2013，7）。

正如第二章所言，在克林顿任期即将结束之际，政府高官在推行放松金融管制的最后阶段起到了关键性作用。1999 年和 2000 年放松金融管制的法案取缔了对金融衍生工具的管制，并且撤销了大萧条时期的《格拉斯-斯蒂高尔法案》中的关键条款（银行不可涉足非银行业活动）。克林顿政府的高层官员接受了当时流行的观点，即金融行业几乎不需要任何管制，并对这些举措给予大力支持，为高风险投机性活动在金融行业的快速蔓延做好了铺垫，这也是 2008 年金融崩盘的一大重要诱因。放松管制使大型银行迅速发展，在银行业所占的份额不断扩大，以至于银行最终变得"太大而不能倒闭"。

1997 年，英国工党在野 18 年之后，终于在托尼·布莱尔的带领下重掌政权。像克林顿一样，布莱尔被视为工党中的中间派代表，也被称作"新工党"。新工党希望工党远离传统的公有制和慷慨的福利国家政策。在执政初期，布莱尔政府确实采取了一些有利于工人的措施，如向私有化后的公用事业部门征收暴利税（windfall profits tax），对下岗工人进行再培训。然而，新政府第一个预算的主要内容却与新自由主义的方针一致，包括减少英国大企业的税负，直到与西方工业国家的最低税率持平。据报道，该预算的重点与之前保守党政府所通过的预算方案几乎一致，英国的金融中心对此结果"欢欣鼓舞"。[35]

与克林顿政府类似，布莱尔政府也进行了"福利改革"，如减少对失业单身母亲的救助，采用新方式对病残人员的福利进行审查等。（Hoge，1998）布莱尔的工作福利（workfare）计划和克林顿的福利改革如出一辙。根据 1999 年 6 月《泰晤士报》的报道，布莱尔与时任德国总理、社会民主党主席格拉德·施罗德（Gerhard Schroeder）发表了联合声明，支持更加灵活的劳动力市场，支持减税，并表示政府应在制定政策时向企业倾斜（Webster，1999）。

在工党执政之前，作为在野党代表，布莱尔曾谴责保守党将英国铁路私有化。但 2003 年 4 月上任伊始，布莱尔就推出了伦敦地铁的部分私有化政策，全然不顾其主要支持者——工人——的强烈反对。地铁系统的运营与维护本是一体的，但私有化之后，这两部分业务被分给了两个私人公司。两年后，下议院的一份报告发现，由于地铁的部分私有化，纳税人的支出提高了 20 倍，但是地铁的运营状况却没有改善。许多地铁线路的准点率下降了，地铁脱轨事故增加了 3 倍。服务质量没有提高，但这两家私人公司却从地铁私有化中获取了可观的利润，包括分红（Webster，2005）。

2001 年 7 月，布莱尔还颁布了空中交通管制系统的部分私有化计划，但一向支持私有化的保守党对该项计划并不满意，民用航空管理局也对该计划可能带来的财政风险提出了警告。很快，批评者的警告变成了现实，空中交通管制系统在实行部分私有化的第二年就需要政府出手相助了。[36]

为什么新自由资本主义难以被推翻？

到 2007 年，新自由资本主义已经走过了约 25 个年头，但仍未能实现当初许下的诺言。在新自由资本主义制度下，自由市场不再受到制约，大企业和富人获得更多财富，却没有为社会带来承诺的福利，社会不公持续恶化。经济有所扩张，就业有所增加，但速度低于管制资本主义时期。投资表现乏善可陈（投资只在 20 世纪 90 年代初期和中期因计算机技术的广泛应用而有所表现）。储蓄几乎降为零。新自由资本主义的增长是贷款消费刺激的增长。大多数人过得不太理想，有时候这会影响到政治选举。但不论选举结果如何，新自由主义政策依旧在世界各地盛行，甚至随着时间的推移，新自由主义变革在许多国家得以深化。似乎这些政府的信条是"不赢钱就加倍下注"。在它们的议程中，没有改弦易辙的选项。

在 25 年的时间里，新自由主义的成就乏善可陈，但其地位仍然稳固。分析下来，应该有几个层面的原因。第一，正如其他社会积累结构一样，新自由主义有着内在连贯、相互强化的思想、理论和制度体系，使之能与重大的变革相抗衡。由于制度和思想相辅相成，因此很难仅仅改变或者替换其某一组成部分。要进行切实可行的、有意义的转变，需要变更整个社会积累结构。只要社会积累结构能够促进高利润和相对稳定的资本累积，它就能持久地存在。如我们观察所得，新自由资本主义确实能带来高利润，也能带来相对稳定（虽然速度不算快）的资本积累。所以只要能保证利润持续提高、资本积累稳步发展，即使达成目标的方式与新自由主义倡导者所承诺的不同，也没有什么关系了。

第二，大型企业和小型企业是新自由主义变革的忠实支持者，只要新自由主义能如其所愿地带来好处，那么企业便没有理由抱怨。无论政治选举结果如何，作为新自由主义的强大盟友，企业对政府政策的议事日程有着很大的影响。工人阶级组成的政党和工会不断地抨击新自由主义，但是面对强大、团结的企业阶级，它们的反对不起任何作用。

第三，新自由主义的意识形态非常强大。从本质上看，新自由主义是早期资本主义初始意识形态的现代版。早期资本主义发展史是新兴资产阶级及其同盟对抗垂死的封建秩序的历史。早期资本主义的斗争要求个人自由，呼吁打破国家专制权力，废除世袭特权。几百年前，这一斗争清除了社会旧制度的残余；而如今，对于大多数没有掌握生产资料的社会阶层而言，斗争仍具有强大的吸引力。[37]

凯恩斯主义意识形态在战后时期占据主导地位，但它从未获得与新自由主义一样的力量。新自由主义意识形态的诉求清晰且连贯，声称个人选择、自由市场、私有财产是最完美的制度。而凯恩斯主义的意识形态不具备这种清晰性和连贯性。凯恩斯主义意识形态推崇市场和私有产权，主张政府调控和计划，甚至主张某种程度的公有制。新自由主义意识形态明确区分了资本主义和社会主义，同时阐释了资本主义的优越性。凯恩斯主义意识形态居于两种制度的中间，未能明确阐释资本主义相对于社会主义的优越性。而在资本主义社会中，如果一种意识形态既能代表资本主义，又能表现出其相对于社会主义的优越性，那么它就具有巨大的优势。

第四，1989—1991 年间，共产党执政的东欧和中欧国家的社会主义制度完结，并迅速过渡到资本主义。这种国际形势有力地推动了新自由主义的发展。

在 90 年代，新自由主义的倡导者们对社会主义的低潮进行了解读，后来这种论调成了对社会主义陷入低潮的主流解释。他们断言，国营经济无法成功，因此社会主义注定失败。[38] 这一重大历史事件不仅被视为"社会主义注定失败"的证据，也被看作"国家积极参与经济必然造成经济崩溃"的例证。自由市场的拥护者们一直认为，第二次世界大战后出现的国家管制资本主义就是另一种形式的社会主义，或至少使国家置身于迈向社会主义的风险之中。在新自由主义者看来，国家管制资本主义和社会主义都属于广义的国有经济，而历史已经证明国有经济注定是要失败的。

一个新词 TINA（"There is no alternative"）产生了，意思是"别无选

择"。有些人指出，大多数人的处境在新自由资本主义时期恶化了，但又会有另一些人告诉他们，新自由资本主义是唯一"可能"的出路，除此之外别无选择。战后几十年中，资本主义逐渐改善了工人阶级的经济状况，而新自由资本主义无法做到这一点，但其拥护者坚称，如果选择其他制度，情况会更糟。他们坚决地反击任何偏离新自由主义道路的企图，使代表工人阶级选民的政治领导人无计可施。这些领导人即使当选，经济专家们也会告诉他们，选举时对选民做出的承诺是很好的，没有问题，但上任后便要面对现实。比尔·克林顿总统发脾气的例子很可能并非个例。社会党和共产党发现他们已经别无选择，而其他中左党派（如美国的民主党）也放弃了早先的凯恩斯主义政策。

只要新自由资本主义制度能够继续提高收入，确保稳定经济发展，尽管大多数人承受着痛苦，这种制度就将仍居于主导，仍是不可撼动的。只有当新自由资本主义发生结构性危机时，才可能具备一系列对新自由主义构成实质性挑战的条件，导致其最终被一套不同的制度取代。社会积累结构的结构性危机会削弱和打击原有制度支持者，壮大反对者的力量，为重大的制度转变奠定基础。

在 2007 年之前，新自由资本主义仍在发达资本主义国家"正常"运行，但在一些拉美国家导致了经济危机，使得这些国家放弃了新自由资本主义。委内瑞拉在 20 世纪 90 年代，阿根廷在 2001 年，玻利维亚在 2006 年，纷纷放弃新自由资本主义。尽管三个国家情况各有不同，但都有一个明显共同点，就是在国家实施新自由主义政策后，严峻的经济危机接踵而至，经济危机动摇了现存的制度，并促使推行其他制度的政治领导人崛起。委内瑞拉的新任领导人开始背离新自由主义和资本主义，寻求"21 世纪的社会主义"模式。根据他们的理解，这是一种自下而上的参与型社会主义，有别于 20 世纪自上而下的权威型社会主义。

2008 年爆发的金融危机表明，新自由主义的社会积累结构已无法提高利润率，无法促进稳定的资本累积。这也表明，之前能抵御一切挑战的新自由主义不再是铁板一块了。本书将在第五章对 2008 年的金融危机进行详细分析。

附录：对新自由主义时期利润率回升的分析

自利润率在 20 世纪 60 年代中期至 80 年代早期经历了长期的下滑之

后，新自由主义变革带来了利润率的长期回升。计算平均利润率有多种方法。我们对利润率的定义是

$$r = \frac{P}{K} \qquad (1)$$

124

式中，r 为利润率，P 为一年内的利润流，K 为年初资本存量的价值。为了分析利润率上升的决定因素，最精确的方法是采用非金融企业的广义税后利润率。广义税后利润是企业利润和企业支付的净利息之和，减去企业所得税。之所以计入净利息，是因为我们所定义的利润是总固定资产的回报，而固定资本中的很大一部分是非金融企业用借入资金购买的。我们此处计算的利润为税后利润，因为新自由主义变革的目标之一就是减少所得税（文中显示的利润率均是税前利润率）。资本存量是指上一年 12 月 31 日房屋、设备以及软件等固定资产的重置成本。

我们在计算利润率时并未考虑金融机构，因为构建一个综合利润率公式要解决一些概念性的问题。从概念上讲，金融机构的实物资本只占其资产的极小一部分，因此很难构建公式计算金融机构可再生资本存量的综合利润率。金融机构利润的主要来源不是实物资本，而是金融资本（金融机构的大部分金融资本属于储户或债权人）。若仅是基于总资产（而不是可再生资本）构建利润率公式，就会存在重复计算的问题，因为金融企业中相当大的一部分金融资本代表的是非金融企业的有形资本价值。正是出于上述考量，大部分利润率研究集中于经济中的非金融企业。

等式（1）可以被分解为

$$r = \frac{P}{K} = \frac{P}{Y} \times \frac{Y}{K} \qquad (2)$$

式中，Y 是净产出（等于净收入）。因此，$\frac{P}{Y}$ 是利润占收入的份额，而 $\frac{Y}{K}$ 是产出与资本的比率。所以，总收入中利润份额的上升和（或）资本产出比的提高，均能够带来利润率的上升。用等式（2）可以确定在一段时间内，*125* 利润率变化的百分比中有多大比例应"归功"于利润份额的变化，又有多大比例来自资本产出比的变化。

利润份额可以利用下列恒等式进一步分解：

$$P = Y - W - T - TR \qquad (3)$$

式中，W = 员工薪酬（"工资"），T = 税负（企业所得税加上生产税），而

TR 指的是企业净转移支付。将等式（3）除以 *Y*，并整理，可以得到

$$\frac{P}{Y} = 1 - \frac{W}{Y} - \frac{T}{Y} - \frac{TR}{Y} \tag{4}$$

等式（4）可以用来判定在一段时间内，右侧三个变量的变化对利润份额变化所做出的"贡献"。

将分子与分母乘以同样的因数，则工资占收入的份额可表达为

$$\frac{W}{Y} = \frac{W}{Y} \times \frac{P_y}{P_y} \times \frac{CPI}{CPI} \times \frac{N}{N} = \frac{\frac{W}{CPI \times N} \times \frac{CPI}{P_y}}{\frac{Y}{P_y \times N}} = \frac{wr \times \frac{CPI}{P_y}}{PR} \tag{5}$$

式中，P_y 为产出价格指数，*CPI* 为居民消费价格指数，*N* 为该时期的工时数，*wr* 为每小时的实际工资，*PR* 为每工时的实际产出（或称劳动生产率）。若公式（5）中的价格比率 $\frac{CPI}{P_y}$ 不变，则工资占收入份额的变化率等于实际工资的变化率减去劳动生产率的变化率。[39]

上述变量数据的来源如下。等式（1）和（4）中的变量来自美国经济分析局的全国数据：国民收入和产品账户表，NIPA 表 1-14（http://www.bea.gov/iTable/index_nipa.cfm）和固定资产表 4-1（http://www.bea.gov/iTable/index_FA.cfm）。等式（5）中的变量除上述来源，还包括：美国经济分析局，NIPA 表 6-9B，6-9C，6-9D（http://www.bea.gov/iTable/index_nipa.cfm），以及美国劳工统计局的数据。所有数据均于 2013 年下载。

我们用等式（2）（4）（5）对 1979—2007 年的相关数据进行分析。通过等式（2），我们发现，$\frac{Y}{K}$ 在整个阶段均呈下降态势，因此利润份额 $\frac{P}{Y}$ 的上升是该段时间内利润率上升的全部原因。通过等式（4），我们发现，工资份额与企业所得税份额均呈下降态势（导致利润份额上升），而生产税份额和转移支付份额都增加了（导致利润份额减少）。工资份额与企业所得税这两个变量对该时期利润份额的增长均有贡献，其中工资份额下降因素占 84%，而所得税份额下降因素占 16%。通过等式（5），我们发现，该时期实际工资的年增长率仅为 0.25%，而每小时产出的年增长率则达到了 1.72%，这就意味着，工资份额下降与劳动生产率的提高无关，实际工资增长缓慢才是工资份额下降的原因。工资和劳动生产率的不同增长速度本应对工资份额产生较大影响，但 $\frac{CPI}{P_y}$ 比率的上升（该时期 $\frac{CPI}{P_y}$ 年增长率为

1.27%）削减了这种影响。$\dfrac{CPI}{P_y}$ 比率在 1973 年之前从未快速增长，却在新自由主义时期急速攀升，科兹（Kotz, 2009）在其著作中对这一现象从经济学角度进行了分析。

注释

　　[1] 管制资本主义和新自由资本主义的时间分期见第一章末。

　　[2] 正如第二章所言，新古典主义经济理论认为，在完全竞争中，每个个体都为生产提供劳动或资本，其收入反映了个体所提供资源的边际产品。

　　[3] 美国和英国的实验是在选举产生的政治领袖的监督下进行的。但在世界的其他地方，如非洲、亚洲或是拉丁美洲，这一实验却是在美国政府支持的国际货币基金组织的强迫下实施的。在一些曾由共产党统治的中东欧国家，由于国际货币基金组织、世界银行以及西方经济顾问扶植了新政权的产生，因此它们能够更为有效地敦促这些国家的政府进行新自由主义变革。

　　[4] 这三个西欧国家分别是德国、法国和英国（Dumenil and Levy, 2004, 24）。

　　[5] 为与其他文献保持一致，本书图表中的利润率均为税前利润率。但在此处，为了能够体现新自由主义纲领中企业税减少这一政策带来的影响，我们提供的数据为税后利润率。

　　[6] 根据本章附录，利润率等于利润占收入（产出）的份额乘以资本产出比。因此，一段时间内利润率的上升可能是由利润份额的提高所带来的，也可能是由资本产出比的提高所带来的，亦可能是兼而有之。

　　[7] 此处所提及的每工时产出（劳动生产率）与图 4-5 中的劳动生产率不同。前者针对的是非金融企业，而图 4-5 则针对所有非农企业。另外，此处文中所用数据来源于美国经济分析局，这些数据同样也可以用来分析新自由主义时期利润率增长的原因。图 4-5 中的数据则来自美国劳工统计局，用于分析标准劳动生产率的增长。

　　[8] 在确定所有企业（包括金融企业）的利润率时，我们遇到了一个严重问题：很难计算所有企业的资本存量。但如果计算所有企业的年利润额就不存在这个问题。因此，我们在此仅提供了非金融企业的利润率（见图 4-1），但附上了所有企业利润额的增长率。利润额的增长率来源见图 4-12。

　　[9] 在图 4-2 中，实际柱形图数据应稍低于 4% 和 3%。根据四舍五入的原则，第一个时期的年平均增长率取整为 4.0%，后两个时期均为 3.0%。GDP 的百分比增长率只精确到小数点后一位。

　　[10] 麦迪逊于 2010 年去世，但他的团队仍在使用他所开发的方法研究世界经济增长数据。因为各国经济存在差异，因此估算全球经济 GDP 增长率需要简化假设条件，并综合考虑各国的 GDP 增长率。

[11] 净私人投资等于总私人投资减去资本存量折旧。其中私人投资总额等于房屋、设备以及软件等产出加上存货的增量。国内生产净值等于 GDP 减去折旧。在计算净私人投资占产出的比重时，把国内生产净值作为产出数据更为准确。

[12] 资本积累率是更好的指标。私人投资在产出中所占份额不仅受私人投资活跃程度的影响，同时也受其他产出因素，如消费支出、政府支出、政府投资、净出口等的影响。

[13] 住宅投资的快速增长导致了 2001—2007 年前半段的经济扩张。

[14] 图 4-11 所示为最富裕的 1% 和 0.1% 人群收入占总收入的份额。收入数据纳入了在富裕人群收入中占重要比例的已实现资本收益（realized capital gains）。但在图 4-10 中，美国人口普查局发布的收入份额数据不包含这一部分。

[15] CEO 收入取销售额排名前 350 的大公司 CEO 收入的平均值，包括已实现的股票期权。职工工资则为样本公司所属行业内的生产工人与非管理岗工人的平均薪酬。

[16] 我们一般认为 1948—1973 年为管制资本主义时期，但往往用 1948—1966 年这个更短的时期来分析利润的增长。因为与 GDP 等指标不同，利润增长以及利润率在 1966 年之后（而非 1973 年）就急速下滑。基于利润或利润率的系列指标，我们可以判定，从 1966 年到 1979 年这段时间（而不仅仅是从 1973 年到 1979 年）管制资本主义就已经不能有效运行了。

[17] 美国劳工统计局在 2004 年修订了平均小时工资的计算方法，因此，1948—2007 年间没有连续统一的数据。图 4-13 显示了这一时期官方发布的新旧数据。尽管图中显示两组数据在重叠年份中具有相似的趋势，但如果能够获得整个时期内的连续数据，那么整个时期内平均收入增长率可能高于或低于分段时期内的数据。

[18] 为了比较三个相邻时期的平均失业率，我们需要剔除两个相邻时期中间的转折年份，以避免重复计算。因此，新自由主义时期的开始年份应该是 1980 年而不是 1979 年，这样得到的数据才是平均值。在计算变量的增长率时不涉及这一问题，因为 1979—2007 年的增长率要从 1979—1980 年的增长数据算起。

[19] 统计全职工作岗位时包含了兼职工作。兼职工作根据时长折合成全职工作。

[20] 家庭结构几十年来的变化（特别是单亲家庭增多，以及有两个雇佣劳动者的家庭增多），也是造成家庭之间收入差距拉大的重要因素。

[21] 如果从内部员工中提拔 CEO，那么当他们一步步达到企业高层时，其工资涨幅不会过大。但是若从公司外部聘请 CEO，这些人在应聘时会宣称，他们将极大地提高公司的利润，同时要求分得公司利润的一小部分。鉴于大企业利润之丰厚，这种 CEO 选拔机制（当然还有其他因素）确实导致了 CEO 工资的急剧上涨。

[22] 一些分析人士认为，低利率也促进了资产泡沫的形成。详见第五章。

[23] 美国历史早期的金融机构与新自由主义时期的金融机构有类似之处,详见第六章。

[24] 投机指的是购买资产并预期未来将其高价售出的行为。在新古典经济理论中,投机被视为有益的行为,因为新古典经济学者认为,投机使资产价格趋向均衡,同时分散了资产持有者的风险,因此投机利润是投机者对经济做出积极贡献的回报。非主流经济学家(包括凯恩斯主义者、制度学派或是马克思主义经济学家)一般认为投机活动不仅对经济无益,而且还会带来各种负面影响;投机利润源于运气、内幕交易(证券法规定的违法行为)或是欺诈行为(卖家不披露待售资产的负面信息)。根据后一种观点,持续的、高水平的投机利润很有可能来自内幕交易或欺诈行为。本书采用后一种观点。

[25] 第五章列举了美国大银行从事的多种高风险业务。这些业务使银行在崩盘后陷入法律困境。

[26] 凯恩斯用一个令人信服的案例驳斥了萨伊定律。但也有一些凯恩斯主义经济教科书认为,萨伊定律"在短期内"是无效的,但从长期来看,仍然可以假定其存在一定有效性。认为长时段内供给重要、需求不重要的观点是对凯恩斯之前"古典"经济理论的一种回归,这也是凯恩斯一直努力推翻的观点。

[27] 从2006年开始,美联储对新增消费债务进行了分类,将学生贷款纳入其中。到2010年,学生贷款超过了汽车贷款和信用卡贷款,成为消费信贷中最大的新增贷款类别。2012年,未偿清学生贷款净增1.1万亿美元,占同年新增消费债务总额的38.7%(Federal Reserve System,2013)。

[28] 在2001—2007年经济扩张的最后阶段,企业固定投资也迅速增长。这既是受到了利润率上升的刺激,也是受到房地产泡沫的鼓舞。

[29] 2002—2005年间,美国房屋平均价格指数以前所未有的速度增长(参见第五章图5-5)。

[30] 相反,科兹(Kotz,2009,184,表13-4)发现,在1948—1973年经济周期扩张的最后阶段,非金融企业实际工资的增长要远高于劳动生产率的增长。文中所指的薪酬和劳动生产率的增长均来自非金融企业。

[31] 尽管收入差距拉大,但消费支出占收入的比例不仅未降,反而升高了——这就是前文提到的悖论,也是几种力量共同作用的结果。不断扩大的收入差距确实降低了消费支出比例,但其他力量发挥了反向的作用:资产泡沫刺激了消费支出,生活窘迫的中低收入家庭只能通过借款维持生活水平,金融机构积极怂恿家庭借贷。新自由主义时期的经济数据(消费支出占收入的比例急剧上升)证明,后几种因素的作用掩盖了收入不平等的影响,导致消费支出比不降反升。

[32] 1996年12月5日,格林斯潘在美国企业研究所发表的演讲中提出了这一警告(http://ww.federalreserve.gov/boarddocs/speeches/1996/19961205.htm)。

[33] 杰夫·福克斯(Jeff Faux),私人谈话内容,2013年7月18日。福克斯

是一名经济政策分析师，他参加了 1993 年的峰会，并在会议期间与美国劳工联合会-产业工会联合会（AFL-CIO）的代表进行了交谈。

[34] 从 1993 年克林顿总统就任到 2000 年，联邦政府赤字一直在减少。在此期间，AAA 企业债券利率鲜有波动，维持在 7.5% 左右，而银行贷款的基准利率却从 6.0% 攀升到了 9.2%（Economic Report of the President，2002，406，表 B-73）。

[35]《纽约时报》，1997 年 7 月 3 日。

[36]《泰晤士报》（伦敦），2002 年 2 月 20 日，23。

[37] 美国从未有过贵族阶层。英国的撒切尔政府树立了与守旧特权阶级抗争、为中产阶级谋求权利的形象，对民众颇具吸引力。也正因如此，英国上层社会的一些贵族阶层对撒切尔主义感到不安（Harvey，2005，31）。

[38] 这种对国家社会主义消亡的解释并没有历史证据的支持。请参考科兹和威尔（Kotz and Weir，1997）的著作。尽管如此，这种说法仍作为一种主流解释广为传播。

[39] 工资增长与劳动生产力增长之间的差额并不完全等同于工资份额的增长，因为我们所计算的增长率是复合年均增长率。因此，工资增长与生产力增长之间的相互作用也会对工资份额的增长率产生部分影响。

第五章

危　机

许多观察者认为，始于 2008 年的那场危机本质上是一场金融危机。人
们都看到了一场有趣的演出——大型金融机构突然垮台，美联储出手救助美国最大的银行，起初国会拒绝这种救助，后来又不甚情愿地默许。然而，这场危机并不局限于金融行业，它还涉及其他领域，虽然并不引人注目，但也同样重要。始于 2008 年的那场危机，根源在于此前一段时间盛行的整个新自由资本主义。危机爆发后，金融行业和实体经济行业迅速受到波及。

本章将首先分析危机产生的根源，证明第四章所提出的三大新动态——不平等加剧、巨大资产泡沫，以及投机性的追求风险的金融公司——所形成的长期趋势最终导致了危机的爆发。其次，探索初始阶段即 2007—2009 年间，危机在金融和实体行业的出现和演变。再次，审视美国及世界大部分其他国家和地区的经济学家及政府，在危机初期所做出的凯恩斯主义反应。复次，分析自 2009 年开始的缓慢经济复苏。又次，审视 2009 年年中美国突然转向财政紧缩政策这一现象，以及对财政紧缩政策可行性的辩论。本章最后分析将这场危机视为结构性危机的含义，并与 20 世纪 30 年代的结构性危机做简要比较。

危机的根源

我们在第四章分析了新自由主义时代美国经济的三大新动态，这三大新动态可以解释新自由主义制度如何促进长期经济扩张。一是工资、利润
和家庭收入之间的不平等加剧，这在 2000 年后达到历史新高。我们认为不平等加剧是新自由资本主义体系的产物。第二个新动态是连续出现三个资产大泡沫，随着时间推移而逐渐增大，到 2000 年后房地产大泡沫达到顶

峰。这一新动态是新自由主义时代不平等加剧以及金融机构转型的产物。金融机构转型是第三个新动态，金融机构开始从事投机性和风险性越来越大的活动。这是银行放松管制、无限制竞争及市场原则渗入公司内部的结果。

上述三大新动态可以解释长期经济扩张为何得以保持，但也导致了新自由主义时代三种不可持续的趋势：家庭及金融行业负债率越来越高，有害的新金融工具蔓延至整个金融行业，以及实体经济行业生产能力严重过剩。从长期来看，这三种趋势作为一个整体，是不可持续的。这些趋势可以解释为什么在 2008 年会出现危机。

负债率越来越高

第四章图 4 - 20 表明，与家庭收入相比，家庭债务急剧上升，在 1982—2007 年间增长超过一倍。[1] 家庭借贷率上升在宏观经济中发挥了积极作用，解决了由于工资增长停滞带来的需求问题，否则它可能会阻碍长期的经济扩张。当然，家庭并非为了解决经济问题而借贷。在 2000 年后，对数百万中低收入家庭而言，由于收入的下降或停滞，借贷是他们支付账单的唯一办法。下文我们将看到，在新世纪头 10 年，金融机构找到了赚取高额利润的新方法，即贷款给中低收入家庭。

由于贷款给中低收入家庭这一新方法可以获得利润，金融机构便想方设法更多地放贷，而为了获得放贷资金，机构自己也去借贷。也就是说，增加自己的杠杆。如果一项投资的利润率超过借贷所支付的贷款利率，那么该公司所借的每一美元都有利可图，尽管增加杠杆也会带来更大的风险。不过，金融行业虽然放松管制，但其杠杆率仍然受到限制。

在 2000 年后的最初几年，大型投资银行的利润十分可观。2004 年 4 月，前五大投资银行要求美国证券交易委员会对资产超过 50 亿美元的机构授予豁免权利，使其不受投资银行借贷的限制。在美国证券交易委员会对这一请求举行的听证会上，一位叫作哈维·哥德施米德的理事颇有先见之明，提出了自己的担心："这些都是大家伙……但是这意味着一旦出现问题，那将是极其糟糕的大乱子。"一番草率的讨论之后，理事们通过投票全体一致地通过了豁免权，允许银行自行监管自己的风险。唯一不同意的声音来自印第安纳州一名计算机咨询师兼风险管理专家，他在邮件中警告说：如果市场发生严重混乱，投资银行用于风险评估的模型将不再可靠。在 2004—2007 年间，五大投资银行各自的杠杆率都急剧上升，其中有四家增长超过 30 倍。[2]

金融机构越来越大规模的借贷行为并不局限于投资银行。人们都以为金融机构是贷款人而非借款人，但是新自由主义时代以来，金融机构却成为市场中最大的借款人。图 5-1 表明了主要经济行业债务占 GDP 的比例。非金融公司的债务在新自由主义时代逐渐上升，从 1979 年至 2007 年，从占 GDP 的 32.9% 上升至 49.1%。但是，金融公司的债务从 1979 年占 GDP 的 19.7% 增长至 2007 年的 117.9%，后者是前者的近 6 倍。英国金融公司债务也有类似的增长，最高接近 GDP 的 250%（Wolf, 2009）。

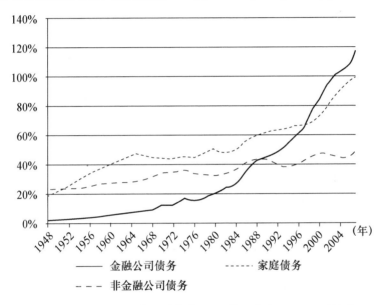

图 5-1 美国经济各部门债务占 GDP 的百分比，1948—2007 年

资料来源：美国联邦储备系统管理委员会，2010；美国经济分析局，2010，NIPA 表 1-1-5。

只要债务人获得的收入足以使其偿还债务，只要支持贷款的资产能够保值，那么家庭和企业的高额负债就不成问题。对于家庭而言，如果所需还款相比收入而言上升得过高，就有可能出现违约。如果房屋的市场价值下跌至低于未偿付的抵押贷款债务——这种情况被称为"溺水屋"（资不抵债的房产）——就可能会促使家庭开始违约，而不是继续偿还贷款。对于企业而言，如果毛利率下跌至低于其所支付的贷款利率，那么欠债企业支付贷款利息之后，将蒙受净亏损，甚至更糟。如果利润变成负数，杠杆就会起反作用，扩大企业亏损。即便忽视利润率的变化，如果支持债务的资产价值下跌到一定程度，那么欠债公司也将面临破产。

130

有害金融工具的传播

第二个危险趋势是具有高度风险性的金融工具在金融体系中传播开来。[3]第二章指出，在 1980 年之前的战后时期，监管制度迫使银行及其他金融机构把它们的业务范围局限于提供传统金融服务。商业银行为公司提供贷款，持有贷款，直到贷款还清，从贷款利率与存款利率之间的差额中获得利润。投资银行及其他证券公司高价发行新的证券并进行交易，这种行为的风险性比商业银行被许可的业务更高，但是投资银行是用自有资金来投机，而不是用商业银行所持有的政府承保的存款。经济大萧条时期，《格拉斯-斯蒂高尔法案》禁止存款机构从事证券交易等风险性业务。保险公司售出传统保单，留存储备金以备预期赔付。放松金融管制去除了上述对金融机构的各种限制，使其可以超越传统业务开拓新商机。

放松金融管制的倡导者承诺，这将带来更高的效率和一波创新潮。从 90 年代开始，一系列所谓的"金融创新"出现，被媒体大肆渲染。其中包括越来越复杂的金融工具。关于这一话题已经有很多文章了。我们将挑选出五种在金融危机中起重要作用的"金融创新"：住房抵押贷款证券化、可调利率抵押贷款、次级抵押贷款、担保债务凭证、信用违约互换。

住房抵押贷款是房主与贷款人之间的债务合同。早在放松银行管制之前，放贷银行就把许多住房抵押贷款再次打包出售给另一机构，比如前国有机构房利美。[4]1970 年曾出现基于大量住房抵押贷款发行证券的做法，这些证券被出售给投资者。[5]这种住房抵押贷款支持证券用利息来偿付，可以用抵押债权来进行优先偿付。住房抵押贷款支持证券与个人抵押贷款不同，前者可以随时在市场上买卖。住房抵押贷款支持证券的未偿付数额在80 年代和 90 年代逐渐上升，在 2000 年达到 3.6 万亿美元。到 2007 年未偿付数额迅速上升至 8.2 万亿美元，占 2007 年美国债券市场所有未偿付债务的 25%，而在 1980 年该比例仅为 4%（SIFMA，2013）。在推广住房抵押贷款支持证券过程中发挥主要作用的，是华尔街大型投资银行，它们能够从中获取高额利润。

住房抵押贷款支持证券的倡导者称，住房抵押贷款支持证券对家庭买家和贷款人都有益，而且降低了贷款人、投资者和整个金融体系的风险。他们之所以相信能降低风险，是基于两个并不可靠的假设。第一个假设是任何可能出现的单个抵押贷款违约不会影响其他抵押贷款违约，因此把这些抵押贷款组合形成证券，意味着经营多元化，可以控制亏损的风险。[6]第二个假设是住房抵押贷款支持证券的潜在买家准确了解与抵押贷款相关的风险。

另一个"创新"是可调利率抵押贷款，这是在 1982 年《加恩－圣杰曼储蓄机构法案》（Garn-St. Germain Depository Institutions Act）中首次获得许可的。与传统的住房抵押贷款利率长期固定不变不同，可调利率抵押贷款在贷款期间的利率可以调整。标准可调利率抵押贷款在银行利率上调或下降时调整利率。可调利率抵押贷款使房主起初以较低利率办理抵押贷款，但这增加了借款人所承担的风险。各种专门形式的可调利率抵押贷款纷纷出现，比如选择性可调利率抵押贷款，这种贷款初期只需要归还利息，低至 1%。这种"初始优惠利率"可以持续几年，其后每月偿付额度可能增长 100% 甚至更多。

次级抵押贷款是针对信用等级太低而不能申请标准（"优级"）抵押贷款的家庭。信用等级低主要是由于收入低、资产有限或其他因素。次级抵押贷款最早是 1980 年放松银行管制法案所许可的，但在 90 年代后期之前几乎没有相关案例。到 1994 年，次级抵押贷款占到了抵押贷款设计总额的 4.5%，到 2000 年上升至 13.2%。2001 年经济衰退及其影响导致这一比例下降，此后在 2005 年又上升至 21.3%。在 2004—2006 年间，75% ~ 81% 的次级抵押贷款被打包形成住房抵押贷款支持证券（Barth et al., 2008, 6）。[7]

1999 年的一项研究发现，次级抵押贷款再融资有一半主要是非裔美国人持有（Chomsisengphet and Pennington-Cross, 2006, 36 - 37）。[8] 2009 年 6 月，巴尔的摩市提起诉讼，指控富国银行以黑人社区为目标发行次级抵押贷款，甚至把次级抵押贷款强推给那些本有资格申请更低利率优级抵押贷款的客户。一位前富国银行员工说，富国银行员工把次级贷款称为"贫民贷款"，并寻找黑人教堂来推销。[9] 次级抵押贷款的推行，使那些原本根本无法获得抵押贷款的家庭可以以较高利率获得抵押贷款，以此掩盖越来越高的违约风险。因为次级抵押贷款与住房抵押贷款支持证券捆绑在一起，通常还与优级抵押贷款组合在一起，由此产生的住房抵押贷款支持证券被吹嘘是安全资产。

第四个"创新"是担保债务凭证，包括由其他证券（抵押品）支持的证券，比如企业债券和住房抵押贷款支持证券。担保债务凭证用抵押证券的偿还款进行支付。担保债务凭证最初出现于 1987 年，由德雷克塞尔·伯纳姆·兰伯特（Drexel Burnham Lambert）基于低质量的公司"垃圾债券"发行。他把多种风险较大的证券组合成一个担保债务凭证（和一些风险更

133

小的担保债务凭证），由于其多样化，投资者有望以更小的风险从高风险证券中获得高回报。担保债务凭证由证券公司和投资银行创造，通常被分成"系列"（一份一份）单独售卖。如果标的证券违约，更高级系列优先享有标的证券的清算。[10] 如图 5 - 2 所示，直到 2000 年后，担保债务凭证才显著增加。全球担保债务凭证未偿付数额从 1995 年的 29 亿美元上升到 2007 年的 1.34 万亿美元（SIMFA，2013）。

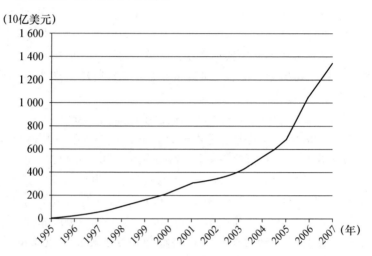

图 5 - 2　全球经济担保债务凭证未偿付数额，1995—2007 年

资料来源：SIFMA，2013.

　　信用违约互换是第五种"创新型"金融工具。信用违约互换不是证券，而是双方之间的保险合同。信用违约互换的卖方承诺，如果发生特定事件，比如债券违约，那么卖方将支付一些违约金给买方。作为交换，买方在合同期间定期向卖方付款。这样，公司债券的买方可以购买信用违约互换，作为对债券违约的保险。如果债券违约了，信用违约互换的卖方就必须赔偿买方。证券持有者定期向信用违约互换卖方付款，违约的风险从前者转移到了后者身上。信用违约互换是上世纪 90 年代中期由 J. P. 摩根的一名员工创造的。信用违约互换支持者声称，信用违约互换使贷款人得以避免违约的风险以及其他商业风险。

　　据估计，2000—2008 年间，美国的信用违约互换数额从 0.9 万亿美元急剧上升至 45 万亿美元。到 2007 年第三季度末，商业银行前 25 强持有 14 万亿信用违约互换，其中摩根大通是最大持有者。[11] 据估计，未偿付的信用违约互换数额比信用违约互换承保的资产价值高出十倍以上——未持有

134

被保险的证券也可能买到信用违约互换。这表明，信用违约互换主要是用于赌博，而不是规避风险。

"衍生品"一词是指那些价值衍生于其他资产之上的资产。住房抵押贷款支持证券和担保债务凭证都是衍生证券的例子。信用违约互换同样也是衍生品，尽管它不是证券。随着时间的推移，衍生品变得越来越复杂。例如，有的担保债务凭证是通过把大量其他担保债务凭证捆绑在一起而产生的。这种衍生品的价值计算只能通过复杂的计算机模型才能实现。

我们已说过，这个时期金融机构从事着高风险的投机活动，然而以上所有"金融创新"原本是要减少风险，而非增加风险的。有一个关于金融市场的新自由主义理论，被称为有效市场假说。该理论深信前述所有新金融产品的传播不会对金融体系产生任何风险。该理论主张，不受管制的金融市场必定会依据证券风险和回报的所有相关信息，对所有证券准确定价，而不需要高代价、累赘、破坏效率的政府监督。在如今放松管制的环境中，人们相信这些新型证券是在降低金融体系的风险，而不是增加风险。但是，这种新自由主义论调是基于脱离现实的假设的——正如2008年所展现出来的戏剧性情景。

为什么这些新金融产品有风险呢？首要原因在于信息及动机问题。这些问题在有效市场假说中被忽略了。首先，这些新金融产品的买家怎么会知道这些复杂实体的实际风险呢？个体投资者，甚至是诸如养老基金、共同基金等大型投资者，他们并没有途径去准确评估可能购买的所有证券。投资者依靠的是为数不多的信用评级机构，主要以穆迪、标准普尔和惠誉评级公司为首。这些机构研究新的证券并公布其信誉及风险等级，等级标准是从AAA（最安全）到C（最有风险）。一些机构投资者被要求在其所持有的证券中，被评为AAA等级的证券要达到一定的百分比。[12]但是，信用评级机构逐渐开始向发行证券的金融机构收费——这并非常态。在20世纪70年代以前，穆迪并不向债券发行人收费，而是靠向投资者出售其研究报告来赚钱。1957年，穆迪的副总裁写道，"显然，我们不能靠评定债券等级来收钱"，因为那样的话，"我们就逃脱不了指责……说我们的评级行为是用来买卖的"。但是，到70年代早期，面对越来越复杂的证券，穆迪和其他评级机构开始干的恰恰就是这种事——向债券发行人收取评级费用（Morgenson，2008）。

1975年，美国证券交易委员会在一个放松管制法案中，允许银行依据其所持有的证券的评级来计算其资金需求量。在2000年后，评级机构之间争夺大型证券发行人业务的竞争日趋激烈，导致评级机构员工迫于压力，

136　不顾评级专家发现的问题，常常给出 AAA 的评级。据传，2005 年，穆迪数次提高一家抵押公司——美国国家金融服务公司所认购的证券的评级，因为该公司抱怨评定等级太低（Morgenson，2008）。在 2000 年后，很多低质量的证券被评定为 AAA 级，这些问题最终在金融危机中凸显出来。

　　金融崩溃五年之后，有投资者对这三家评级机构提出诉讼，指控它们在 2008 年金融危机之前，对投资银行贝尔斯登出售的住房抵押贷款支持证券评定的信用等级过高。诉讼称，因为评级过高，导致后来债券崩溃时，投资者损失超过 10 亿美元。该诉讼引用穆迪员工的内部邮件作为证据，邮件中说："为了收益，我们把灵魂出卖给了魔鬼。"另一证据则来自标准普尔的员工，其把公司的评级程序称为一场"骗局"。不过，三家评级机构的代表均否认上述指控。[13]

　　衍生性证券具有高度风险性的第二个原因在于，它们本质上难以进行评估。而且随着时间的推移，产品越来越复杂，这一问题也变得更加严峻。投资银行通过自创的衍生性证券的费用和利润，获得高额利润。他们有着强烈的动机，希望人们对这些证券产品的安全认知最大化，目的是说服顾客以高价购买这些产品。发明这些产品的专家，对产品的了解远远多于他们的顾客。

　　第三个原因是，有效市场假说宣称，金融市场可以依据所有的风险和回报信息，为证券准确定价。但事实上这一说法甚至不适用于通过私下交易而非公开市场交易的衍生品。据估计，全球约 80% 的衍生品是私下交易（Crotty，2009，566）。在私下交易中，没有竞争方来揭露关于产品的信息，买家只能依靠卖家所提供的信息，而这正是买家实施盗窃的好机会。

　　过去，主要投资银行力图与客户保持长期友好关系。但是在新自由主义时代，大型投资银行改变了它们的行为。2012 年 3 月，退休的高盛执行董事乔治·史密斯宣称，公司文化已经变成了利用客户为公司谋利。他揭

137　露，交易人把客户称为"提线木偶"或"点头木偶"。在公司往上爬的途径就是说服客户购买证券，购买那些高盛因利润潜能低而需要倾销的证券（Smith，2012）。

　　史密斯的说法得到美国证券交易委员会对高盛的一起民事诉讼的支持。美国证券交易委员会指控高盛伙同对冲基金经理约翰·保尔森设计了一种与房产市场有关但非常复杂的担保债务凭证，使其将来一定会发生违约，这样高盛和保尔森就可以进行投机，从中渔利。当担保债务凭证一如设计好的那样出现违约时，不知情的客户，包括养老基金和保险公司都损失了数亿美元。高盛以 5.5 亿美元了结了这个案子，未承认其有违法行为。[14]出现追求短期利润的转向的促进因素之一是大型投资银行渐渐从合伙制变

成了公司，这也符合新自由主义市场化的趋势。大型投资银行的高层不再把自己的财富与公司长期发展捆绑在一起。

在这一时期，大型投资银行的决策者获得了巨额薪酬。员工奖金的多少取决于他们每年为公司创造了多少利润，而不管他们创造出来的产品最后结果如何。证券行业的奖金总数从 1990 年的约 30 亿美元上升到 2006 年的约 360 亿美元。[15] 如果赢得奖金的这一行为在后来导致客户遭受损失，或者甚至导致公司遭受损失，奖金也不用退还。这使投资银行的员工有强烈的动机去欺骗客户。

在新自由主义时代，金融机构整体薪酬相比其他行业上升了。一项研究发现，从 20 世纪 50 年代中期到 1980 年，金融公司薪酬比私有企业平均薪酬略高，在 1980 年下跌至比平均薪酬高出不到 5%。1980 年之后，与平均薪酬相比，金融公司薪酬逐渐上升。从 20 世纪 90 年代中期开始，金融公司薪酬急剧上升，到 2000 年比平均薪酬高出 60% 多。而 20 世纪 20 年代后期，金融公司薪酬也曾经达到过几乎同样高的水平（Philippon and Reshef，2009，fig. 10）。在 2000 年后，相当大比例的美国一流大学的毕业生被金钱及声誉所吸引，纷纷来到华尔街。

总部位于西雅图的华盛顿互惠银行是个很好的例子，它可以用来说明金融系统是怎样激励商业银行和投资银行从事高风险的行为。华盛顿互惠银行于 1996—2002 年间通过积极并购得以迅速发展，成为美国第六大银行。其首席执行官克里·基林格（Kerry Killinger）把银行变成了放贷工厂，专门从事可调利率抵押贷款。到 2006 年，其可调利率抵押贷款占到新的住房抵押贷款的 70%。据报道，华盛顿互惠银行向其销售代理施压，要求他们尽可能多地发放抵押贷款，并且无须核查借款人的金融信息，因为核查信息会让银行增加成本。该银行主要从事初始优惠利率低的选择性可调利率抵押贷款。2001—2007 年间，基林格共获得 0.88 亿美元赔偿金。2008 年 9 月 25 日，华盛顿互惠银行被淹没于一大堆坏账之中，直接导致破产，并被联邦存款保险公司收购。[16]

不过，该时期大部分的抵押贷款设计并不是银行做的，贷款经纪人发挥了主要作用。1987 年，贷款经纪人发放的贷款仅占抵押贷款总数的 20%。但是从 2002 年到 2006 年，他们发放的贷款比例在 58%～68% 之间浮动（Chomsisengphet and Pennington-Cross，2006，39）。抵押贷款公司，如美国国家金融服务公司加利福尼亚分公司，积极设计各种次级抵押贷款，这些贷款转售给投资银行，投资银行使其证券化，再卖给机构投资者。抵押贷款公司、银行和投资银行通常被认为是安全可靠的，因为这些抵押贷

138

款被迅速销售给了投资者。信用违约互换使金融系统中所有的参与者都可以对可能出现的违约进行投保。

2000 年后，美国国家金融服务公司逐渐成为故意设计不良贷款的代表。美国国家金融服务公司曾是美国最大的抵押贷款公司之一，因其积极推进次级抵押贷款和其他高风险贷款，最终于 2008 年破产，并被美国银行收购。2010 年 6 月，美国银行旗下美国国家金融服务公司被起诉，起诉理由是其在被美国银行收购之前，曾经向 20 多万生活艰难的房主收费过多。最终其同意支付 1.08 亿美元的和解金。同年，美国国家金融服务公司前首席执行官安杰洛·R. 莫兹罗（Angelo R. Mozilo）被美国证券交易委员会指控欺诈，罚款 6 750 万美元结案。2013 年 10 月，美国国家金融服务公司前中层主管丽贝卡·麦罗恩被指控对一起民事欺诈案负有法律责任，她将不良抵押贷款销售给房利美和房地美（另一家政府支持企业），致其损失超过 10 亿美元。[17]在美国国家金融服务公司一个代号为"快速泳道"的项目中，员工奖金是按照发放贷款的速度来计算的。[18]

这种做法并不局限于抵押贷款公司和中等规模银行，美国最大的银行也抵制不住这种行为所带来的高额利润的诱惑，尽管风险高，而且有时其合法性存疑。2013 年 10 月，摩根大通与美国司法部达成和解，为其在 2005—2007 年间的抵押贷款行为赔付 130 亿美元，赔偿数额之高创造了新纪录。这次调查"就摩根是否未能充分警告投资者其所推销产品的投资风险一事提出质疑"，130 亿美元的罚款数额超过该银行上一年度利润的一半。[19]

金融机构之所以会有越来越投机的行为，是由于 2000 年后的房地产泡沫。如图 4-18 所示，2002—2006 年间，美国房屋价格迅速上升，这与拥有房屋的经济价值没有任何关系。房地产价值上升使最难以置信的抵押贷款似乎也变得安全了。房主贷款都不需要出示任何证明，以表明他们有能力偿还贷款，那怎么会有人去思考这种贷款是否安全呢？在两年之后将变得难以负担的初始优惠利率贷款怎么会是安全的呢？只要房地产价格持续上涨，即使借款人可能违约，贷款人也将得到抵押资产——房屋。人们认为房屋会增值，因而足以偿付贷款数额。

在房地产泡沫期间，房地产价格只会升不会跌的观念被一再重复，许多人相信了这一观念。但是，有一些资深玩家知道，这一切必定会终结——只是没有人知道什么时候终结。只要泡沫持续膨胀，该体制下的激烈竞争就会迫使哪怕是最精明的人也继续向前，用尽手段获得巨额利润。2007 年 7 月，花旗集团首席执行官查尔斯·O. 普林斯（Charles O. Prince）在接受《金融时报》采访时说了一段话，很清楚地表明了这一点：

122

当音乐停止，在流畅性方面，情况会变得复杂。但只要音乐还在奏响，你就必须站起来跳舞。我们仍然在起舞。[20]

房地产泡沫加上分配的不平等，也在助推金融机构发行风险越来越高的抵押贷款方面发挥了关键作用。抵押贷款公司把销售代理派往中低收入社区，挨家挨户兜售二次抵押贷款。他们的推销行话很容易想象，下面是个假设的例子："家有价值 5 万美元的抵押资产，你干吗还要担心怎么支付电费或医疗费呢？"数百万家庭因工资下滑或停滞而经济拮据，他们自然会对这种提议感兴趣。如果心存疑虑的房主询问利率是多少，销售代理就会抛出初始优惠利率。如果房主询问两年后利率会怎么样，销售代理会承认利率将上升到更高水平，但又会补充说房主绝对不需要支付更高利率。他们会使房主相信，两年之后，房屋会更值钱，房主能够以低的初始利率再次融资。鉴于音乐终将在某一时刻停止这一事实，资产泡沫和分配的不平等是相互作用的，收入降低使得大量原本无法贷款的人毫不犹豫地去贷款。

所有的泡沫最终都会破裂，美国房地产泡沫也不例外。一旦泡沫不再膨胀，一大波抵押贷款违约将随之而来，这又会使基于膨胀的房产市场之上的整个衍生品网络的价值骤跌。为推出新金融产品而负债累累的金融机构发现，其资产价值迅速下跌，高杠杆将起反作用。1979—2007 年间，金融行业债务增长近六倍。一旦房地产泡沫破裂，必然会引起金融机构严重紧缩。早在 2003 年，明智的投资者沃伦·巴菲特就曾警告说，金融衍生品是"大规模杀伤性金融武器"，并补充说："大量风险集中在相对非常少的金融衍生品经销商手里……这将触发严重的体制问题。"（BBC News，2003）

如前所述，很多人认为，参与交易的机构——抵押贷款公司、商业银行、投资银行——将能够躲避危害，因为它们把新产品转移给了最终端的投资者。但是，后来的情况表明，这三种机构都留存了大量自己创造出来的有毒产品。最易懂的原因是，要把新住房抵押贷款支持证券和其他金融衍生品卖给下一个交易对手需要时间，这就导致上述三种机构在任何时候都持有大量存货。金融机构（及其隶属机构）留存大量衍生证券还有其他原因，克罗蒂（Crotty，2009）曾讨论过这一问题。

信用违约互换被认为是防御金融灾难的最后一道防线，但结果却加剧了系统性危机。与传统保单的发行不同，信用违约互换不需要发行者拥有储备金，以应对将来可能发生的索赔。当大规模违约开始出现时，信用违约互换就成为定时炸弹，彻底击溃为兑现合约而拿出资金的信用违约互换卖家，或当卖家无力赔偿时对信用违约互换的买家提供不了任何帮助。下文我们将看到，这一问题在 2008 年大型保险公司美国国际集团破产及政府救助的案例中浮出水面。

房地产泡沫破灭也会给普通家庭带来极大问题。房屋贷款从上世纪80年代开始累积，2000年后在房地产泡沫刺激下继续累积。当房地产泡沫最终破裂，房屋价格下跌时，家庭无法继续贷款，相反他们必须开始偿还债务，这必定会使消费需求骤然收紧。

产能过剩

新自由主义时代美国经济中第三种具有威胁性的长期趋势，是生产能力过剩。除了少数几个行业，比如制造业、矿业、电力，大多数行业很难准确衡量总产能的实际利用率。美联储公布了制造业及更大范围工业（包括矿业、电力行业及制造业）一系列产能利用率情况。因为产能利用情况随着商业周期的变化而发生极大变化，因此可以通过比较商业周期峰值年的情况来观察其长期趋势。图5-3展示了1948—1973年间最后三个峰值年和1979—2007年间最后三个峰值年的制造业产能利用率。[21]如图所示，在管制资本主义时期，利用率逐个峰值年上升，到最后一个峰值年1973年达到87.7%。相反，在新自由主义时期，利用率逐个峰值年下降，到2007年降至仅78.6%。这充分表明，尽管与管制资本主义时期相比，新自由主义时期资本积累的步伐相对较慢，但从长期看，相对于需求而言，工业行业的产能存在过剩状况。[22]

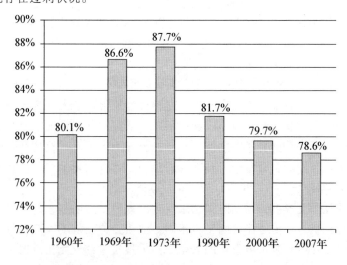

图5-3 商业周期峰值年制造业产能利用率

资料来源：美国联邦储备系统管理委员会，2013。

　　这表明，一系列资产泡沫的确产生了第四章所讨论的影响，这使公司决策者对未来产生了放大的期望，并且导致产能相对于实际产出过度扩张。[23]这成为通货膨胀的又一因素，但同时也使利润率降低。如果产能可得到充分利用，利润率会更高。[24]新自由资本主义还带来一个问题，可称为"可持续"产能利用率及实际利用率。在第四章我们看到，21世纪之初，许多家庭大量借贷以支持消费性支出。为应对消费性支出上升，企业投资额外产能，以满足不断扩大的需求并从中获取利润。

　　产能依赖于被大量家庭贷款抬高的消费性支出，在这个意义上说，到 *144* 2007年，一些行业的实际利用产能已经"不可持续"了。如第四章所述，美国住宅存量的市场价值包括约8万亿美元的泡沫膨胀价值，这支持了大量家庭贷款用以购买消费性产品。如果通过借贷支持消费性支出的过程突然被打断，结果就是正在利用但"不可持续"的部分产能会真正变成多余产能。这反过来又会极大打击企业投资的积极性。[25]

　　以上所讨论的三种长期趋势——债务率上升、越来越高风险的金融工具的传播以及产能过剩在2000年后是可持续的，前提是房地产泡沫继续膨胀。一旦泡沫破裂——发展到一定时候是必然的，这三种趋势就会相互作用，带来一场大危机。只要房屋价格持续上升，家庭负债就是可持续的。否则，家庭负债突然变得不可持续，需要普通家庭立即还款，就会导致消费性支出骤然下跌。这样的话，住房抵押贷款违约率和止赎率就会上升。

　　金融机构极高的负债率在其资产保值的条件下是可持续的，但一旦房地产泡沫缩小，其资产总值减少，金融机构就面临破产的威胁，这也暴露出泡沫时期创造出来的有毒金融资产的真实价值很低。最后，房地产泡沫缩小会使原本似乎必要的产能变成剩余产能，突然极大降低非金融公司投资更多工厂和购置更多设备的积极性。[26]图5－4显示了各种因素相互作用导致危机爆发的过程。

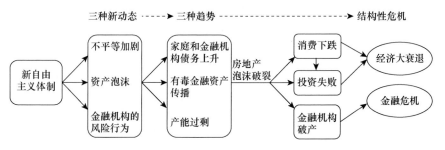

图5－4　经济危机的起因

危机的出现

1998 年，美国政府对美国长期资本管理公司的对冲基金提供救助，这是 2008 年爆发的金融危机的前兆。[27]美国长期资本管理公司是一家大型对冲基金公司，拥有资产约 900 亿美元，但注册资金只有 23 亿美元。其面临破产部分原因是 1998 年 8 月俄罗斯金融崩溃的负面影响。尽管政府部门对未受监管的对冲基金都不负有监管责任，但在 9 月 23 日，美联储还是通过银行和证券经纪公司组成的财团，筹备了 35 亿美元救助金。美联储主席艾伦·格林斯潘为该行为辩护说，美国长期资本管理公司如果破产，将有可能危及金融市场稳定和经济增长。[28]

从这一事件似乎可以得出三条经验：第一，在放松管制的新金融环境下，大型机构可能面临破产，甚至包括那些利润率一直很高的机构；第二，任何一家大型金融机构破产，都会对整个金融系统构成风险；第三，任何大型金融机构陷入困境，美联储都有望出面提供救助，包括那些并非由政府担保提供官方支持的机构。这三条经验表明，所有大型金融机构都可以任意从事投机性行为，因为成功的话，会带来高额利润，而即使出现最糟糕的情况即破产，美联储也会伸出援手。[29]

如图 5-5 所示，2006 年，房屋价格终于停止上升。2006 年第三季度，平均房屋价格升到最高点，在接下来九个月中稍有变化，然后在 2007 年第三季度开始迅速下降。2006 年，大量次级可调利率抵押贷款的利率升高。抵押贷款违约和房屋止赎率在 2006 年下半年创历史新低，此后开始飞速上升，主要涉及次级抵押贷款。图 5-6 表明违约的住房抵押贷款率迅速上升。到 2008 年 3 月，约 9% 的住房抵押贷款或过期未付，或丧失赎回权。[30]此外，溺水屋（抵押贷款超过房屋价值）的比例在 2006 年低于 5%，随着房屋价值下跌，该比例在 2007 年初开始上升，到 2008 年 2 月达到 10.3%。[31]

2007 年，金融陷入困境的迹象开始出现。4 月 2 日，美国主要次贷公司新世纪金融公司申请破产保护。8 月，惠誉评级公司把一家大型次贷公司美国国家金融服务公司的评级降为 BBB + 等级，这是其评级系统中的倒数第三级。同月，美联储、欧洲中央银行和日本银行联手，为全球金融系统注入超过 1 000 亿美元资金。9 月，花旗银行从美联储借款 34 亿美元。10 月，美林银行宣布其参与次贷市场导致损失 84 亿美元。

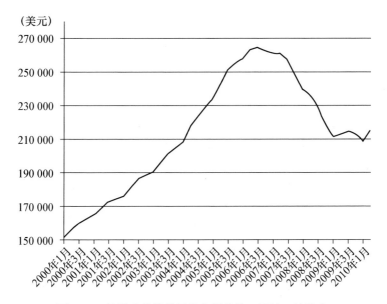

图 5 - 5　按季度估算的平均房屋价格，2000—2010 年

资料来源：美国联邦住房金融局，2013 年。

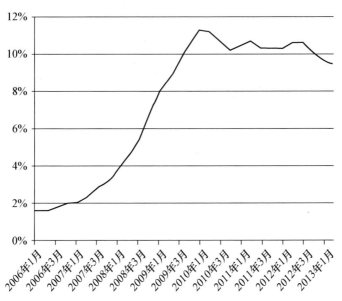

图 5 - 6　季度单个家庭住房抵押贷款违约率，2006—2013 年

资料来源：圣路易斯邦储备银行经济研究中心，2013。

在整个 2008 年中，金融困境不断加剧。1 月 11 日，美国银行收购了破产的美国国家金融服务公司。3 月 14 日，美联储提供 300 亿美元贷款，资助摩根大通收购华尔街第五大投资银行贝尔斯登公司。贝尔斯登在次优抵押贷款上遭受巨大损失——次优抵押贷款是介于优质抵押贷款和次级抵押贷款之间的一种抵押贷款。这成为第一起大型机构破产事件。具有讽刺意味的是，1998 年贝尔斯登曾拒绝参加美联储组织的对美国长期资本管理公司的救助。[32] 7 月 11 日，联邦存款保险公司把主要抵押贷款创始银行印地麦克银行纳入破产管理，这成为美国历史上第四大银行破产案例。

2008 年 9 月，金融危机突然爆发。9 月 7 日，政府接管了大型政府支持抵押贷款交易公司房利美和房地美。9 月 14 日，历史悠久的美林银行被迫把自己卖给美国银行。9 月 15 日，历史可追溯到 19 世纪的大型投资银行雷曼兄弟经美联储许可宣布破产。9 月 17 日，美联储出资 850 亿美元救助保险公司美国国际集团，购买其 80% 股份。美国国际集团是一家私人保险公司，政府在法律上并没有支持它的义务。该公司因持有大量信用违约互换，又缺乏协议兑现资金，因而陷入了困境。9 月 25 日，资产价值为 3 070 亿美元的大型抵押贷款银行华盛顿互惠银行倒闭，随后被摩根大通接盘。10 月 6 日至 10 日这一周，道琼斯工业平均指数下跌 18.2%。

金融危机迅速传播到欧洲，包括英国、爱尔兰、法国、比利时和冰岛。21 世纪头 10 年，英国、西班牙和爱尔兰也产生了房地产泡沫，后来它随着美国房地产泡沫缩小而缩小。新自由主义时代，全球金融和经济系统越来越相互融合，这决定了危机会迅速扩散至全球各经济体。尽管有些国家不允许其金融机构完全融入全球金融系统，比如中国，因而在金融方面未受影响，但没有哪个国家能够完全避开美国迅速出现的严重经济衰退所带来的强大下行压力。

美国的经济衰退在 2008 年 9 月金融危机爆发之前就已经开始了。如图 5-7 所示，2007 年第三季度房地产泡沫开始缩小，第四季度经济达到峰值。如表 5-1 所示，经济衰退始于 2008 年第一季度，该季度 GDP 增长率下降为 -1.8%。[33] 通常情况下，经济衰退都是由企业投资下降引起的，然而，2008 年第一季度，消费性支出的增长率由正变负，为 -1.0%，但是小型企业固定投资增长率下降的幅度更小，为 -0.8%。服务消费性支出很难减少，更容易减少的商品消费性支出增长率下降为 -5.6%，而该季度耐用品消费增长率下降为 -9.6%。2008 年第三季度，企业固定投资开始迅速下降，2009 年第一季度下降幅度为 -28.9%，创下降新纪录。[34]

(10亿美元)

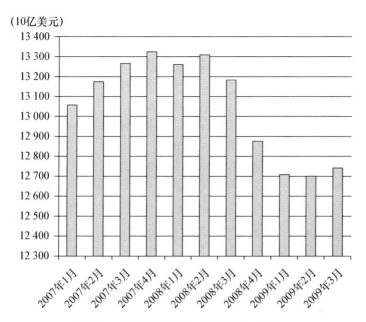

图 5 - 7 国内生产总值，2007—2009 年，
(以 2005 年美元价值为基准)

资料来源：美国经济分析局，2013，NIPA 表 1 - 1 - 6。

表 5 - 1 国内生产总值、消费性支出及企业
固定投资季度变化 （年度变化百分比）

	2007 年				2008 年				2009 年		
	I	II	III	IV	I	II	III	IV	I	II	III
国内生产总值	0.5	3.6	3.0	1.7	**-1.8**	1.3	-3.7	-8.9	-5.3	-0.3	1.4
消费性支出	2.2	1.5	1.8	1.2	**-1.0**	-0.1	-3.8	-5.1	-1.6	-1.8	2.1
商品消费	2.6	1.9	3.0	1.0	**-5.6**	0.5	-7.7	-12.6	0.2	-2.1	7.5
耐用消费品消费	5.1	5.7	5.2	2.3	**-9.6**	-2.9	-12.3	-25.4	1.3	-2.0	20.9
企业固定投资	6.5	10.8	9.1	5.4	**-0.8**	-2.3	-9.9	-22.9	-28.9	-17.5	-7.8

注：加粗部分显示 2008 年第一季度经济衰退开始时的增长率。
资料来源：美国经济分析局，2013，NIPA 表 1 - 1 - 1。

这一结果与实体经济部门的泡沫收缩是一致的，泡沫缩小，使家庭贷款降低，这反过来又导致消费性支出减少。消费性支出减少表明产能过剩，很快导致企业投资迅速下降。企业固定投资的迅速下降开始于 2008 年第三季度，即 7—9 月，发生在金融危机全面爆发之前。2008 年第二季度，经济稍有增长，这是由长达一个季度的出口增长 （增长率为 12.7%）所推动。此后，2009 年第二季度，经济重回紧缩状态。

从 2008 年第四季度开始，随着人们对经济增长的期望骤然转冷，固定投资迅速下降。人们普遍认为这场危机本质上是一种金融危机，危机的其他特征都是由此衍生出来的，但这种观点并没有说服力。它通常认为实体行业的危机——通常称为"经济大萧条"——根源在于金融危机破坏了银行给非金融企业发放贷款的能力。但如果真是这样的话，那就会有证据表明非金融行业对信贷的需求大于供应，实际上却找不到这样的证据。在同一时期，利率下跌至历史新低。2008 年 9 月之后，美联储把联邦基金利率保持在 1% 以下，AAA 企业债券利率在 2008 年 8 月上升至 5.64%，10 月上升至 6.28%，到 12 月降到 5.05%，此后几年一直维持低水平。

美联储采取前所未有的金融措施，从 2008 年 9 月开始，为美国银行注入大量储备金。储备金是银行发放贷款和进行投资的基础。图 5 - 8 表明，2008 年 8 月之后超额储备金迅速增长，原本银行可以用这些储备金来发放贷款，但实际上没有。[35] 到 2009 年 1 月，银行持有的超额储备金接近 8 000亿美元，到 11 月超过 1 万亿美元。银行发放的贷款很少，不是因为它们没有能力发放贷款，而是显然它们找不到理想的借款人。受实体经济衰退的影响，发放贷款给企业变得风险重重。

（10 亿美元）

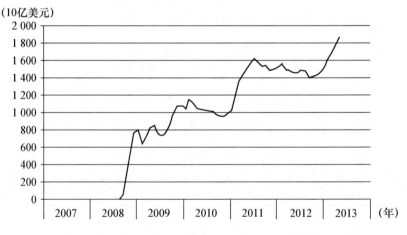

图 5 - 8　存款机构月度超额储备金，2007—2013 年

注：数据截至 2013 年 5 月。
资料来源：圣路易斯联邦储备银行经济研究中心，2013。

151　　2008 年 1 月开始的实体经济衰退一直持续到 2009 年 6 月，2009 年第三季度才开始恢复。这是自大萧条以来，除 1945—1946 年战后短暂但严峻的经济调整之外，美国最严重的一次危机。[36] 在经济衰退最初的 12 个月之内，全球产出和全球贸易收缩的速度比 20 世纪 30 年代大萧条最初 12 个月

内的收缩还要快（Eichengreen and O'Rourke, 2009）。但是，一年之后，即
2009 年，政府的大规模干预缓和了危机。

表 5 - 2 把 2008—2009 年经济衰退与美国第二次世界大战后经历的 10
次经济衰退做了比较。以 GDP 下降幅度、持续时间和失业率上升来衡量的
话，2008—2009 年经济衰退是最严重的一次。2009 年 10 月，失业率高达
10.0%。2009 年 6 月，制造业产能利用率下降至 64.0%，这比 1948 年之后
的最低水平（1982 年 12 月）还要低将近 4.5 个百分点。这次经济大衰退
是战后唯一一次政府借助刺激计划来应对的经济衰退。如果没有政府援助，
这次经济衰退可能会更加严重，持续时间更长。

表 5 - 2　　　　　　　1948 年之后美国的 11 次经济衰退　　　　　　*152*

经济衰退	（1）GDP 下降	（2）持续月数	（3）失业率上升（百分点）
1948—1949 年	− 1.6%	11	4.5
1953—1954 年	− 2.5%	10	3.6
1957—1958 年	− 3.1%	8	3.8
1960—1961 年	− 0.5%	10	2.3
1969—1970 年	− 0.2%	11	2.7
1973—1975 年	− 3.2%	16	4.2
1980 年	− 2.2%	6	2.2
1981—1982 年	− 2.6%	16	3.6
1990—1991 年	− 1.4%	8	2.6
2001 年	0.7%	8	2.5
2008—2009 年	− 4.7%	18	5.6
到 2001 年平均	− 1.7%	10.4	3.2

资料来源：美国经济分析局，2013 年，NIPA 表 1 - 1 - 1；美国国家经济研究局，2013；
美国劳工统计局，2013。

危机从美国迅速扩散到其他许多国家。表 5 - 3 列出了 14 个主要国家
的 GDP 增长率和失业率。以 GDP 下降幅度来衡量的话，危机最严重的是
俄罗斯、冰岛、爱尔兰、意大利和日本。中国的 GDP 增长在 2008 年开始
慢下来，但仍保持强健，这将在下文专门讨论。巴西只遭受了轻微收缩。
这场危机主要是发达国家的危机。2009 年，失业率上升最多的国家是西
班牙、爱尔兰、冰岛和美国。在本章下一部分我们将看到，2009 年之
后，危机所影响的国家发生了转移。接下来我们将讨论德国失业率下降
的趋势。

153 表 5 - 3　　　　　　　　　14 个国家国内生产总值变化及失业率

	2007 年	2008 年	2009 年	2010 年	2011 年	2012 年
国内生产总值变化百分比（%）						
巴西	6.1	5.2	- 0.3	7.5	2.7	0.9
加拿大	2.1	1.1	- 2.8	3.2	2.6	1.8
中国	14.2	9.6	9.2	10.4	9.3	7.8
法国	2.3	- 0.1	- 3.1	1.7	1.7	0.0
德国	3.4	0.8	- 5.1	4.0	3.1	0.9
希腊	3.5	- 0.2	- 3.1	- 4.9	- 7.1	- 6.4
冰岛	6.0	1.2	- 6.6	- 4.1	2.9	1.6
爱尔兰	5.4	- 2.1	- 5.5	- 0.8	1.4	0.9
意大利	1.7	- 1.2	- 5.5	1.7	0.4	- 2.4
日本	2.2	- 1.0	- 5.5	4.7	- 0.6	2.0
俄罗斯	8.5	5.2	- 7.8	4.5	4.3	3.4
西班牙	3.5	0.9	- 3.7	- 0.3	0.4	- 1.4
英国	3.6	- 1.0	- 4.0	1.8	0.9	0.2
美国	1.9	- 0.3	- 3.1	2.4	1.8	2.2
失业率（%）						
巴西	9.3	7.9	8.1	6.7	6.0	5.5
加拿大	6.1	6.2	8.3	8.0	7.5	7.3
中国	4.0	4.2	4.3	4.1	4.1	4.1
法国	8.4	7.8	9.5	9.7	9.6	10.2
德国	8.8	7.6	7.7	7.1	6.0	5.5
希腊	8.3	7.7	9.4	12.5	17.5	24.2
冰岛	1.0	1.6	8.0	8.1	7.4	5.8
爱尔兰	4.7	6.4	12.0	13.9	14.6	14.7
意大利	6.1	6.8	7.8	8.4	8.4	10.6
日本	3.8	4.0	5.1	5.1	4.6	4.4
俄罗斯	6.1	6.4	8.4	7.5	6.6	6.0
西班牙	8.3	11.3	18.0	20.1	21.7	25.0
英国	5.4	5.6	7.5	7.9	8.0	8.0
美国	4.6	5.8	9.3	9.6	8.9	8.1

　　资料来源：国际货币基金组织，2013a。

　　有些分析师认为，美国对外账户的极大不平衡最终会引发一场大危机。
154 如图 4 - 17 所示，2000 年后美国贸易逆差迅速上升，2005—2007 年间贸易
逆差上升到 GDP 的 6% 强。大量境外资本流入美国为平衡这一逆差提供了
资金。有些分析师认为这一过程是不可持续的。但是，在 2008 年危机出现
的时候，美元价值是上升而不是下降了。如果是贸易（或经常账户）逆差

引起危机，那么美元的价值应该一落千丈才对。从 2008 年 7 月到 11 月，随着危机加深，美元的贸易加权价值继续上升而不是下降，一直到 2009 年 4 月都保持相对稳定，此后开始逐渐下降，一直持续到 2011 年夏，然后又重新上扬。虽然美国的巨额贸易逆差是不可取的，因为这意味着世界上最富裕的国家从更穷的国家借钱，以维持它的消费大于产出，但世界其他国家的公共投资者及私人投资者仍然愿意继续为美国贸易逆差提供资金。主要原因在于，投资者把美元看作不稳定时期的一个安全港。

应对危机的即时反应

随着美国最大银行面临破产倒闭，政府立即采取行动。2008 年 9 月 19 日，布什总统的财政部部长亨利·保尔森开始与国会就大银行救助问题进行谈判。提交国会的 7 000 亿美元 "问题资产救助计划"（TARP）遭到共和党和民主党的共同反对。9 月 29 日众议院投票结果为 228 比 205，提案未获通过。随即众议院被施以巨大压力，包括被警告若不通过该计划则金融系统将崩溃，于是这一计划最终获准，并于 10 月 3 日成为法律。该计划批准政府初期投资 2 500 亿美元，用于救助濒临破产的银行，同时延长联邦存款保险公司的担保期限，包括所有投保银行优先债务担保期限和此前未投保的企业无息存款担保期限。该计划还批准美联储购买由信用等级良好的公司发行的无担保商业票据。[37]

1907 年大恐慌时期，摩根曾把当时的主要银行家锁在自己的私人图书馆里。2008 年 10 月 13 日，财政部部长保尔森重演了这一幕，他把美国 9 家最大银行的首席执行官带到他富丽堂皇的会议室里。保尔森把事先准备好的声明递给他们，告诉他们必须签字才能离开。9 个人都签了名，同意接受政府对其银行的救助，包括接受政府持有（无法控制的）其股权。[38] 与此同时，美联储也积极介入，免费贷款给银行，购买各种金融行业证券。到 11 月底，美国政府以拨款、贷款、投资和抵押的形式，为金融行业投入了约 7.8 万亿美元。[39] 2009 年投入数额上升至约 14 万亿美元。

对大型机构的救助逐步扩展到金融行业之外。2008 年 12 月，美国最大制造公司通用汽车公司将要破产之际，布什政府为其提供了超过 130 亿美元的贷款。奥巴马总统上任之后，政府继续向通用公司注入了更多资金，并获得该公司 61% 股权，实际上使其国有化了。[40]

大型金融机构及作为最负盛名的工业巨头之一的通用，出乎意料地几近破产，随后是前所未有的政府救助，这对社会产生了深远影响。实体经济的迅速衰退使情况更加糟糕。如图 5 - 9 所示，失业率直线上升。图 5 - 10 表明，2008 年 9—10 月间，每月有超过 45 万个工作岗位消失；11—12 月，每月有超过 70 万个工作岗位消失，这些数字在各大媒体定期播报。经济形势似乎一落千丈。

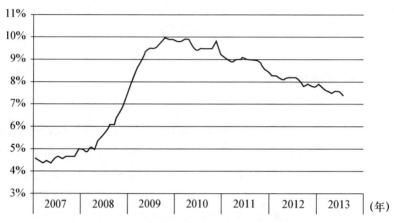

图 5 - 9　月度失业率，2007—2013 年

资料来源：美国劳工统计局，截至 2013 年 7 月。

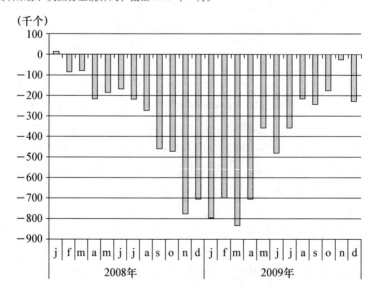

图 5 - 10　月度工作岗位增加或减少，2008—2009 年

（图中字母 j - d 为 1 - 12 月。——译者注）
资料来源：美国劳工统计局，2013。

　　几十年以来，人们一直被告知，自由市场资本主义是一种自我调节的制度，这是不会有问题的。以往政府干预经济的时代已经结束了。社会普遍认为，公司和家庭的成败都取决于自身的努力程度。现在经济似乎要崩溃了，政府正在拯救最大的银行和其他金融机构。权威人士注意到金融机构救助计划的名称——"问题资产救助计划"，这个名称本身就留下了一个悬而未决的问题：为什么只有问题公司的资产得到救助，而陷入困难的中低收入家庭却得不到这种明显的救助？

　　凯恩斯，或者不如说是与其名字有关的政策理念，突然死灰复燃。政府必须要有所作为的呼声越来越高。一些以前拥护新自由主义政策的主要经济学家开始鼓吹凯恩斯主义。哈佛大学经济学教授马丁·费尔德斯坦（Martin Feldstein）以其支持新自由主义"挤出"假设的研究而闻名。该假 *156* 设认为，政府增加公共开支只会减少（"挤出"）等值的个人开支，而对GDP没有刺激作用。也就是说，扩张性财政政策并不能使经济扩张。但在形势严峻的 2009 年 1 月，费尔德斯坦在旧金山举行的北美经济学家年会上，对挤满会场的听众说，对抗日益严重的经济衰退的唯一办法就是扩张性财政政策。他呼吁每年投入 3 000 亿～4 000 亿美元刺激市场，旨在增加总需求，通过增加政府开支来实现"举重"，而不只是减税。[41]他没有解释为什么自己放弃了长期坚持的财政政策无效的立场。有人开玩笑说："在危机时期，我们都是凯恩斯主义者。"

　　并非所有主流新自由主义经济学家都倡导凯恩斯主义措施。有些人坚持其长期坚持的理论，尽管这些理论似乎与形势相矛盾。他们谴责被他们称作"伪凯恩斯理论"的复活，为他们的一些同人抛弃新自由主义经济学而扼腕叹息。芝加哥大学经济学系的凯西·马利根在 2008 年 10 月 10 日的一篇专栏文章中坚持认为，银行业对经济的意义是边缘性的，金融系统 *157* "如今比过去更有弹性"。经济"并不真的需要政府救助"，因为"经济的基础是强健的"（Mulligan，2008）。[42]但是，2008 年后期到 2009 年初，随着主流观念突然转向凯恩斯主义经济学，这种观点未被理睬。人们对凯恩斯主义左翼经济学家海曼·明斯基（Hyman Minsky）的著作重新燃起兴趣，有人开始声称"明斯基时代"到来了。明斯基从 20 世纪 60 年代开始写文章，警告说市场经济下的金融体系具有内在的不稳定性和危机倾向的本质。甚至主流媒体也主张，经济危机的频发表明卡尔·马克思关于资本主义具有自我毁灭倾向的观点终究是对的，不过总要加上一条评论——称马克思关于社会主义的观点当然早就被证明是错误的。

　　最沉重的时刻可能是 2008 年 10 月 23 日，艾伦·格林斯潘出现在国会

158
委员会面前之时。格林斯潘在 1987 年到 2006 年间担任美联储主席,以金融系统的顶尖分析家和睿智的监督者著称。他曾经积极推进放松金融管制。这位保守派作家艾恩·兰德(Ayn Rand)的信徒向委员会坦承:"指望以放贷机构自身利益来保护股票持有者股权的人,包括我自己,都很震惊,不敢相信。"一位委员问格林斯潘,他长期持有的个人主义意识形态是否导致他作为美联储主席做出一些糟糕的决定,他回答道:"是的,我发现了一个缺陷……我对这一事实感到非常沮丧。"[43]

2009 年早期,二十国集团中有 19 个国家采取了经济刺激计划,即扩张性财政政策。[44]美国总统奥巴马和民主党议员在国会推动通过了《2009 年美国恢复和再投资法案》(American Recovery and Reinvestment Act of 2009),并于 2 月 17 日签署生效。此项刺激计划需要7 870 亿美元,用于开支和平衡减税,主要集中于基础建设、教育、医疗保健、绿色科技以及提供失业救济金。该项资金期限为两年,因此每年的经济刺激数额是一半,即 3 935 亿美元。政府预测此项法案将创造 350 万工作岗位。

有些经济学家认为这一经济刺激计划规模太小。到 2009 年 2 月,失业率猛增到 8.3%,相当于正式失业的人数达到 1 290 万。不过,即使没有政府的经济刺激,每个月也会产生超过 60 万工作岗位。当时,诺贝尔奖得主保罗·克鲁格曼估算,这项刺激计划只有约 6 000 亿美元是"真正的刺激"。6 000 亿美元在两年中平分的话,也就是平均每年 3 000 亿美元。他认为这一数额太少,远远不足以填补个人支出下降的空缺(Krugman,2009b)。[45]每年 3 000 亿美元刺激消费看起来似乎很多,但其实只占 GDP 约 2.1%。而到 2009 年第二季度,实际消费和投资支出从之前的峰值下降到占 GDP 的约 8.4%。[46]

与美国的经济刺激计划相比,中国政府应对危机的措施是很有效的,这表明克鲁格曼的批评是正确的。中国的 GDP 增长率之前都是两位数,2008 年后期,随着中国对美国和欧洲出口迅速减少,其 GDP 增长率开始迅速下降。中国经济快速增长主要有赖于 2001 年以来出口的快速增长(Zhu and Kotz,2011)。中国比其他国家更早做出反应,于 2008 年 11 月宣布了一项 5 860 亿美元的基础建设投资计划。这项计划相当于过去两年中每年 GDP 的约 7%。[47]比较而言,以克鲁格曼估算的两年实际刺激共 6 000 亿美元来计算,相对于美国 GDP 而言,美国的经济刺激计划不到中国经济刺激计划的 1/3。经济刺激计划推出后,中国经济迅速恢复到每年增长 9%~10%。[48]

美国经济刺激计划虽然规模过小,但无疑也减轻了经济衰退的严重程度,带来了缓慢的经济复苏。政府及主要独立分析师估算了到 2010 年第二

159

季度经济刺激对 GDP 所产生的效果——比没有经济刺激高出 2.1% ~ 3.8%。对就业而言，这一估算意味着到 2010 年第二季度将新增 180 万 ~ 250 万个工作岗位（Council of Economic Advisors，2013，13）。但是，此项经济刺激规模仍不够大，不足以带来强有力的经济复苏，不足以把失业率降低到可接受的水平。这为对手创造了转向凯恩斯主义政策的机会。在美国，大规模政府开支计划总是会引起公众质疑。调查表明，大多数人会赞成大部分公共开支，但是绝大多数人会反对政府开支。经济刺激计划的批评者指出，在经济刺激计划生效之后，经济形势和就业市场仍然糟糕。他们宣称经济刺激计划已经失败了。现实情况将经济刺激计划的拥护者推到一个尴尬的处境，后者只能辩称，尽管经济形势糟糕，令人失望，但是如果没有经济刺激计划，情况会更加糟糕。公众对经济刺激计划的不良反应，是导致主要经济政策模式出乎意料发生转向的主要原因，甚至是最根本的原因。这种转向就是以"财政紧缩"的名义重回新自由主义政策。接下来我们将讨论紧缩转向。

银行救助和经济刺激计划是政府应对危机的五大主要举措之二。其余三大举措是美联储货币政策的转向、金融管制法案以及住房抵押贷款救助计划。危机刚一开始，在美联储主席本·伯南克的领导下，美联储政策立场就转向扩张性创新型货币政策。美联储将短期利率下调至接近零，并且保持了好几年。此外，美联储抛开传统的货币政策工具，采取所谓"量化宽松"的政策，购买长期债券，这可以直接降低长期利率。虽然这些举措能够刺激企业和家庭开支，但凯恩斯主义者认为，在 2008—2009 年这般严重的衰退中，扩张性货币政策的有效性可能非常有限。当需求受到严重抑制，企业产能大量过剩时，低利率本身不太可能导致企业或家庭增加很多新的开支。伯南克经常声称美联储是在尽自己的职责，但是要想帮助经济迅速复苏，国会和白宫也要努力。

政府应对危机的第四大举措是结构性的。为预防金融危机重现，民主党多数派向国会提交《多德-弗兰克华尔街改革与消费者保护法案》（Dodd-Frank Wall Street Reform and Consumer Protection Act），该法案最终于 2010 年 7 月 21 日经总统签署生效。该法案使政府监管金融机构合理化，并适当增加了政府监管。该法案包含"沃尔克规则"，该名称源自美联储前主席保罗·沃尔克。该规则禁止联邦保险的银行用自有账户从事证券交易。法案中的大多数新规则比较空泛，细则留给了监管机构来补充完善。法案通过之后，金融机构说客纷纷涌向监管机构。该法案的批评者宣称，法案通过后所出台的新监管规则软弱无力，效果微弱。

政府应对危机的第五大举措是为住房抵押贷款重负之下的房主减轻压力，同时复兴严重受挫的住宅建设行业。2009 年 2 月 17 日，奥巴马政府启动了 750 亿美元的住房抵押贷款救助计划，这项计划是由 7 000 亿美元的"问题资产救助计划"提供资金。住房抵押贷款救助计划旨在帮助 900 万无力偿还月供的房主——他们的房屋价值大幅下跌。然而，虽然该计划鼓励提供贷款的金融机构积极参与，但后者参与与否纯属自愿（Luhbi，2009）。此次不同于银行救助，财政部没有召集贷款提供方开会，并命令他们签字。2009 年 12 月，众议院一委员会揭露，只有 68 万借款人获得修订贷款合同的机会，只占目标人数 900 万的 7.6%，而贷款的房主中有 14% 违约或丧失房屋赎回权。[49]

缓慢复苏

美国经济于 2009 年 6 月触底，同年 7 月经济开始正式复苏。但是复苏非常缓慢。通常，在特别严重的经济衰退之后，经过缓慢而稳健的就业增长，经济会强有力地反弹。但这次复苏远远不同寻常。

表 5－4 栏 1 表明了从 2009 年第二季度经济衰退低谷到 2013 年第一季度期间 GDP 及其要素的增长率。对于经济复苏期而言，每年 2.1% 的 GDP 增长率显然太慢了。[50] 消费性支出的增长同样缓慢。通常，在严重经济衰退之后企业固定投资会迅速增长。例如，在此前两次严重经济衰退中，即 1974—1975 年及 1981—1982 年经济衰退，跌入低谷之后 3 年中，企业固定投资分别以 10.3% 和 7.4% 的速度增长（U.S. Bureau of Economic Analysis, 2013，NIPA Table 5.2.6）。而 2009 年衰退低谷之后的复苏期，企业固定投资年增长率仅为 5.2%。这一增长率并不算低，但比此前的增长率要低得多。经济衰退时期，联邦政府消费与投资都极大上升，但在复苏期反而下降了，而州政府和地方政府下降得更快，这也会减慢经济复苏的速度。

表 5－4 栏 2 表明了，2013 年第一季度与 2007 年第四季度危机之前的峰值相比的经济情况。在经过五年多的恢复之后，GDP 增长率只比危机前的峰值高出 3.0%。企业固定投资在跌入低谷之后，每年 5.2% 的增长率不足以使其恢复到以前的峰值——仍比危机之前低 4.3%。尽管有人宣称联邦政府开支过多，但 GDP 中联邦政府要素只比危机前夕的水平高出 6.5%。GDP 中政府要素整体比 2007 年后期的水平更低，因为州政府和地方政府在大型消费和投资方面的能力下降了。

表 5 - 4	经济衰退结束之后美国经济复苏	
	（1）	（2）
	低谷之后年增长率	前一峰值之后总变化
GDP	2.1%	3.0%
消费性支出	2.1%	4.4%
企业固定投资	5.2%	- 4.3%
住宅投资	4.9%	- 23.7%
出口	6.4%	13.0%
进口	6.1%	1.5%
政府消费与投资	- 1.7%	- 1.1%
联邦政府	- 1.2%	6.5%
州政府和地方政府	- 2.0%	- 5.5%

注：数据截至 2013 年第一季度。栏 2 中，尽管联邦政府消费与投资增长额超过州政府和地方政府下降额，但政府总消费和投资是下降了，因为州政府和地方政府的数额远大于联邦政府的数额。

资料来源：美国经济分析局，2013 年，NIPA 表 1 - 1 - 6。

从 2008 年 1 月就业峰值到 2010 年 2 月这一波就业率下降的最后一个月，共有 870 万个非农业岗位消失，这些消失的岗位并未得到弥补。到 2013 年 7 月，全国仅增加了 670 万个工作岗位。

官方统计的失业率忽略了那些因为找不到全职工作而做兼职工作的人以及那些想要工作但放弃找工作的人（他们被认为是"准就业劳动力"）。*162* 图 5 - 11 显示了"就业不足率"的具体情况，即涵盖上述情形。2009 年 10 月该比例达到 17.1%。2009 年 9 月正式失业人数上升到 1 500 万，2010 年

图 5 - 11　月度失业率，2007—2013 年

注：包括正式失业者、由于经济原因兼职工作者以及准就业劳动力。时间截至 2013 年 7 月。
资料来源：美国劳工统计局，2013，表 A - 15。

12 月下降到 1 440 万，2013 年 7 月为 1150 万。在 2009—2011 年的三年间，覆盖面更广的"就业不足"的数量在 2 500 万~2 600 万之间，到 2012 年下降至 2 310 万（U. S. Bureau of Labor Statistics，2013）。

危机时期，长期失业者（超过 26 周未就业）的数量也大幅增加。图 5－12 表明了长期失业者的规模。该数值从 2008 年开始迅速上升，此后一直保持高水平。就业增长缓慢，使就业与劳动年龄人口之间的关系呈现令人不安的趋势。图 5－13 表明经济衰退期间劳动年龄人口就业率大幅下降，这一趋势在 2009 年开始的复苏期间也没有反弹。这表明数百万人由于缺少工作岗位而被挤出劳动力市场，这将影响其终身就业机会。

如图 5－14 所示，到 2012 年，中等收入家庭仍未从经济衰退的影响中恢复过来。在经济衰退结束之后，其收入继续下降，到 2012 年，其收入比 2007 年低 8.4%，为 1995 年以来的最低值。2009 年以来经济恢复期股利收入主要集中在收入分配的顶层。从 2009 年至 2012 年，美国实际家庭股利收入的 95% 集中在最富裕的 1% 家庭，只有 5% 的股利收入留给其余 99% 的家庭。从另一个角度来看，这一时期，顶层 1% 的家庭收入增长了 31.4%，而其余 99% 的家庭收入增长仅为 0.4%（Saez，2013，1）。[51]

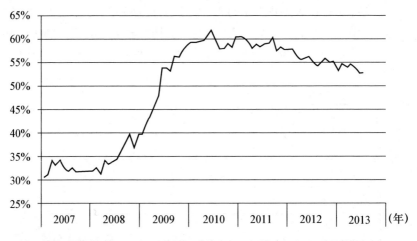

图 5－12　长期失业者占所有失业者的月度比例，2007—2013 年

资料来源：美国劳工统计局，2013，表 A－15，截至 2013 年 7 月。

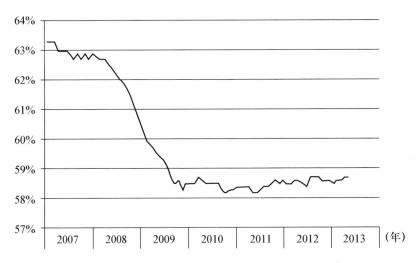

图 5 - 13 劳动年龄人口月度就业率，2007—2013 年

资料来源：美国劳工统计局，2013。截至 2013 年 7 月。

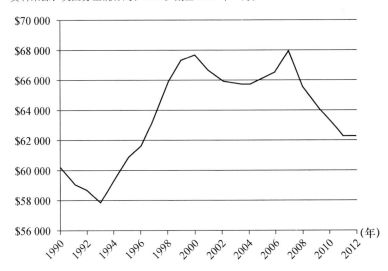

图 5 - 14 中等收入家庭收入（以 2012 年美元价值为基准），1990—2012 年

资料来源：美国人口普查局，2013，历史收入表，表 F - 8。

在这些枯燥的统计数据背后，是经济衰退期和复苏期许多底层民众经历的苦难生活。2008 年 11 月危机爆发初期，科罗拉多州一对农场主夫妇宣布，任何人都可以来农场拿走他们采收之后剩余的蔬菜。让他们意外的是，超过 4 万人来到农场，把地里剩余的蔬菜采摘得一干二净。[52] 农业部的一项调查证实美国出现了大规模饥荒。这项调查表明，2012 年近 4 900 万人

165

141

"食物得不到保障",这意味着有些家庭成员"一年当中不能持续获得充足的食物"[53]。

研究发现,自杀率随着失业率的上升和下降而变化。一项研究估计,与之前相比,2007—2012年间,美国发生了4 750起"额外"自杀事件,而失业率最高的州自杀率也更高(Stuckler and Basu,2013)。上文我们看到长期失业人数保持在创纪录水平。据报道,许多雇主更愿意雇用新就业者或兼职者。据2013年7月美国劳工统计局的数据,55~64岁年龄段的求职者再找一份工作平均需要46周时间,而他们再就业之后薪水平均减少18%。[54]

166　　德国政府应对危机的举措不同于美国,这反映出德国工人和工会的影响力要大得多。2009年德国GDP下降比美国更严重,下降率为5.1%。但是2008年失业率不是上升,而是下降了。如表5-3所示,2009年德国失业率仅上升0.1个百分点。这是政府实行资助项目的结果。政府资助大企业留住工人,而不是让工人下岗。[55]相反,美国政府救助通用汽车公司并使之国有化时,让通用公司解雇了21 000名工人。[56]

财政紧缩

经济衰退结束之后,美国以及全球许多其他国家的经济依然被顽固的经济停滞所困扰(见表5-3)。在一定程度上,这是又一次经济决策范式突然转向的结果。凯恩斯时刻不过是昙花一现,新自由主义思想和政策卷土重来,这一次它裹上了"财政紧缩"的外衣。2009年春夏之交,要求削减政府开支的呼声越来越高,发出呼声的有经济学家、政策分析师以及美国和欧洲国家的政府公务员。

新的政策方针集中于解决巨大的政府赤字和不断上升的政府债务与GDP的比率,这种情况出现在所有受经济衰退影响的国家。危机开始之前的几年,二十国集团中几乎没有哪个国家出现过极大的政府赤字。但经济骤然衰退带来了巨大的赤字,因为税收随经济活动而下降,而失业救济金和其他社会项目的开支自然上升。随后经济刺激计划进一步增加了公共赤字。一些政策分析师和官员以前就认为,政府赤字以及由此引发的日益增长的公共债务是当今最严重的经济问题。现在,他们得到了越来越多有影响力的大人物的声援,大众媒体很快便开始把财政紧缩看作无可置疑的真理。

此刻，曾在 2008 年后期和 2009 年早期极力支持政府刺激计划的个人和机构突然就改变了观念，转而支持财政紧缩。马丁·费尔德斯坦教授在 2009 年 1 月曾表示支持经济刺激计划。虽然他一直没有宣布放弃这一主张，但在 2010 年 1 月，他开始警告联邦政府债务增长存在危险，并呼吁削减公共支出。[57] 2009 年 1 月，全美商会主席托马斯·J. 多诺霍（Thomas J. Donohue）曾督促政府通过经济刺激计划，包括针对失业者和基础建设投资的项目。2010 年 11 月共和党在众议院选举中获胜之后，全美商会立即发布以下申明："美国人民已经向华盛顿发出强有力的信息……选民强烈拒绝更多的政府开支。"（U. S. Chamber of Commerce，2010）

2010 年国会选举中共和党接管众议院，这在某种程度上是社会公众反对扩大政府开支和增加税收的结果，当时新"茶党"运动促使共和党候选人宣布放弃"大政府"。大众媒体在政策转向上也发挥了作用，它们主观臆断巨大的赤字和公共债务增长是危险的，并经常大肆渲染。公共开支和赤字增长导致"预算危机"的观点被认为是真理。这与凯恩斯主义观点正好相反，凯恩斯主义认为公共开支和赤字增长是严重经济衰退或缓慢经济复苏时期唯一有效的良药。以下从《纽约时报》经济报道中摘录几句话作为佐证：

> 毫无疑问，美国长期的预算危机问题已经很严重了，解决这一问题刻不容缓……所有新的政府债务可能会对利率产生上行压力。利率即便上升一点点，也会产生巨大影响。

> 如果不在一段时间实行财政紧缩，如果不做出重大变化，欧洲便再也无法负担舒适的生活方式（政府提供的巨大社会福利）。

> 在华盛顿及国外，反对**赤字膨胀**的政府开支的声音越来越多（黑体为作者所加）。[58]

对财政紧缩的要求使人想起美国新政之前主导的经济政策理念：面对经济衰退引起的财政赤字，一般认为"合理的政策"就是削减开支和（或）提高税收，同时等待市场机制"自然"纠正，以复苏经济。在美国，对于这种思想倾向的突然改变，奥巴马政府的回应是一种看似相互矛盾的双重立场。它一方面支持继续实施政府的刺激方针，另一方面认为削减主要社会项目，包括一些广受欢迎的项目如社会保障和医疗保险，是包括对富人征重税在内的"大妥协"的一部分。如果削减开支和增加税收的政策推迟到经济全面复苏之后，这种组合方法便是不矛盾的。

共和党议员对任何增加税收的政策都采取坚定的反对态度，要求立即大幅削减公共开支。2010 年之后，奥巴马政府刺激经济的进一步计划在众议院受阻。2011 年，GDP 中的联邦政府要素（扣除通货膨胀）同比下降。2011 年为 -2.2%，2012 年也是 -2.2%。而联邦政府开支总额（扣除通货膨胀）在 2009 年之后就停止增长了。2013 年 3 月，民主党议员和共和党议员之间的预算僵局导致联邦政府开支在"自动削减"的规则之下全面减少。在此后的 10 月，联邦政府部分机构关闭 16 天。这迫使政府采取财政紧缩政策，尽管它比有些欧洲国家的财政紧缩更温和。

在几个欧洲国家，财政紧缩非常严厉。欧洲中央银行和其他欧盟机构强令希腊、爱尔兰和西班牙大举削减公共开支。其结果可见表 5-3。2013 年希腊进入其连续紧缩的第六年，2012 年 GDP 比 2007 年下降了约 20%。希腊的失业率在 2012 年达到 24.2%，其中青年失业率据称超过 50%。爱尔兰陷入停滞，失业率在 2012 年达到 14.7%。2012 年西班牙失业率为 25%。[59]

支持财政紧缩的理由

亲财政紧缩立场是新自由主义经济学家为重新阐释危机产生的原因而做出的选择。对大多数观察者而言，私营企业似乎是自我毁灭的。但这与新自由主义理论正好相反。新自由主义理论坚持认为，资本主义经济在本质上是稳定的，出现严重问题只能是源于国家的错误行动。新自由主义经济学家提出了由国家而非私营企业导致危机的三种解释。

第一种也是最主要的解释是，人们认为美联储在 2000 年后错误地把利率控制得太低，随之而来的货币贬值引起房地产泡沫，房地产泡沫破裂导致危机。当然，在这一时期，美联储主席艾伦·格林斯潘是新自由主义思想的信徒，但这一点被忽略了，因为美联储是国家机构①。如果危机可以归罪于美联储，那么私营企业就能摆脱干系。

证据并不支持这一解释。博斯沃思和弗莱恩（Bosworth and Flaaen，2009）就这一点提供了很有说服力的论据。从 20 世纪 50 年代以来，扩张性货币政策一直是应对经济衰退的常规政策。2002—2003 年，经济正从 2001 年的衰退中复苏时，美联储把短期利率控制得很低，但自 2004 年起，随着经济增长开始提高短期利率，沿用传统货币政策。一直到 2007 年，短期利率稳步上升。2001—2007 年间，长期利率保持在相对较高的水平。历

---

① 美联储实质上并非国家机构，而是私人机构。——译者注

史上也曾有过短期利率与这一阶段一样低的时期，比如20世纪50年代早期至中期，但那时没有出现过资产泡沫。虽然利率低有利于资产泡沫的发展，但证据表明，利率低并不是资产泡沫的根本原因，其根本原因在于经济结构。

新自由主义者提出的对危机的第二个解释是，两个"政府机构"——房利美和房地美，通过发明所有那些高风险次级住房抵押贷款支持证券引起了危机。两家公司的这种行为可归因于其假定的政府企业性质，以为这样便无须担心失败。这种解释是基于对这两大政府支持机构性质的误解，同时也是对有关次级住房抵押贷款支持证券快速增长的事实无知的结果。房利美于1968年已完成私有化，此后一直为私人股东所有。

2005年之前，这两家公司基本没有参与次级抵押贷款证券化的业务。但在2005年，它们受到了抵押贷款公司和公司股东的压力。房利美因不愿大规模参与次级抵押贷款证券化，所以在2004年损失了56%的贷款再出售业务——这些业务被华尔街各机构及其他竞争对手抢走。一位持有房利美股份的对冲基金经理打电话给房利美的首席执行官丹尼尔·马德（Daniel Mudd）说："你是傻了还是瞎了？你的工作就是给我赚钱！"据说，主要次级抵押贷款设计人美国国家金融服务公司的总裁安杰洛·莫兹罗曾威胁 *170* 警告马德说，如果房利美不开始接收美国国家金融服务公司的高风险抵押贷款，他就结束与房利美的业务关系，然后绕过房利美，直接去华尔街证券化。据传闻，莫兹罗曾说："你们已经不再重要了……你们需要我们更甚于我们需要你们。如果你们不接收这些贷款，你们会发现自己损失的要多得多。"马德最终向股东和市场压力让了步，在2005—2008年间，购买或担保了至少2 700亿美元的高风险贷款，这比此前所有年份累加起来的还要多3倍有余。[60]

新自由主义对危机的第三种解释把矛头指向了1977年的《社区再投资法案》（Community Reinvestment Act）。该法案要求商业银行和储蓄银行采取措施，为其辖区的信贷需求提供服务。人们认为这一法规具有误导性，它要求银行给低收入人群发放不安全贷款，因而导致了金融危机。但是，这种解释忽略了真正的事实。在次级抵押贷款时期的峰值年份，约75%的高价贷款并不是由《社区再投资法案》所覆盖的机构发放，而是由该法案未覆盖的住房抵押贷款公司和银行附属机构发放（Barr and Sperling, 2008）。

尽管新自由主义对金融危机的解释有漏洞，但这些解释却为新自由主义经济学家所接受。对公共政策更为重要的，不是新自由主义经济学家对危机的解释，而是他们对财政紧缩必要性的解释。他们有三个经济学论据来支持财政紧缩，只是这三个论据都是基于他们所想象的经济危害。他们认为，这些经济危害是由当年度政府巨大的预算赤字，或高赤字时期引起的债务与 GDP 的高比率所造成的。[61]

这三个经济学论据中被引用最广的是挤出假设。该假设主张，如果政府提高支出，使之高于税收收入，那么它就必须借钱以弥补差额，这反过来又会提高利率。利率升高会减少私人投资，减少的数额等于政府开支增加的数额。因此，由赤字支撑的政府开支增加只会挤出等值的私人投资，它对 GDP 没有实际增益，只是使 GDP 的成分发生了变化，部分私人支出转为公共支出。

评论家指出，在大量工人失业和产能闲置的情况下，挤出是不会发生的。美联储可以通过扩张性货币政策控制利率不上升，而且由赤字支撑的政府开支增加会扩大经济总需求。私人投资有可能会增加，而不是减少，因为收入因政府开支而增加的那些人会把所增加的收入用于再投资和消费。据挤出理论的批评者所说，只有在完全就业的情况下，由赤字支撑的政府开支才是无效的，因为那样的话 GDP 无法进一步增加。2008 年及其后一段时间的情况似乎是支持这些批评者的。在上文我们看到，随着政府赤字开支增加，利率被美联储压到历史新低，企业固定投资随着时间的推移而增加。[62]

财政紧缩拥护者的第二个论据是，赤字支撑的开支会引起通货膨胀。这一说法的根本原因有好几个版本，但批评者认为都没有依据，除非经济发展过程中实现了全面就业或将近全面就业。至于挤出假设，2008 年以来的证据对这一观点是不利的。经常有人警告称通货膨胀可能马上来临，但是，尽管有着巨额赤字，预计的通货膨胀却顽固地拒绝出现。从 2009 年 6 月大衰退结束，经济开始复苏，一直到 2013 年 9 月，CPI 的上升率创历史新低，每年仅为 2.0%，尽管在此期间联邦政府有着巨额赤字（U. S. Bureau of Labor Statistics，2013）。

第三个论据是以高债务率对 GDP 增长的影响为核心。财政紧缩拥护者警告，如果政府债务与 GDP 的比率超过一定水平，长期经济增长就会放缓，甚至变成负增长。简单地说，就是未来偿还债务将消耗原本可以用于投资的资源，而投资对经济增长至关重要（那种"我们不应该给孙辈增加负担"的论点）。但是，也有正好相反的观点——如果赤字支出确实刺激经济增长，那么，高债务可能与更快增长是有关联的。而且，因为公共债务由国家居民所承担，偿还债务就是对居民收入进行再分配，不会影响到实际用于投资的资源。

事实上，要获得关于公共债务率和长期增长情况之间关系的可靠证据很难。一些债务批评者只是警告说，美国公共债务率正在接近第二次世界大战结束时所达到的水平，当时的资金都是政府借贷来的。虽然其危险众人皆知，但正如上文所见，虽然 1946 年美国的公共债务率高达 GDP 的 *172* 98.0%，但随之而来的却是美国历史上经济增长最迅速、分配最平等的 25 年。因此，这种高债务率带来的危害并不明显。如图 5－15 所示，在 1946—1973 年间，美国联邦债务率从 98.0% 下降到 20.4%——但这并不是债务偿还的结果，而是因为 GDP 比债务增长得更快。尽管 1973 年债务率极大下降，但那时的未偿还债务总额比 1946 年还要多 22%。

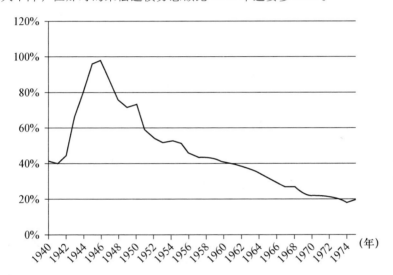

图 5－15　美国公众持有的联邦债务占 GDP 百分比，1940—1975 年

资料来源：美国行政管理和预算局，2013，表 7－1。

两位哈佛大学教授卡门·莱因哈特和肯尼斯·罗格夫于 2010 年发表论文宣称，基于对多个国家的数据分析，公共债务率超过 GDP 总量 90% 导致了长期经济增长极大减慢。[63] 他们总结说："这表明传统债务管理问题应该是公共政策考量中最重要的问题。"（Reinhart and Rogoff，2010，575，578）这一研究被政策分析员和政府官员广泛引用，作为若不实行财政紧缩政策 *173* 将使国家陷入经济衰退的"证据"。

莱因哈特和罗格夫的论文从一开始就遭到一些批评，批评者指出他们的研究有着"因果不明"的局限性——他们的数据分析无法确定是缓慢增长导致了国家积累高额债务，还是像财政紧缩拥护者说的那样，高额债务引起了缓慢增长。这一技术性争论仅发生在专家之间。但是，2013 年 4 月，一位经济学研究生托马斯·赫恩登获得了莱因哈特和罗格夫的原始分析数据，并写了一篇论文，指出他们的结论存在几个错误。一旦这些错误被纠正，那么他们所揭示的高额公共债务和缓慢增长之间的联系就会消失（Herndon et al.，2013）。[64]

普普通通的研究生居然在两位哈佛教授精英影响广泛的研究中发现了致命的缺陷，这一事件对大众媒体极有吸引力。[65]突然之间，赫恩登的批评出现在《纽约时报》《华尔街日报》《金融时报》上，作者也出现在美国国家公共广播电台和很受欢迎的电视脱口秀节目《科尔伯特报告》中。[66]随着赫恩登的批评在互联网上像病毒般扩散，很多有影响力的评论员提出，财政紧缩政策的主张已告失败。[67]有越来越多证据表明，实行财政紧缩具有严重危害性，很多人正在寻找破解的方法，赫恩登的批评似乎就是出现在恰当的时刻。希腊和西班牙采取了财政紧缩，立即让失业率陡增。而冰岛在金融崩溃之后拒绝采取财政紧缩，结果其痛苦相对更轻一些，到2012年失业率下降到5.8%。希腊的民意测验显示，一个新的左翼社会主义政党迅速崛起，同时崛起的还有新纳粹主义政党。2013年春季末，尽管财政紧缩的拥护者并未妥协，但大众媒体对财政紧缩的质疑声更大了。

有些财政紧缩的批评者把财政紧缩视为一种非理性、自我拆台的应对措施，但是，这个问题也可以从另一角度来审视。首先，财政紧缩转移了公众愤怒的目标。随着危机和银行救助浮出水面，数百万民众对银行义愤填膺。情况似乎是这样的：银行家投机赚了数十亿，然后就摧毁了经济，同时被毁的还有数百万工作岗位和数万亿美元的房屋净值，但银行家的愚蠢行为却要纳税人来埋单。

174　安排金融救助的布什政府财政部部长亨利·保尔森曾担任过高盛的首席执行官。他不但一手主导救助老东家，而且还不按常理出牌，安排救助保险公司美国国际集团。多亏政府给了美国国际集团850亿美元救助金，美国国际集团得以百分百以美元兑现其对高盛的信用违约互换合约。这次救助使美国国际集团得以兑现其与19家大银行的440亿美元信用违约互换合约，其中包括高盛的81亿美元。[68]美国国际集团和财政部都没有要求对所欠银行数额打一定折扣，而这在破产案中本来是很普遍的做法。

2008—2009年，富人和有权势者面临越来越高涨的公众愤怒，而这将导致什么后果是无法预测的。然后，财政紧缩观点突然就把公众愤怒的焦点转移了。他们告诉公众："造成这一切的不是银行，是政府、贪婪的公务员及其强大的联盟。"美国的"大政府"本来一直都是公众的批判对象，而这一次，政治危机的转移非常成功。

其次，主导观念不是那么容易消除的，即便它似乎因各种事件而声名扫地。新自由主义观念和政策是整个新自由资本主义的核心部分，几十年来，一直是对企业和富裕家庭有利。虽然一场社会积累结构的结构性危机可能最终导致其被替代，但是这种替代不一定马上完成。现行体制的既得利益群体总会动员起来想方设法维护现行体制，即便它产生了危机。推行财政紧缩可以被看作是那些行动者两步应对法的第二步：第一步是支持任何可以挽救银行，阻止经济自由下跌的措施；第二步是转向财政紧缩，试图恢复新自由资本主义。

政府救助银行及其首席执行官和股东的决定，使银行在危机初期得以恢复，甚至比以前更强大。大型银行不但得到了救助，而且还得到允许甚至被鼓励去吞并其他小银行。结果，银行集中化极大上升，进一步提升了大银行的能力。在经济大萧条时期，这样的银行救助以前从未发生过，当时银行不仅在金融上受损，而且极大丧失了其政治影响力，同时银行还被强令接受严格的国家管制体制。相反，2008 年金融危机中，银行不仅恢复了过来，还有能力在国会进行游说以施加影响，使多德-弗兰克管制法案的一些设想胎死腹中。而且，很多曾在 2008 年总统大选支持奥巴马的银行家，在 2010 年和 2012 年转而支持共和党，帮助推动共和党的财政紧缩政策。[69]

但是，在转向财政紧缩四年之后，这一政策没有带来任何好的结果，只带来了经济滑坡。长远来看，财政紧缩似乎并不是推进利润增长和经济扩张的可持续基础。财政紧缩可能走到了尽头。

结构性危机

把开始于 2008 年的危机描述成一种结构性危机，并不仅仅是语义学的问题。如果这次危机本质上是金融危机，是放松金融管制欠考虑的结果，那就可以通过强制推行新的金融管制而使之完全恢复，让随新自由资本主义兴起的其他机构保持不变。如果这次危机本质上是严重经济衰退，那么凯恩斯主义经济刺激就应该能够完全化解危机。至少在某种程度上，这两种政策都进行了尝试，但是危机还在继续，经济恢复非常迟缓，失业率仍然很高，数百万房屋抵押贷款仍未圆满解决。我们认为，尽管有强有力的理由支持再度金融管制和凯恩斯主义经济刺激，但这两者没有哪一个足以恢复正常的赢利能力和经济扩张，两者一起也不行。

积累理论的社会结构说本身并没能说明为什么资本主义的特定形式最终会演化成结构性危机。本书对危机的分析源于不平等加剧、资产泡沫和投机性金融机构，而这些反过来又是在新自由资本主义体制下产生的。本书解释了这种资本主义的特定运作方式如何导致 2008 年严重危机的产生。新自由资本主义如果要作为一种积累的社会结构继续有效运行，那么它就必须能够通过控制工资水平来持续推进赢利能力上升，同时还要能通过负*176* 债消费性支出来解决由此带来的需求问题。负债消费性支出产生于金融机构进一步的投机性、风险性行为和巨大的新资产泡沫。而这种期盼似乎是很难实现的。

到目前为止，美国新自由资本主义仍然有能力控制工资水平，提高企业利润。从 2009 年经济衰退的低谷期到 2012 年，平均小时工资下降幅度为每年-0.6%，而每小时产出上升为每年 1.7%（*Economic Report of the President*，2013，表 B-47 和 B-49）。[70] 如图 5-16 所示，从 2009 年起，美国非金融公司的利润率迅速恢复，到 2011—2012 年，几乎达到 2006 年危机前水平。[71]

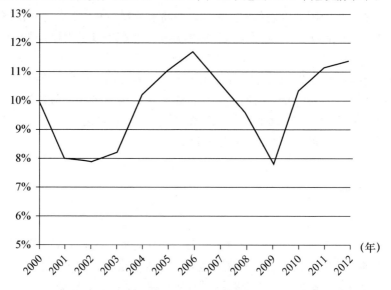

图 5-16　非金融公司业务部门利润率，2000—2012 年

注：利润是税前利润加净利息和由固定资产划分的杂项支出。
资料来源：美国经济分析局，2013，NIPA 表 1-14，固定资产表 4-1。

177 美国大型银行继续从事着投机性、高风险活动，2012—2013 年曾曝光了几个案例。2012 年，所谓的伦敦鲸丑闻牵涉摩根大通驻伦敦的交易团队。该团队积累了大量信用衍生品，对其账户价值做高估值，然后抛售，导致市场价格扭曲。银行蒙受了 60 亿美元损失，最后不得不承认违规操作，向美国和英国监管部门缴纳罚金超过 10 亿美元。[72]

第二个案例牵涉高盛。以前的《格拉斯-斯蒂高尔法案》对金融机构活动有较强限制，高盛利用废止该法案的时机从事非金融活动，大量购入金属铝。高盛收购了麦乔国际贸易服务有限公司，这是一家仓储公司，持有超过美国总铝量的1/4。这些铝是用来制造消费品，如易拉罐、汽车、电子产品和房屋墙板。2009年高盛收购该公司之后，制造商从麦乔公司收货的时间从6个星期增加到16个月。铝的价格由一家海外商品交易所监督，模糊的定价规则使高盛可以随意提高价格，这就增加了美国消费者获取最终产品的成本。据估计，在接下来的3年中，增加的成本超过50亿美元。为了符合价格规则，该公司命令叉车司机不停地把装铝的货盘从一个仓库运到另一个仓库。[73]

这些例子表明，温和的多德-弗兰克管制法案未能阻止银行继续从事投机性活动。但是，高风险借贷并没有出现危机前那样大规模的扩张，这种情况在近期再度出现的可能性也不大。金融部门的高风险活动使家庭负债消费，造成2008年之前消费需求越来越旺盛，但在2007年之后，由于家庭被迫偿还或拖欠其巨额债务，家庭债务长期上升的趋势出现逆转，从2007年税后家庭收入的126.7%下降到2012年的103.4%（参见第四章图4-20）。

新自由资本主义之所以能够持续推动利润上涨和经济扩张，巨大的资产泡沫是其第三个要素。我们仍在承受房产泡沫崩溃的影响：仍然还有数以百万计资不抵债型抵押贷款，极大降低了与抵押贷款相关的金融资产的价值，投资者对资产价格只升不降的说法也不再那么轻信了。在这种情况下，似乎不可能再出现一个巨大的新资产泡沫。因此，尽管利润率恢复了，大银行的一些投机性活动还在继续，但是，作为一种有效的社会积累结构，新自由资本主义的运行能力已经枯竭了。把始于2008年的危机视为新自由资本主义的结构性危机是合情合理的。

以下证据进一步支持上述观点：虽然利润率已完全恢复，但资本积累却没有完全恢复。所谓资本积累，是指资本储备增长率。图5-17表明，2009年美国年度资本积累率下降到0.4%，仅高于第二次世界大战后最低点即2003年的1/4。2009年之后该数值回升，但到2012年也只达到1.3%，仅为危机前2007年的47%，尽管此时利润率已完全恢复了。[74]

由于利润增加，加上利率低，2009年之后美国的非金融公司积累了大量库存现金。据报道，2010年中期，美国公司的现金持有量为9430亿美元，超过一年的投资量和股息。[75]到2012年，现金持有量达到创新纪录的14500亿美元。但对严重经济衰退之后的市场而言，投资仍然低迷，工作岗位的增长也仍然缓慢。[76]虽然新自由主义体制继续为国民收入的高利润创造条件，但它再也不能带来正常的资本积累或经济扩张。如果没有正常的经济扩张速度，高水平的利润率也将不能持久。

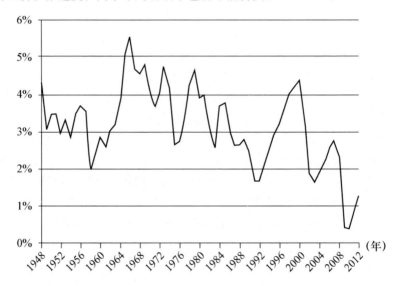

图 5-17　年度资本积累率，1948—2012 年

注：资本积累率是私人净投资（非住房）相对于私人净固定资产（非住房）的百分比，两者均扣除了通货膨胀影响。
资料来源：美国经济分析局，2013，NIPA 表 5-2-5，固定资产表 4-1。

　　20 世纪 30 年代的经济大萧条与 2008 年开始的危机一样，都能溯源至资本主义的自由主义形式中，我们将在第六章对此展开讨论。正如上文所述，2008 年的资本主义与 1929 年的资本主义不同，原因在于 2008 年有一个足够强大的政府和中央银行，可以有效干预并迅速采取行动。这就可以解释，为什么当前这次危机，尽管起初其产量下降的轨迹与 1929—1930 年危机时期很相似，但并未发展到 1929—1930 年那么严重。在经济大萧条期间，美国生产总量在三年半收缩时期下降了约 30%，失业率达到 25%。但是，两次危机也有相似之处：企业固定投资率都很低。1939 年，即在经济大萧条开始之后 10 年，虽然国民生产总值略超过了 1929 年的水平，但企业固定投资只有 1929 年的约 58%。两次危机中资本积累率低下很可能源自同一个原因：引发危机的巨大资产泡沫破裂，暴露出大量过剩产能。从长期看，固定资本大量过剩会抑制投资动机。[77]

　　如果 2008 年开始的这场危机的确是新自由资本主义的结构性危机，那就有理由猜测，某种重大经济变化就在眼前。不过，在考量可能到来的新

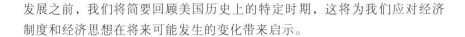

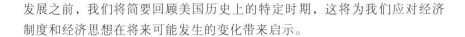

发展之前，我们将简要回顾美国历史上的特定时期，这将为我们应对经济
制度和经济思想在将来可能发生的变化带来启示。

注释

[1] 本书（图4-20）所采用的家庭债务计算方法是未偿还债务与可支配收入
的比值，这是用于衡量家庭债务程度的几种方式之一。第二种计算方式是偿还本金
和利息与家庭收入的比值。这可以衡量出目前的家庭债务负担，但是当债务利率低
的时候，该方法计算出来的家庭债务也很低。当利率上升时，计算出来的家庭债务
又会突然上升。而经过一段时间的经济扩张之后，利率通常会上升。第三种计算方
法是未偿还债务与房屋资产市场价值的比值，这可以表明家庭利用房屋价值借贷的
程度。房地产泡沫时期，当房屋的市场价值上升时，该方法计算出来的结果会很
低；当泡沫破裂的时候，又会突然升高。第一种计算方法即家庭债务与家庭收入的
比值，是展示长期家庭负债率的最好方法，因为其不受当前利率和房地产价值的
影响。

[2]《纽约时报》，2008年10月3日，A1，A23。五家银行当中，2007年之后，
一家破产（雷曼兄弟），两家为避免破产而被更大机构并购（美林和贝尔斯登），
另外两家需要美联储救助（高盛和摩根士丹利）。

[3] 我们使用一般性术语"金融工具"而不是"证券"，因为这个时期出现的
新金融产品中有一些并不是证券，比如信用违约互换。

[4] 房利美是联邦国民抵押贷款协会的非正式别名，1938年由联邦政府设立，
旨在鼓励房屋购买。1968年，房利美私有化，但仍与政府保持联系，因此，房利
美有时被称为"政府支持企业"。

[5] 住房抵押贷款支持证券的前身出现于上世纪20年代，当时的形式是房地
产支持证券，这在上世纪20年代中期的房地产泡沫中发挥了作用；参看第六章。

[6] 2003年在国会作证的一位法律专家说："金融机构把证券化资产的信用风
险（有价）转移给住房抵押贷款证券投资者，从而减少自己的风险。随着单个机
构风险等级下降，系统性风险或整个金融体系面临的风险也随之下降。"（Cowan，
2003，7）

[7] 抵押贷款设计指的是创造最初抵押贷款贷给房主。最初发放抵押贷款的公
司又称为设计人。

[8] 因莫格拉克和怀尔斯（Immergluck and Wiles，1999）的研究被乔姆希森法
特、彭宁顿-克罗斯引用（Chomsisengphet and Pennington-Cross，2006）。

[9]《纽约时报》，2009年6月7日，15。在同一篇文章中，美国富国银行否认
这些指控，且声称："我们做出了艰苦卓绝的努力，使更多非裔美国借款人有望拥
有房屋。"

[10] 住房抵押贷款支持证券通常是分系列发行。

[11]《纽约时报》，2008 年 2 月 17 日，1，17。因为信用违约互换不是在交易所进行交易，而是由双方合同约定，所以信用违约互换未偿付价值只能估算。据博斯沃思和弗莱恩（Bosworth and Flaaen，2009）估算，信用违约互换从 2000 年约 1 万亿美元上升到 2008 年中期超过 50 万亿美元。

[12] 新自由主义时代产生了许多复杂的新证券，要准确评估其风险和回报是很困难的，此外，要"准确"评估任何证券的风险和回报从本质上来说都是不可能的，因为其风险和回报取决于将来，无法提前预知，只能猜测。在评估证券方面所能做到最好的，就是在充分了解的基础上进行公正的猜测。

[13]《纽约时报》，2013 年 11 月 12 日，B1，B6。

[14]《纽约时报》，2009 年 12 月 24 日，2010 年 4 月 17 日，2012 年 3 月 19 日。

[15]《纽约时报》，2009 年 1 月 29 日。

[16]《纽约时报》，2008 年 12 月 26 日。

[17] 房地美是另一家政府支持住房抵押贷款公司的非正式别名，其正式名称为联邦住房抵押贷款公司，创立于 1970 年。

[18]《纽约时报》，2010 年 6 月 7 日；2013 年 10 月 24 日，B1；2013 年 10 月 26 日，B1。

[19]《纽约时报》，2013 年 10 月 20 日，1，18。2008 年，面临破产的贝尔斯登和华盛顿互惠银行被摩根收购时，其一部分抵押贷款证券被摩根接手，另一些则在收购之前就被摩根卖了。

[20]《金融时报》，2007 年 7 月 9 日。这段著名的引言实际上是针对美国次级抵押贷款市场出现的问题而说的，针对参与杠杆收购的问题，但这段话一针见血地指出了高级玩家为什么会卷入各种在特定时期必定失败的投资。

[21] 更广泛意义的工业产能利用指数也显示出同样的模式。工业产能利用指数创立于 1967 年。

[22] 1979—2007 年间，就整个非金融行业而言，资本产出比下降了 8.1%，当然，这个比例也同时反映了技术变革和产能利用的变化。

[23] 人们可能会认为，产能过剩的另一个原因是新自由资本主义下不平等加剧，因为不平等加剧会导致消费性支出相对产出而言增长缓慢。但是，如我们在第四章中所见（图 4-8），美国新自由资本主义使消费性支出相对 GDP 上升，而不是下降了，因为家庭靠大举借贷来支持消费。

[24] 资本利润率是产值利润率和资本产出比的结果。产能利用率下降意味着资本产出比下降。对一定的产值利润率而言，资本产出比下降就会减少利润率。

[25] 此处所描述的过程，即产能过剩或固定资本过剩，最终会导致投资锐减，因而引起经济衰退，这一过程称为"投资过剩"（Kotz，2013）。

[26] 为提高产量，需要增加产能，这种需求是公司进行投资的主要原因，但公司也会为利用新技术而投资。

［27］金融危机系列事件的来源，除非另有说明，主要来自圣路易斯联邦储备银行（Federal Reserve Bank of St. Louis，2013）和英国广播公司新闻（BBC News，2009）。

［28］《纽约时报》，1998 年 9 月 24 日，A1，C11；1998 年 9 月 25 日，A1，C4；1998 年 10 月 2 日，A1，C3。

［29］后来，在 2008 年 9 月，美联储确实拒绝救助一家濒临破产的大型金融机构——雷曼兄弟。

［30］《纽约时报》，2008 年 6 月 6 日，C1，C4。

［31］《纽约时报》，2008 年 2 月 22 日，A1，A16。

［32］《纽约时报》，2008 年 3 月 15 日，A1，A12；2008 年 3 月 16 日，商业版1，9。

［33］2007 年第四季度，美国经济达到经济周期顶峰。人们认为经济衰退是从下一个季度，也即 2008 年第一季度开始的。

［34］2008 年第一季度 GDP 下跌的另一大原因是住宅建设，受房价通货膨胀率放缓的影响，住宅建设从 2005 年第四季度开始一直在下降。

［35］银行被要求持有占其贷款和投资一定比例的储备金。如果银行持有过多储备金，便意味着银行没有充分使用其资金来发放贷款、进行投资，而是使资金处于非营利的流动性状态。

［36］在战争的最后一年即 1945 年，政府创造 GDP 的贡献已经达到了 GDP 的72%，1946 年骤然下跌了 65%，降至当年 GDP 的 28%。1946 年政府突然紧缩，导致那一年 GDP 下降 11.6%，这为支持凯恩斯主义说法——增加政府开支可以增加GDP——又提供了一个（反面的）教训。

［37］《纽约时报》，2008 年 10 月 15 日，A1，A25。

［38］《纽约时报》，2008 年 10 月 15 日，A1，A25。保尔森为什么会导演这一幕还不清楚，除非是想再现著名的摩根事件，或是为了展示自己大权在握。在第六章我们将看到，1907 年摩根把主要银行家关起来，迫使他们捐献大量资金，以阻止银行挤兑浪潮。而保尔森却是带着 2 500 亿美元要捐献给银行，尽管有些银行还不愿付出分出其股权一部分给政府的代价。

［39］《纽约时报》，2008 年 11 月 26 日，A1，A24。

［40］《纽约时报》，2008 年 12 月 20 日，A1；2010 年 11 月 3 日，B1。

［41］本书作者参加了这次会议，旁听了费尔德斯坦 2009 年 1 月 4 日的讲话。

［42］经济基础强健的说法，是对共和党总统候选人约翰·麦凯恩的一句话表达赞同。

［43］《纽约时报》，2008 年 10 月 24 日，B1，B26。

［44］唯一例外的是土耳其，土耳其经济未受危机的影响。

［45］关于经济刺激计划的规模，奥巴马政府的经济政策制定者和顾问内部就

有分歧。有些人认为大规模经济刺激才能逆转经济衰退，而其他人则警告说大规模经济刺激计划在国会是无法通过的。劳伦斯·萨默斯（Lawrence Summers）在克林顿政府时期倡导放松银行管制，2009年他担任奥巴马政府的国家经济委员会主任，极力坚持调低准备提交国会的经济刺激数额。

[46] 计算数值来自美国经济分析局，2013，NIPA 表 1 – 1 – 6。

[47]《纽约时报》，2008 年 11 月 10 日，A1。

[48] 中国政府启动大规模经济刺激计划，无须获得立法机构的同意，或与国内批评者争辩。

[49]《纽约时报》，2009 年 2 月 9 日。

[50] 缓慢的 GDP 增长一直持续到 2013 年第一季度。截至目前能获得数据的最后一个季度，即 2014 年第一季度，GDP 年增长率为 2.2%（U. S. Bureau of Economic Analysis，2014，NIPA 表 1 – 1 – 6）。但是，在 2013 年夏，美国经济分析局对 NIPA 做了极大修订。结果，可计算的 GDP 增长率及其要素回溯到 2013 年第一季度。其计算出来的 GDP 增长率及其要素与本书图表中的增长率并不完全一致，因为本书使用的是修订之前的数据。

[51] 塞兹（Saez，2013）有关 2012 年的收入数据是原始数据，他所讨论的股利收入是税前家庭市场收入，包括所实现的资本收益。2009—2012 年间股票市场复苏使最富裕家庭获得大量资本收益成为可能。

[52]《纽约时报》，2008 年 11 月 24 日，A14。

[53]《纽约时报》，2013 年 9 月 5 日，A1，A3。

[54]《纽约时报》，2013 年 8 月 27 日，B1，B2。

[55] 2009 年之后德国失业率持续下降，到 2012 年下降到 5.5%，这主要与德国和其他欧盟经济体的关系有关。

[56]《纽约时报》，2009 年 7 月 6 日，B1。但是，汽车研究中心宣称，2009 年政府对通用和克莱斯勒汽车公司的援助共挽救了 110 万个工作岗位，包括供应商行业和代理商行业（《纽约时报》，2010 年 11 月 18 日，A1）。

[57] 见马丁·费尔德斯坦讲话，美国社会科学联盟会年度会议，亚特兰大，2010 年 1 月 2 日。

[58]《纽约时报》，2009 年 11 月 23 日，A1，A4；2010 年 5 月 23 日，1，4；2013 年 7 月 10 日，18。

[59] 希腊、爱尔兰和西班牙的巨大经济收缩是由严厉的紧缩政策直接引起的，但是当时还涉及一些特定的问题，起因是欧元区统一货币事宜，这些原因不在本书所讨论的范围。

[60]《纽约时报》，2008 年 10 月 5 日，1，30。

[61] 财政紧缩倡导者的论据主要是巨大的公共赤字和公共债务的危险性，认为公共开支必须极大减少，以降低赤字。在实践中，很多紧缩倡导者似乎更热衷于

减少公共开支，而非减少赤字，因为他们中的绝大多数反对增加税收，而增加税收是减少公共赤字的另一种方式。有些斯堪的纳维亚政府采取了高水平公共开支与低赤字相结合的政策，低赤字是通过高税率来实现的。

[62] 经济学家关于挤出理论的全部争论比本书所叙述的要更加复杂。

[63] 就"发达国家"而言，公共债务率超过90%国家的长期增长率，比债务率更低的国家低大约一个百分点，而高债国家的平均长期增长率是负数（Reinhart and Rogoff，2010，574）。

[64] 赫恩登发现他们的 Excel 表格计算错误，还未做解释地排除了一些与他们所说相反的数据点（国家-年度信息）。

[65] 典型的媒体报道是英国广播公司国际频道的报道，标题是《莱因哈特、罗格夫……和赫恩登：一位给教授挑错的学生》（http://www.bbc.com/news/maga-zine-22223190）。

[66] 这篇文章有两位教师是共同署名作者，但研究生赫恩登是第一作者。

[67] 赫恩登的一项后继研究发现，莱因哈特和罗格夫的数据显示，缓慢增长与后来的高额债务有关系，但反之则无（Dube，2013）。

[68]《纽约时报》，2009 年 3 月 16 日，A14。

[69] 据报道，在 2012 年大选中，美国银行业协会将其政治行动委员会捐款的80% 都捐给了共和党，与此相比，2008 年选举时是 58%（《纽约时报》，2013 年 10 月 10 日，A15）。

[70] 小时工资是非农业私营企业的生产工人或非管理岗的计算单位，每小时产出是在非农业行业就业的所有人的计算单位。2012 年的数据是原始数据。

[71] 图 5-16 是税前利润率。到 2011 年，税后利润率高出 2006 年水平。

[72]《卫报》，2013 年 9 月 19 日；《纽约时报》，2013 年 10 月 16 日。

[73]《纽约时报》，2013 年 7 月 21 日，1，14，15。第三个例子涉及所谓的银行操控乙烯醇信贷市场。乙烯醇信贷市场是政府为减少对进口石油依赖和帮助美国农业而做出的努力的一部分。据报道，摩根等大型金融机构积累了大量乙烯醇信贷，在联邦乙烯醇需求逐步扩大，炼油厂必须购买时，摩根等大型金融机构操纵价格，使之飙升了 20 倍。摩根否认了这一指控（《纽约时报》，2013 年 9 月 15 日，1，16）。

[74] 2012 年的资本积累率是估算的，依据的是 2013 年 7 月 30 日修订之前的美国经济分析局对投资的定义，以及 2012 年新的系列投资价值。

[75]《纽约时报》，2010 年 10 月 27 日。

[76]《福布斯》，2013 年 3 月 19 日。

[77] 经济学家对 20 世纪 30 年代或今天的投资低迷的原因并未达成一致。但是，此处提供的解释似乎符合历史证据。

第六章
历史的教训

181 　　积累的社会结构理论主张，每一次结构性危机之后就会有重要的制度重建。然而，没有社会理论能够准确地告诉我们经济制度和观念在未来将如何演进。以上提出的分析对那些导致 2008 年爆发危机的新自由资本主义的进程提供了解释，并追踪了危机的发展过程以及不同国家政府的反应。这些为我们判断未来各种不同方向的可能性如何变化提供了基础。而此前的历史能够为判断未来经济变化的可能方向提供进一步的线索。

　　历史并不是一种简单的循环圆圈。随着时间的推移，社会的经济、政治和文化特征将发生变化，这使每一个新时期和过去在多个方面表现出很多不同。如果在历史研究中考察长期的变化，将可以从中获得有益的教训。那些自由主义制度曾经盛行的时期，随后的不同形式的资本主义转型，以及金融曾发挥特殊作用的时期，对于我们判断近期经济变化的可能方向都多有教益，而且对于我们判断新自由主义时期以及始于 2008 年的危机的本质也增加一些参考。

　　新自由主义时期不是自由主义或者自由市场制度在美国第一次占支配地位。美国内战结束后直至 1900 年左右，这一时期的特点就是高度竞争形
182 式的资本主义。这一时期经常被称作镀金时代，这个词是马克·吐温等人在一篇描写在这个时期崛起的新富裕阶级的小说中创造的（Calhoun，2007，1）。这一时期也被称作"强盗式资本家"的时期，因为一群新的利用赤裸裸的手段追逐利润的富裕资本家在这一时期占据主导地位。[1]

　　镀金时代后紧接着是美国历史上管制资本主义的第一次插曲，被历史学家称作"进步时代"，从大约 1900 年持续到 1916 年。[2] 1900 年之后国家开始在经济中发挥一种更积极的作用，而银行家在这个时期的地位开始上升。那个时期的重要金融家主要立足于纽约，在经济活动中逐渐成长为一支强有力的力量，这使人们采用"金融资本"来界定金融和非金融机构之

158

间产生的新关系。金融资本用以指称金融机构和非金融机构的紧密联合，其中金融机构发挥主导性作用。[3]

第一次世界大战结束几年后，美国资本主义又起了变化，另一种自由市场制度和观念占统治地位的时期在 20 世纪 20 年代出现了。[4]我们认为，进一步地，金融机构的作用在 20 世纪 20 年代中也发生了重大变化，从进步时期的金融主导角色发展到和当前比较相似的金融化形式。美国历史上的 20 世纪 20 年代的自由市场时期，有时被称作"咆哮的 20 年代"，此时的很多现象和我们在新自由主义时期观察到的现象非常相似。[5]像新自由主义时期一样，20 世纪 20 年代的自由主义时期最后导致了始于 1929 年的金融危机和严重的实体经济衰退。

这一章将依次考察 19 世纪末期自由市场镀金时代、1900 年后的金融资本和进步时代的管制资本主义，以及自由市场制度在咆哮的 20 年代的回归。

镀金时代

从美国内战结束到 1900 年左右，这一时期的美国经济形态被剧烈改变。在内战前的几十年，一种资本主义经济已经在美国东北部崛起，但在 1865 年，美国南方之外的经济仍然压倒性地由小农和地方小商业组成。甚至新的铁路还是由地方小公司建造和运营，制造业企业也同样如此。[6]只是铁路行业开始采取公司组织形式。在其后的几十年，新技术推动企业的规模迅速扩大。从 1870 年到 1890 年，铁路里程增加了几乎 4 倍。到 1900 年有超过 130 万接入电话的机构在运行。钢铁产量从 1870 年的 7.7 万吨增加到 1900 年的 1 120 万吨（Calhoun，2007，2）。到 1900 年，在制造业、采矿业、铁路运输和电话通信领域的全国性巨型公司开始改制为股份有限公司，这些公司高踞在美国经济之上，此时美国已经成为世界上主要的制造业大国。

在这一时期，联邦和州政府并没有完全采取自由放任政策。联邦政府对铁路建设进行补贴，对具有优势的欧洲制造业产品强征很高的保护性关税，同时鼓励他国的制造业工人移民美国。州政府在提升和补贴运输方面比联邦政府更加积极。各级政府在频繁出现的劳资冲突中，都站在资本家一方进行干预。联邦政府继续镇压原住民的土地要求，因为这对经济扩张构成了障碍。

　　然而，这一时期崛起的新资产阶级在追逐利润方面并没有受到任何来自国家干预的阻碍。因为快速扩张的新公司为了生存和保持优势而进行激烈斗争，经济在 19 世纪 70 年代到 90 年代具有很强的竞争力。银行被解除管制。一种原始的个人主义和"适者生存"的意识形态处于主导地位。这一时期可以看作是自由市场的或者自由主义的资本主义时期。[7]

　　这一高度竞争、去管制的资本主义时期有几个特征和本书关注的问题有关。在 19 世纪 70 年代到 90 年代间，虽然欧洲主要国家的长期经济增长率降低了，但是美国却在自己的工业化早期阶段经历了几十年相对快速的经济扩张。一项研究估计，在 1878—1894 年间，美国的实际产出年均增长率为 3.7%，对于那个时期来说，这是一个较高的增长率（Gordon et al.，1982，43）。[8]第二次世界大战后西方经济体的典型特征是经常出现或缓慢或快速的通货膨胀，与此不同，19 世纪晚期的美国经历了长时期的通货紧缩。1890 年美国的批发价格指数比 1870 年要低 39.2%（U. S. Bureau of the Census，1961，115）。这一时期竞争激烈，制造商之间的竞争随着时间的推移拉低了价格，很可能是这一时期形成价格长期下降趋势的原因。[9]

　　当时宏观经济状况很不稳定。在 1870—1900 年间，发生了 7 次萧条——那时候这样称呼危机，在这一时期经济萎缩的时间有 179 个月，基本与经济扩张时期的 181 个月持平。1873 年开始的一次萧条持续了 5 年半，而另一场开始于 19 世纪 80 年代初的萧条持续了 3 年多（National Bureau of Economic Research，2013）。开始于 1893 年的一次萧条导致两位数的失业率从 1894 年持续到 1898 年，实际人均 GDP 到 1899 年仍没有超过 1893 年的水平（Romer，1986；Whitten，2013）。银行倒闭经常出现。1873 年出现了一场重要的金融恐慌，它由铁路股票投机所引发，导致美国出现历史上持续时间最长的一次经济萎缩（National Bureau of Economic Research，2013）。另一场重要的金融恐慌发生在 1893 年，导致了上文提到的非常严重的萧条。[10]

　　那些广为人知的"强盗式资本家"中的大多数人是在 19 世纪 60 年代和 70 年代发迹的。这些人中间的著名人物包括约翰·D. 洛克菲勒（John D. Rockefeller）、安德鲁·卡内基（Andrew Carnegie）、科尼利厄斯·范德比尔特（Cornelius Vanderbilt）、J. P. 摩根（J. P. Morgan）和杰伊·古尔德（Jay Gould）。新资本家可以分为三种不同的类型。

　　第一类是工业领域的企业家，他们在铁路、制造业和采掘业等领域建立不断扩大的公司。钢铁业资本家安德鲁·卡内基是工业企业家的典型。这些角色具有极强的竞争性，并驱动他们的管理人员和工人拼命工作。尽管他们的不法手段层出不穷,比如撕毁合同、收买法官、蓄养私人武装、破坏对手公司等,但是他们不可否认地建立了生产效率不断提高的企业(Josephson,1962;Morris,2005,chap. 3－5)。[11]

第二类是投机者,这一类型的典型是杰伊·古尔德。[12]这一类型中最著名的人物并不仅仅是通过买卖股票,从价格的涨落中获得利润。他们利用商业公司的新组织形式,盗窃公司而不是建设公司。有一个著名的案例,杰伊·古尔德说服他所控制的联合太平洋铁路公司的董事会购买一个新的铁路公司,这个公司看起来是一个潜在的竞争对手。然而,这个对手公司事实上是杰伊·古尔德私下组织的,事后表明这个公司是一个毫无价值的空壳公司。他在这次交易中获利估计超过 1 000 万美元,由于他已经卖出他在联合太平洋铁路公司的股票,所以他实际上在抢劫别的股东(Josephson,1962,196－201)。[13]   *185*

第三类是银行家。一种新的投资银行机构在内战后出现了,它们是由卑微的干货(如纺织品、干农产品等)经销商发展起来的。投资银行最初帮助政府销售债券。到 19 世纪 70 年代,它们开始经营铁路股票,到 90 年代,它们又开始经营制造业公司的股票。在这一过程中,那些规模较大的投资银行,由于控制了获得英国和德国境内的长期投资资本来源的渠道,所以控制了主要的铁路,其后又控制了主要的制造业和采掘业公司。J. P.摩根是最著名和最有力量的投资银行家。库恩－勒伯公司的雅各布·希夫(Jacob Schiff)也是一个主要人物(Kotz,1978,chap. 3)。[14]新技术有利于全国性大型公司的形成,但是并没有直接导致垄断的产生。相反,在铁路领域,后来又在制造业领域,形成了一种由少数几个供应商控制的典型寡头垄断格局,在一个行业里,一般由 5 ~ 15 家主要公司展开竞争。这种行业结构是高度不稳定的。价格战无论在铁路还是在制造业中都司空见惯,给竞争的各方都带来毁灭性伤害。

当大银行家控制了非金融企业,他们开始着手消除那些导致生产过剩、价格战和破产的激烈竞争,因为这也破坏了这些大银行家所代表的股东的利益。J. P.摩根等大银行家认为,工业企业家短期的利润追求导致了他们所认定的"毁灭性的"竞争。[15]银行家也鄙视杰伊·古尔德和丹尼尔·德鲁(Daniel Drew)这类投机资本家像肉食动物一样不择手段的掠夺行为。在一个日益不稳定且高度竞争的经济背景下,银行家、工业企业家和投机者三方之间展开激烈斗争,这是导致 1900 年以后第一种管制资本主义出现的重要原因。

金融资本和进步时代

1900 年后出现的管制资本主义，其特征包括由新的大银行家以及国家来限制市场活动。我们将首先考察在这一时期银行家职能的扩大，然后考察国家的新职能。

186　　J. P. 摩根和其他大银行家代表了前面提到的三种资本家的最广泛利益。工业资本家力求推进他们各自公司的利益，在这一过程中相互争斗。投机者盗窃别的资本家，同时也彼此盗窃。从 19 世纪 90 年代开始，大银行家开始取得对非金融企业的控制权。在 1893 年恐慌后的萧条中，银行家控制了主要的铁路，将它们连接到一起，并强加一种"共同体利益"的政策，即避免价格竞争和生产过剩。接着进军制造业，获得对龙头企业的控制权，掀起一场并购浪潮，这一浪潮在 1898—1903 年的巨大合并浪潮中达到最高点。仅 1899 年，1 028 个企业因为合并而消失了，那一年，新合并的制造业企业的市场价值高达 23 亿美元，而当时美国制造业企业的总市场价值估计是 100 亿~150 亿美元（Edwards，1979，226-227）。不像近期典型的两个企业合并方式，1895—1904 年间 75% 的合并是在 5 个甚至更多的企业之间进行的（Scherer，1980，119）。在这一过程中诞生了工业巨头，这些巨头将统治接下来几十年的美国经济，它们包括通用电气公司、美国钢铁公司、美国电话电报公司、国际收割机公司、美国铝业公司和阿纳康达铜业公司。[16]

　　银行家和工业企业家冲突的最激烈表现是从 19 世纪 90 年代晚期开始的 J. P. 摩根和安德鲁·卡内基在钢铁工业中的斗争。基地在匹茨堡的卡内基公司在这一行业中是最有竞争力的。卡内基众所周知的做法是，通过最后一分钟的涨价来削弱和打击那些竞争对手和背信弃义的顾客。那些实力雄厚的钢铁企业一般同意守住价格底线，但是卡内基往往违背约定。1898 年摩根组织了联邦钢铁公司，成为卡内基钢铁公司的巨大对手，他施压于卡内基，让卡内基把钢铁公司卖给自己。1901 年卡内基接受了提议，把公司以 3 亿美元的价格卖给了摩根。摩根将卡内基的公司和自己的钢铁公司合并，创立了美国钢铁公司（Josephson，1962，416-426）。[17]

187　　美国钢铁公司成立后，独占该行业 65% 的产出，因此它有能力把合作定价行为强加于剩下的中小竞争者。这是合作式竞争行为的开始。1900 年以后，长期价格趋势从通货紧缩转为通货膨胀，从 1900 年到 1915 年，批发价格指数上升了 23.9%（U. S. Bureau of the Census，1961，116-117）。

1900 年刚过，J. P. 摩根等大银行家认为他们在美国工业中已经建立了稳定和秩序。他们已经赶走了很多竞争力极强的工业企业家，任命银行家为新的工业巨头的高管。他们将投机性的资本家边缘化。金融资本的时代——指金融机构和工业企业之间的紧密联系——在美国开始了，而银行处于二者的中心。[18]

J. P. 摩根事实上开始在美国经济中发挥中央银行家的角色。当金融恐慌袭来时，每个人都转向摩根寻求帮助以控制危机。在 1907 年的金融恐慌期间有一个著名的事件，摩根将当时最重要的银行家们锁在他的私人书房里，直到他们都同意为阻止一次恶性银行挤兑贡献资金，才将他们放出来。

1900—1916 年因国家在那个时期的角色变化而获得了"进步时代"的名称——这些变化是新社会运动所推动的。尽管有些历史学家将那个时期的新社会运动看作是单一的实体，但它其实是由两股运动组成，即改良运动和社会主义运动。[19]进步运动指的是改良运动这一股，它兴起于 1900 年之后，其社会基础是小农、小生意人和中产阶级中的社会改良主义者，他们要求政府采取行动保护普通人不受"强盗式资本家"的掠夺。

1900 年之后，一场社会主义运动也在美国快速兴起。于 1901 年建立的社会党获得了工人、小农和知识分子的支持。社会党的总统候选人是著名的劳工领袖尤金 · V. 德布斯（Eugene V. Debs），他在竞选总统中吸引了一个规模较小但是日益扩大的支持群体，在 1912 年获得了 6% 的选票。在这一年，社会党获得了 1 200 个市政府职位，在第一次世界大战前的那些年，社会党候选人赢得了很多城市的市长职位，包括密尔沃基和明尼阿波利斯（Weinstein，1967，93-103，115-118）。全国有 100 多种社会党主持的报纸，其中最有影响的是《向理性呼吁》（*Appeal to Reason*），它在 1913 年的发行量达 76.2 万份（Weinstein，1967，95-102）。社会党不是支持社会改良，而是支持对经济秩序进行激进重建，使之建立在大企业公有制基础之上，并用合作代替竞争。

188

西奥多·罗斯福在 1901—1909 年任美国总统，在 1905 年的一封信中，他表达了对日益增强的社会主义运动的恐惧，他写道，"社会党的力量在这个国家的增长"是"比历史上任何民粹主义运动都更加可怕的"（Weinstein，1968，17）。罗斯福开始认同威胁性没有那么强的进步改良运动，主张对大企业采取加强管制的政策，而不主张将大企业分拆为小公司。尽管在他的任期内发起了针对那时候出现的诸如标准石油托拉斯和美国烟草公司等垄断企业的反托拉斯诉讼案——诉讼的目标是拆分这些垄断企业，但是罗斯福和一些并不愿将竞争对手赶尽杀绝的新兴大公司，如美国钢铁公司保持了良好的关系。[20] 像金融资本家一样，西奥多·罗斯福强调合作而不是竞争：

> 抛弃所有那些在商业中采用合作理念而锻造的事物，却返回到割喉竞争时期，这是荒谬和愚蠢的……那些错误主张利润先于人权的人，现在必须让位于那些拥护个人福祉的人，后者正确地坚持认为，每个人持有财产时，必须使之服从于社区对其财产的任何程度的征用，只要公共福利需要。（Schlesinger, 1963, 61）

在西奥多·罗斯福总统任期内，联邦政府于 1906 年颁布了管制食品和药品的新法律，我们在第二章中已经论述了这些。

一些新的金融资本家也开始支持政府在管制工业方面发挥积极的作用。J. P. 摩根公司的合伙人以及股东代表之一的乔治·W. 珀金斯（George W. Perkins）支持对所有的跨州公司由联邦政府发放许可证，并对贸易和价格设置标准（Schlesinger, 1963, 60）。J. P. 摩根公司委任的美国钢铁公司的高管艾尔伯特·加里（Elbert Gary）于 1911 年在众议院的一场著名作证中指出，他想要

> 走进一家政府大楼，并对他们说，"这是我们的事实和数据……现在你们可以告诉我们，我们有权利做什么，以及我们有权利提出什么样的价格要求"。（Weinstein, 1968, 84）

在同一年，国际收割机公司的总裁赛勒斯·麦考密克（Cyrus McCormick）也表示同意政府对其产品设置固定的价格。看起来，在改良运动力量强大的情况下，至少有一些金融资本家寻求驾驭正在扩大的政府的积极角色，使其发展方向不至于损害他们的利益。由于有秩序的价格引领机制不容易维持，看起来美国钢铁公司的高管们开始建议政府接手帮助他们维持这个体系。

2009 年共和党人威廉·霍华德·塔夫脱继西奥多·罗斯福之后任总统，发起了一场打破托拉斯的激力计划，在他 4 年的总统任期内，提起了 99 起反托拉斯的诉讼，其中包括拆分美国钢铁公司（Miller Center, 2013）。这导致罗斯福与塔夫脱反目，并在 1912 年作为进步党候选人竞选总统。民主党候选人托马斯·伍德罗·威尔逊赢得了大选，此后政府对托拉斯的态度开始从拆分转向调控。在 1913—1914 年间，《联邦贸易委员会法案》和《克莱顿反托拉斯法案》的出台体现了从拆分托拉斯向调控它们的行为以阻

止其导致不稳定竞争的转变。[21] 1913 年生效的《联邦储备法案》（Federal Reserve Act）建立了政府对银行系统的监管。

建立于 1910 年的全国市民联盟（National Civic Federation）在塑造这一时期新的主导观念上发挥了重要作用。该组织呼吁社会的每个群体都对别的群体负有责任。尽管其成员也包括劳工和公务员，但主要由大资本家所主导。J. P. 摩根公司的几位合伙人在该组织中非常活跃（Weinstein，1967，7-8）。尽管全国市民联盟也倡导劳资合作，但基本是空话，该组织的大企业成员，如美国钢铁公司甚至还打击该公司的工会。在这一时期劳资之间不存在妥协。

来自镀金时代和进步时代或者金融资本时代的教训

从本书关注的主题来说，上述时期有三个教训值得注意。　　*190*

第一，19 世纪晚期自由主义的制度结构，或者说自由主义的积累的社会结构，因其内在的动力，孕育了 1900 年之后新管制的积累的社会结构的重要因素——银行家开始管制经济关系，控制市场的作用。前一时期的自由竞争导致经济集中日益发展，然后银行家完成了这一进程。这导致高水平的经济集中，银行家控制工业，实行合作式竞争，这部分形成了 1900 年后新管制的积累的社会结构。那么，始于 2008 年的新自由资本主义结构性危机是否也将遵循同样的解决之道？在新自由主义时期，很多行业包括银行经历了集中程度的增加，就像前面章节所提到的一样。我们将在第七章考察这一可能性。

第二，1900 年后国家开始对经济实施调控，这是由以普通人为基础的强有力社会运动所推动的，这一运动要求改良或者激进地重建社会。如果没有这些社会运动，我们不能确定大资本家或者主流的政治人物是否还会支持向管制资本主义的转变。这对于今天经济的可能进程有启发意义。

第三，一些分析家很有刺激性地声称，当代资本主义的金融化在很多方面都和 1900 年后出现的金融资本关系类似，但这并不能得到历史事实的支持（Dumenil and Levy，2004；Arrighi，1994）。两个时期的相似点仅限于金融家都在经济中发挥重要作用以及金融家都变得很富有。然而银行家在这两个时期中的特殊作用是很不同的。金融资本时期，银行家地位上升，对大型的非金融企业处于长期的支配地位。银行家追求长期利益，力图将竞争稳定化，以获得长期的稳定收益。金融资本支持国家功能的扩大。

191   相反，就像我们在前面章节中论述的一样，新自由主义时期金融化的结果是金融行业和非金融行业分离。金融家找到新的赚钱方式，这些方式并不依赖于和大的非金融企业保持长期关系，他们因此也不再费力去赢得对这些大的非金融企业的控制权。就像我们在第五章所看到的，当代金融家热衷于投机性越来越强甚至是掠夺性的活动。今天大银行家的表现和杰伊·古尔德而非 J. P. 摩根的现代化身份更接近。以上只能表明这些人是导致当前危机的祸根的一部分，而非潜在的解决方法的一部分。如果银行家要在建立新的可行的积累的社会结构中发挥作用，他们将不得不采取一种和当前新自由主义时期的主流银行家很不同的长期视野。

咆哮的 20 年代

第一次世界大战结束后的很短时间内，美国资本主义的制度形式发生了另一个重要的变化。1920 年左右，一种新的自由市场制度和观念出现了，一直持续到 20 世纪 30 年代早期。与现存的积累的社会结构在新的自由市场资本主义时代催生了结构性危机不同，这次是第一次世界大战在美国的后续影响推动了这一转变。

当 1917 年 4 月美国参战后，一种极端的民族主义和不容忍气氛吞噬了这个国家。在大众媒体中，德国以及德裔美国人被辱骂。在这种气氛下，进步运动迅速萎缩。社会党因强烈反对美国参战，被政府迫害及被民间自发的警卫性暴力所严重压抑。其领导人由于强烈反对战争和在 1917 年新通过的《反间谍法案》（Espionage Act）庇护下的别动队而被判长期入狱。社会党的报纸被没收，它在很多地方的办公室被暴徒破坏。尽管社会党的力量在战争时期的压迫中幸存下来，但是在战争结束后又被进一步削弱，因为一种更普遍的仇外情绪蔓延开来，这种情绪将激进运动和新移民联系起来。在 1919—1920 年间，联邦调查局指挥了一系列袭击，怂恿底层民众驱逐可疑的外国激进分子。[22]

192   由于改良和社会主义运动几乎消失，短时期的管制资本主义时期结束了。接连三个保守的共和党总统获选上台。原本国家扮演的积极角色被自由放任所代替，国家放弃执行进步时期对企业的调控政策或者反托拉斯法律。1913 年建立的联邦储备系统在 20 世纪 20 年代基本上是消极无作为的。在意识形态上，一种原始的个人主义压过了早先对合作和社会责任的呼吁。

在 20 世纪 20 年代，纽约银行家们对经济的控制力在一定程度上减弱了。新的金融中心在芝加哥和旧金山兴起了，新的重点工业行业出现并且脱离银行家的控制，比以激烈反对华尔街的亨利·福特为先锋的汽车工业（Kotz，1978，41-47）。一种致富的狂热症四处蔓延。合作式竞争以及它所要求的避免减价机制都面临巨大压力，特别是在 1929 年之后。通货紧缩又回归了，在 1920—1929 年间，尽管经济在这一时期继续增长，但消费价格指数下降了 14.4%。

就像新自由主义初期所发生的一样，压制罢工浪潮对于 20 世纪 20 年代自由主义制度结构的出现发挥了一个关键作用。1919 年 9 月钢铁工人在几个州发起了罢工，但是在已经变化了的政治气氛下，宾夕法尼亚州、特拉华州和印第安纳州的警察和国民警卫队出面干涉并镇压了罢工。1920—1925 年间，工会会员人数从 470 万下降到 350 万，下降了 25%（Public Purpose，2013）。

尽管 20 世纪 20 年代中期以后，全球大部分区域陷入萧条，但是美国经济在整个十年中都快速发展。1920—1929 年间，实际国民生产总值（以往用于衡量一国产出的指标，类似于 GDP）每年增长 4.1%。消费支出和企业固定投资都增长得很快，分别增长 4.6% 和 5.2%（统计数据来自 Gordon，1974，24）。

在第四章中，我们指出新自由主义时期有三大重要特点：不平等增加、巨大的资产泡沫和投机性的金融机构。这三大特点也都出现在 20 世纪 20 年代的自由主义制度结构中。

由于 20 世纪 20 年代商业繁荣但是工会力量下降，人们可以想象实际工资不会增加。但是，在 1924 年限制移民的法案通过后，往美国移民的人数急剧下降。在 1905—1914 年间，进入美国的移民每年高达 100 万人，而 1925—1929 年进入美国的移民降到 29.6 万人（U.S. Bureau of the Census，1961，56）。快速的经济增长加上对移民的限制使得失业率保持在很低的水平，在 1923—1929 年间维持在 1.75% ~ 5% 范围内（Romer，1986，31）。即使在工会缺席的情况下，这样的大环境也有利于提高工人的谈判力量。尽管制造业产业工人的名义工资在 1920—1929 年间基本没有变化，下降的消费价格导致他们的实际小时工资每年增加 2%。然而，制造业的小时产出增长更快，以年均 5.5% 的速度飞快增长（U.S. Bureau of the Census，1961，92，126，601）。这个十年正是流水线方法被大规模应用于生产的时期。这些数据表明，这十年中，收入正从工资转移到利润。一项研究发现，总利润和总工资之比从 1923 年的 27.3% 上升到 1929 年的 32.8%（Devine，1983，15）。1% 最富有人群的收入所得占社会全部收入的比例从 1920 年的 14.8% 上升到 1929 年的 22.4%（Piketty and Saez，2010）。因此，20 世纪 20

年代是一个不平等日益增加的十年。

20 世纪 20 年代也出现了一系列巨大的资产泡沫。在 20 世纪 20 年代早期，巨大的房地产泡沫产生了，最著名的是佛罗里达的住宅地产泡沫，有些住宅地产在一天中被倒手多达十次。房地产泡沫是全国性的，特别影响了纽约和其他大城市的商业地产（Historical Collections，Harvard Business School Baker Library，2013）。美国非农场住宅的估值在 1918—1926 年间增加了 400% 多。在迈阿密，一张建筑许可证从 1919 年 1 月的 8.9 万美元上升到 1925 年 9 月的 800 万美元（Goetzmann and Newman，2010，2）。1926年，房地产泡沫开始破裂。

众所周知，从 20 世纪 20 年代中期开始，美国的证券市场就产生了巨大的泡沫。从 1925 年年中到高峰期 1929 年 9 月，道琼斯工业股票价格平均上升了 3 倍多，而一个典型的大型制造业公司在那个时期的总利润仅上升了 42%（Federal Reserve Bank of St. Louis，2013；U. S. Bureau of the Census，1961，591）。1928 年，在纽约证券交易所接近 10 亿支股票被倒手（Gordon，1974，34）。很多股票投资者相信他们在变富。

194　　在 20 世纪 20 年代，金融机构的投机性日益增强。一系列的"金融创新"被引入，成为神奇的赚钱机器。创新之一是公用事业控股公司，这是一种高度金字塔化的机构，它可以通过一笔相对小规模的初始投资控制很多大的电力设施。到 1929 年，10 个公用事业控股公司控制了约 75% 的美国电力设施（Bonbright and Means，1932，91）。控制这些公用事业控股公司的投资银行将它下属各级公用事业控股公司的股票和债券卖给公众，同时还垄断公用事业证券业务。这些机构是高度复合的，一个公用事业控股公司的债券利息是用另一家公司的收入来支付。另一个"金融创新"是封闭式投资信托公司，这是一种由投资经理和发起人首创的投机性投资工具。那些发起投资信托公司的投资银行利用投资信托公司作为借入资本的来源和证券上市的场所（Kotz，1978，48-49）。

在 20 世纪 20 年代，甚至出现了新自由主义时期抵押贷款支持证券的先驱，当时金融机构创造了由商业地产支持的债券。这些债券由抵押贷款公司发行，投资银行负责销售。债券的利息将由新商业地产项目的租金收入来支付。[23] 从 1921 年到 1925 年，房地产类债券占美国所有发行债券的比例，从 2.5% 上升到 22.9%。这些高度投机性的债券和这一时期的商业地产泡沫紧密地联系在一起（Goetzmann and Newman，2010，24）。

新的投机工具最初是由金融操作者个体创造，但是当他们的盈利变得越发明显时，大银行家就禁不住诱惑也加入进去。到 1929 年，摩根金融集团控制了两个最大的公用事业控股公司，高盛等大型投资银行也像大型商业银行一样发起设立了投资信托公司（Kotz，1978，48-49）。最大的商业银行同期也建立了证券分部，这使它们可以分享证券投机事业中的利润机会（Carosso，1970，272）。

20世纪20年代，金融资本式微，金融化进程开始出现。金融行业在新自由主义时期的功能和它在20世纪20年代并不相同，但是总的来说它们之间的相似性更多一些，而它们和J. P. 摩根时期的金融以及20世纪初的金融资本的相似性则更少一些。

不平等上升、资产泡沫膨胀和金融机构的投机行为与日俱增构成了咆哮的20年代的特征。[24]在1929年10月股票市场泡沫破裂后，美国经济陷入大萧条。[25]当经济持续多年低迷时，20世纪20年代的金融创新都毁灭殆尽了。到1933年3月，道琼斯平均指数从1929年9月的高点下降了13.8%，于是，美国的银行系统在这个月关闭了。

尽管咆哮的20年代和新自由主义时代很类似，但1929年的美国经济和2008年的美国经济却很不相同。1929年的联邦政府规模很小，它的总开支只占当年国民生产总值的3%（*Economic Report of the President*，1967，213，284）。政府在应对衰退方面没有经验，如果要有效应对这样的衰退，无论如何需要把政府开支从1929年的低水平大幅提高，而这只在美国加入第二次世界大战后才成为现实。另外，在金融崩溃和实体行业衰退发生的时间先后方面，两次危机正好相反。尽管两次危机都由资产泡沫破裂所引爆，但在20世纪30年代，实体经济已持续衰退多年，最后在1932—1933年导致金融崩溃，而在2008年的危机中，金融崩溃一触即发，不过后来由于政府干预，这次崩溃被阻止了。

源于20世纪20年代自由主义形式的资本主义的长期危机，被第二次世界大战后建立的管制资本主义体系所完全解决。这向我们提出了一个问题：在未来的几年中，是否可能出现类似的转变，并产生一种新形式的管制资本主义？

历史的教训

我们大致勾勒了镀金时代、金融资本和进步时代以及咆哮的20年代，以及这三个年代之间的过渡，这些为我们判断当前经济在未来可能变化的情形提供了经验。当前的危机不是第一次而是第三次美国自由主义形式的

资本主义危机。声势浩大的社会运动促使大企业的领导要么支持要么默许
196 国家功能的扩大,因此在 1900 年和 20 世纪 40 年代末向管制资本主义转变
的过程中,大企业发挥了重要作用。经济集中度的增强在 1900 年后向第一
次管制资本主义的转型中也发挥了作用——尽管在第二次世界大战后第二
次向管制资本主义转型中没有发挥作用。大银行家在 1900 年后向第一次管
制资本主义的转型中也发挥了特殊的作用,但是总体来说和大企业一样,
大银行家在第二次世界大战后第二次向管制资本主义转型中没有发挥特殊
的作用,这在第三章中已有论述。当我们下一步考察经济在未来的发展趋
势时,将需要回顾上述历史经验。

注释

[1]"强盗式资本家"这一术语最初是在 19 世纪 70 年代开始流传。但是它之
所以广为人知则是由于约瑟夫森的一本同名著作(Josephson,1962[1934])。

[2]将 1870—1916 年分为两个时期,对此近期有些历史学家提出了挑战,他
们认为重要的改革发生在 1900 年之前,比如建立联邦公务员制度和对铁路进行管
制都是发生在 19 世纪 80 年代(Edwards,2006)。要了解对这一争论的讨论,可参
考约翰斯顿的著作(Johnston,2011,97-101)。在我们看来,19 世纪 80 年代的改
革还很有限,不足以支持爱德华兹有关从 1870 年后是一个长时段进步时期的观点。
在 1900 年以前主导性的商业实践和政府的经济政策都符合我们自由市场的或者自
由主义的资本主义概念。

[3]"金融资本"这一术语最早是由希法亭(Hilferding,1981)在一本书中提
出来的,这本书于 1910 年用德语出版,主要依据的是那个时期德国的资本主义发
展新情况。本书中使用的金融资本概念适用于美国,和希法亭最初的阐述稍微有些
差别。

[4]积累的社会结构理论学派的大多数著作认为,从 1900 年左右直到 20 世纪
30 年代早期美国经济都是建立在同一个积累的社会结构基础上(Gordon et al.,
1982,chap.4)。在我们看来,有充足的证据证明在第一次世界大战之后的美国产
生了一种新的社会积累结构。

[5]"咆哮的 20 年代"这个术语一般用来指美国在那十年的经济繁荣和文化
变迁。

[6]唯一的例外是新英格兰地区,在那里,大型棉纺织品工厂始终处于优势地
位。在 1865 年,匹茨堡有 21 家轧钢厂和 76 家玻璃厂,而克利夫兰有 30 家炼油厂。

[7]尽管在这一时期资本家可以自由地用他们认为合适的任何方式追逐利润,
但是美国政府出台了相关政策,在这样的背景下,工业企业家的个体利润动机将引
导他们在新技术上进行生产性投资,并刺激快速的经济增长。国家资金对新交通体

系的投资支持创造了一个巨大的国内市场；高额的保护性关税使投资发展美国工业有利可图，而且使美国工业能够和更发达的欧洲对手竞争；国家鼓励欢迎外国移民确保了充足的劳动力。因此，尽管这个时期的资本主义一般被看作是一种自由主义类型的资本主义，但国家在推动经济快速发展上做了大量工作。历史显示，快速工业化往往需要国家的支持。在 20 世纪，推动不发达国家发展所需的国家支持和19 世纪比起来进一步扩大了，因为 20 世纪的后发展国家面临的来自发达国家的经济竞争，比 19 世纪时要强烈得多（Chang，2002）。

[8] 与美国形成强烈对比的是，1878—1894 年间英国、法国和德国实际产出的年均增长率分别是 1.7%、0.9% 和 2.3%，都比这些国家在此前几十年的增长率要低（Gordon et al.，1982，43）。

[9] 关于 19 世纪末期通货紧缩的原因，经济学家的意见并不统一。有些经济学家将其归因为那个时期的货币因素，因为货币与那个时期的银行和更广泛意义上的金融体系的性质存在关联。

[10] 尽管 19 世纪末期美国的经济产出增加很快，但是积累的社会结构理论的支持者认为，在那个时期的美国发生过一次结构性危机，因为这一时期美国国内面临经济衰退以及工业利润率下降。参看戈登的著作（Gordon et al.，1982，41-47）。很多学者将欧洲从 19 世纪 70 年代到 90 年代的这段时间视作第一次大萧条，欧洲在这段时间的经济增长确实下降了。

[11] 一家拒绝卖给洛克菲勒的独立炼油厂被炸掉。在 1887 年的审判中，这一行动被归咎到一个下级官员身上，他过度执行了洛克菲勒的指示（Josephson，1962，269-270）。

[12] 参看莫里斯（Morris，2005）和约瑟夫森（Josephson，1962）的著作，以了解杰伊·古尔德的商业实践。丹尼尔·德鲁是那个时期投机资本家的另一个典型。

[13] 杰伊·古尔德的著名的"业绩"实际上基本是依靠诈骗和内幕消息，通过牺牲别人的利益，获取巨额的投机利润。第四章提到，我们认为投机活动一般并不服务于任何有意义的目的，而是一种有害的行为，这种行为靠内幕消息来交易，或者在待出售的项目上故意误导购买者，随着时间的推移，能够获得巨额利润。

[14] J. P. 摩根和英国资本家有联系，后者通过摩根的投资银行投资美国的证券。德国的犹太资本家通过库恩、勒伯等德国犹太人移民开办的投资银行投资美国。高盛和雷曼兄弟在 19 世纪 90 年代还都只是纽约的小投资银行，在 1906 年之后开始经营轻工业和零售行业的证券。这些行业被大投资银行忽略了（Kotz，1978，34-35）。同时参看罗伊（Roy，1997，chap. 5）和切尔诺（Chernow，1990，pt. I）的著作。

[15] 经济学家提出了"破坏性竞争"的概念，认为这种竞争特别是对于像铁路或者钢铁这样的产业破坏性很大，这些产业的特点是，具有很高的固定投资成本，但是从已有生产能力中获得进一步产出的成本却很低。在新自由主义时期，这

一概念却从经济学教科书中消失了。

［16］罗伊（Roy，1997，chaps.5，8）讨论了投资银行和巨型公司在这一时期的崛起。

［17］卡内基是一位激进的苏格兰纺织工人的儿子，他在内心对于自己一门心思追求财富一直很质疑，并为此苦恼。在1885年他曾主张社会主义是新工业社会的未来，震惊了主流社会的观点（Nasaw，2006，1，256）。将自己的公司卖给J.P.摩根以后，他退休并成为一位重要的慈善家。

［18］约翰·D.洛克菲勒的人生走过了一个独一无二的轨迹。他以工业企业家起步，在炼油行业让自己的标准石油托拉斯攫取了垄断地位。19世纪90年代，一个以纽约花旗银行为中心的新金融集团形成了，洛克菲勒的资产是这个金融集团的基础。到20世纪20年代，从洛克菲勒的资产中又派生出以大通曼哈顿银行为基础的第二个金融集团（Kotz，1978，37，50-5）。

［19］道莱（Dawley，1991，128）提出了一个涵盖所有派别的单一进步主义，但是区分改良运动和社会主义运动的不同目的和支持者也是有用的。

［20］反对不受欢迎的标准石油托拉斯和美国烟草公司的诉讼是成功的，二者后来都被拆分了。

［21］反托拉斯的政策开始从拆分大公司转向调控其行为，以稳定新的大企业资本主义，这种做法被1920年美国最高法院的一个判决进一步巩固了，该判决驳回了政府拆分美国钢铁公司的请求（Justia U. S. Supreme Court Center，2013）。法院裁定，美国钢铁公司不应该被拆分，因为它没有试图通过将竞争者驱赶出这个行业或者收购全部竞争者来取得垄断地位。这被解读为在法律上接受大型甚至支配型公司的存在，只要它们以一种合作的方式对待竞争者而不是力图将它们从行业中驱逐。

［22］第一次世界大战之后，社会党被其他一些因素削弱了，包括就是否要支持俄罗斯的布尔什维克政权发生争论导致组织分裂。很多支持俄国革命政府的党员离开了社会党，组织了一个新的组织，这个组织后来演变为共产党。

［23］20世纪20年代的房地产支持的证券和新自由主义时期抵押贷款支持证券有区别，前者由地产产生的收入所支持，而不是像后者那样由地产的抵押贷款所要支付的利息所支持。

［24］20世纪20年代的这三大发展可以解释这十年相对较快且较稳定的经济增长，是以和新自由主义时期一样的方式做到的。不过，本书作者还没有做相关的必要研究，以判断这一结论是否有事实依据。

［25］经济萎缩在1929年8月就开始，但是在股票市场崩溃后，衰退立即加速了（Gordon et al.，1974，41）。

第七章
未来可能的走向

资本主义国家在2008年之前爆发的每一次结构性危机，最终都导致重大的制度重建。这一规律适用于19世纪晚期的危机、20世纪30年代的大萧条和20世纪70年代的危机。在每种情况下，从当期形式的资本主义中都会形成一种新的积累的社会结构。“结构性危机”是指那些不经过重大的制度重建就无法解决的危机，这一概念的现实相关性就源自上面这些历史。 197

在像今天这样影响世界主要大国的危机期间，可行的制度重建将不仅发生在个别国家中，而且必须在全球经济中产生作用。这使今天任何可能出现的重建过程都变得更为复杂了。因为在资本主义时期，政治权力集中在民族国家层面，所以过去全球经济的制度重建是由一个或几个强权国家所主导的，就像第二次世界大战后的制度重建一样。

从当前产生出来的任何新的积累的社会结构都要符合几点要求。它必须能够有效地提高利润率，促进经济的稳定扩张。为了做到这一点，除了促成一个利润率较高的生产过程之外，它还必须保证对经济的产出有日益增长的长期需求。它还必须维持稳定的资本主义阶级关系，特别是劳资关系。它还必须提供一套清楚明白的、有强大吸引力的意识形态理念，这套理念将像胶水一样将积累的社会结构聚合在一起，让这一结构保持稳定，而这种稳定性是保证长时期的高利润率和稳定的经济扩张所必需的条件。

从过去自由主义的积累的社会结构之后的制度转型历史中，我们在第六章总结了几大规律。在前两次转型即镀金时代和咆哮的20年代后的转型中，转型方向都是管制形式的资本主义，而且在向管制资本主义转型的过程中，大企业都发挥了领导作用。在两种情况下，改良主义和激进的社会运动都推动了经济向管制资本主义的转型。在镀金时代后向管制资本主义 198

的转型中，经济集中发挥了重要的作用，大银行家也彰显了自己的力量。但是在咆哮的 20 年代后向管制资本主义转型的过程中，这两个特征都没有表现出来。

我们将从经济的制度形式方面考察未来四种可能的变化（或者说不可能的变化）方向。第一种方向是继续推进新自由资本主义，可能对它做出一些调整。第二种方向是一种管制资本主义崛起，在这种资本主义中，企业通过国家和非国家制度的结合独自管制经济。第三种方向是一种基于劳资妥协的管制资本主义。第四种方向是资本主义被一种替代性的社会主义体制所取代。在这四种方向中，前两种在劳资关系方面将维持资本对劳动的完全统治地位，第三种则是劳资妥协，第四种将超越资本主义体系中那种典型的以劳资关系为中心的经济。

一种新自由主义的未来

在写作本书的时候，新自由主义已经在美国存活下来了，尽管在金融和地产行业危机最严重的时期，政府曾采取强干预政策，这种政策和美国一直采取的新自由主义理论和政策处方，以及对金融部门温和的监管很不一样。如第五章所论，在美国，不平等在继续增加，银行也在继续寻找办法从投机活动中赚取利润。利润率基本恢复到 2011 年的水平，如图 5 - 16 所示。但是，没有产生新的资本泡沫，况且在近期也不可能出现。家庭债务没有上升而是下降。由于缺少大的资本泡沫和与之相联系的债务推动的
199 消费者支出，新自由主义不可能促成稳定的经济扩张。如图 5 - 17 所示，在整个 2012 年资本积累都一直下降。如果新自由主义的积累的社会结构仍然保持不变，那么它的未来必然是停滞和动荡。

然而，我们也不排除这一可能，即短时期内不会出现重大的制度重建。积累的社会结构理论主张，在结构性危机中，一种新的积累的社会结构最终必定出现的趋势是很强大的，但这也仅是一种趋势。危机将持续很长时间甚至非常长时间仍是可能的。这样的结果将导致长期的经济下滑——这在历史上发生过很多次了。日本在 20 世纪 70 年代和 80 年代看起来正要征服世界经济，在 1989 年便陷入严重的经济危机。尽管关于需要进行重大改变的谈论非常多，但是在接近 25 年的停滞后，日本经济几乎没有什么实质性的改变。

　　由于缺少维持经济稳定扩张的动力，新自由资本主义使得大多数人的生活和工作条件继续恶化。"没有替代社会"的鼓吹将逐渐式微，多种形式的激进行为和政治动荡很可能将接踵而至。当大公司继续保持高利润率，以及它们的高管继续获得大量财富时，人们不可能期望大公司内部出现对经济改变的支持。

　　观察一下美国今天的政治和经济版图，我们没有发现任何重大改变来临的迹象。一般很难提前预见或者想象和过去激进断裂的情景。尽管当前的制度之所以能继续维持下去，部分是因为其能够使人们相信这些制度是永恒不变的，然而，激进的断裂一定会发生。19 世纪 90 年代，当"强盗式资本家"肆意吞并中小企业并完全不受政府管制的时候，人们不可能想象到 1900 年之后将在美国展开的巨大变化。在 1932 年，人们也不能预见到，在接下来的几年中，美国的国家功能以及劳资关系将发生那么巨大的革新。

　　在接下来的几年中，如果有一种新的制度结构在资本主义中产生出来，我们推断它可能是一种管制形式的资本主义。历史展示的情况是，从自由主义形式的资本主义的危机中诞生的往往是管制形式的资本主义。由于历史上的相关案例很少，这一前后关系可能仅仅是巧合。然而，这一前后相继的关系之所以被关注也是有原因的——分别在 20 世纪 20 年代和 1980 年后产生的后两种自由主义形式的资本主义，最终导致大爆炸式结构性危机。这些危机往往包括金融危机，而镀金时代第一次自由主义形式的资本主义还导致严重的萧条和金融危机的反复。在自由主义资本主义时期，极端的不平等和投机性很强的金融行业必然催生出结构性危机，这必然催生出对解决这些问题的制度诉求。相比问题重重的资产泡沫，国家发挥更积极的功能是减少不平等的办法之一，无疑它也是解决需求不足的更好办法。国家干预，或者由一些势力强大的私人角色组成的小集团的垄断控制（就像历史上的 J. P. 摩根式金融资本），看起来是驾驭制造投机活动的金融公司的唯一方法。在自由主义制度实践了较长时期以后，不受限制的利润追逐所对应的巨大社会代价将变得非常明显，这将为限制自由放任的市场制度积蓄支持力量。[1]

　　因此，历史事实和理论考量都预示，出现经济重构的可能性很大，这种经济重构将管制经济活动并限制市场。不过，这样的经济变化可能采取几种不同的形式。其中两种将开创一个管制资本主义新时期，第三种将超越资本主义。

大企业管制的资本主义

当前，美国的劳工和公民运动非常微弱。大企业及其盟友在政治和公共意见形成方面有巨大的影响。在这种条件下，如果发展出一种新形式的管制资本主义，那么它将很有可能延续资本对劳动力的压倒性力量，不过会在制度上有些改变，以通过多种方式达到驾驭市场的目的。我们称这种趋势为大企业管制的资本主义。

一般说来，在一次重大的制度变迁之前，会先兴起一种支持这一变迁的新理念。当前，新自由主义理念维持了自己的霸权地位。在 2009 年以后的经济紧缩时期，曾出现过一种更极端的新自由主义政策姿态。美国国会中相当多的共和党议员采取了一种非常强烈的反政府姿态，将最大可能地削减税收和公共开支作为最高的政治目的，威胁通过拒绝提高联邦债务上限来逼迫联邦政府破产。[2] 甚至有些竞争联邦政府职位的候选人声称要废除税务局。[3]

然而，最近一些著名的保守主义分析者开始对新自由主义进行反思。在 2008 年 12 月金融危机的深重时期，威廉·克里斯托尔，这一美国保守主义思想界的偶像人物，在《纽约时报》撰写了一篇很有影响的专栏文章，题为《小的不是好的》（Small Isn't Beautiful）（Kristol，2008）。他指出"保守主义者……在打着'小政府保守主义'旗号投入战斗前最好要三思"，他提出了一个大政府必然性的论证，认为"公众清楚地知道无论谁当权政府都不可能缩小"。在赞同性地引证乔治·W. 布什所引入的医疗保险药物福利制度后，他开始表现出赞同扩大政府开支，不过是用于军事而非基础设施建设上。他最后做出结论，将小政府保守主义主张比作著名的轻骑兵冲锋———一种不假思索的灾难性行动，这种行动是基于习惯而非理性做出的。

在 2012 年，另一个保守主义的偶像人物福山提出了一种保守主义主张，这种保守主义基于"一种对亚历山大·汉密尔顿和西奥多·罗斯福传统的复兴，这种传统认识到一个强大且有限政府的必要性，并将国家力量用于民族复兴"（Fukuyama，2012）。他把对国家不信任这一问题同时归咎于政治上的左派和右派，他谴责当代的右派"把这一点发展到了极端荒唐的程度，他们力图把时钟倒拨到 19 世纪和 20 世纪之交的进步时代之前"。他建议当代的保守主义者要"超越对国家的意识形态厌恶"，并支

持对军事力量的投资，以及把"重建经济当成从长远来看重振军事力量
的前提条件"。值得指出的是，亚历山大·汉密尔顿在独立战争之后因为
支持一个强大的中央政府并与杰斐逊的观点对立而知名，而西奥多·罗
斯福是 1900 年之后第一波管制资本主义的设计师，可参看本书的第
六章。

2013 年 4 月，据报道，一个重要的保守主义组织——美国保守主义联
盟，和工商业游说者结成伙伴关系，反对削减对军事和基础设施的开支。
该组织以前曾力主减少政府开支和限制政府规模。[4]

克里斯托尔和福山赞同性地引证西奥多·罗斯福，对于他们这些亲商
业的知识分子来说是有道理的。因为在西奥多·罗斯福时期，商业在政府
政策的转变中起了积极作用，罗斯福反对通过反托拉斯法将大公司拆分为
小公司，而是批准保留"负责任的"大公司。进步时代的改革很少涉及劳
工权利或者福利计划。鉴于金融资本家在那个时期发挥了重大作用，同时
在劳动关系上没有任何重大改变，也没有实施任何重要的社会福利计划，
所以我们可以判定进步时代的积累的社会结构是大企业管制的资本主义的
先声。[5]

关于忽视劳工权利的管制资本主义还有其他的例子，比如发展型国家
模式就是如此。日本从 19 世纪 70 年代开始，韩国从 20 世纪 50 年代开始，
都借鉴了发展型国家模式以快速建设资本主义，这种模式由国家指导经济。
在日本，这一模式最初是由旧的封建统治阶级的一部分所建立的，后来交
由国家官僚集团来管理。在韩国，军方组织了一个同样的发展型国家模式。
两者在经济上都是很有效率的，带来了快速的经济发展，但是劳工仍然处
于被压制状态。尽管不能说商业控制了国家，事实是商业屈服于国家，然
而，在一个发展型国家中，资产阶级从一开始就发展得并不完善，这是和
发达国家的资产阶级很不同的一个状况。

表 7-1 列举了可能在美国出现的大企业管制的资本主义的主导性理念
和制度。劳动力市场将继续它现在的形式，在劳资权利关系上，将继续以
资本完全支配劳动力为特点。美国和全球经济的联结也不会有大的变化。
然而，政府的作用将发生变化，同时大公司的相关制度和主导性理念也
会发生变化。在政府作用方面，对新自由资本主义的重大偏离将表现为
管制金融行业以克服金融不稳定，同时引导信贷流向生产性的用途；扩
大对军用和民用基础设施的公共投资；促进创新；扩大私人企业和公共
部门的伙伴关系。公司内部结构将采取和第二次世界大战后的管制资本
主义很类似的形态。

202

203

表 7 - 1　　　　　大企业管制的资本主义的理念和制度

1. 主导性的理念：民族主义；个人和组织对社会、国家负责任
2. 全球化的经济
　1）追求自由贸易协定；
　2）追求控制全世界的自然资源；
　3）保持军事的优势。
3. 政府在经济中的作用
　1）扩大公共部门和私人部门的伙伴关系；
　2）政府对金融行业的管制；
　3）政府投资于军用和民用基础设施；
　4）促进创新以取得国家的优势；
　5）对企业实行低税制；
　6）有限的社会福利计划；
　7）基于成本-收益分析的有限的社会管制；
　8）有限地执行反托拉斯法。
4. 劳资关系
　1）进一步将集体谈判边缘化，可能建立雇主主导的雇佣者协会；
　2）工作进一步临时化。
5. 公司部门
　1）回归保持独立性的合作式竞争；
　2）将公司追求目标转向长期表现；
　3）在公司内部回归科层制原则；
　4）金融制度向集中为非金融企业提供融资回归。

　　能够把这一套积累的社会结构聚合在一起的主导性理念是诸如民族主义和个人责任一类的价值观。这些理念可以使更强大的国家作用合法化，也能让普通人获得一种归属于一个更强大实体的感觉，这将有利于普通人在物质激励有限的情况下接受这一制度。

204　　这一套制度不仅很严密，而且对于在长时期内提升利润率和推动经济扩张有很大的潜力。雇主对劳工的支配会带来利润的增加，国家日益增加的开支可以解决需求问题——在不平等扩大的情况下，如果没有国家开支的加大，就会产生需求不足的问题。对金融的管制可以使国家在激烈的全球竞争中获胜，并保持金融稳定。

　　对于这样一种积累的社会结构的可能不利因素就是美国国债的高企。财政紧缩的拥护者可能主张说，这样的模式将使国家破产。但是在第五章中关于第二次世界大战后美国债务的例子表明，这一反对是站不住脚的，当时由于美国经济的增长，美国债务相对于美国 GDP 的比例稳步下降（参看图 5 - 15）。如果这样一套制度能够成功地带来相对快速的经济增长，那么提高政府开支（其中包括有限的社会福利开支），便能够和一个稳定的甚至走低的公共负债率并行不悖。

一种大企业管制的资本主义可能采取下面两种变种形式。右翼变种将强调扩张军事力量，采取侵略性的外交政策，对不满者采取压制政策。中派变种将强调建设民用基础设施，通过国际联合实施外交政策，对公民自由有更多的尊重。[6]

任一一种变种对工人都不会有利，大多数工人的生活境遇将恶化。右翼变种将带来严重的政治压迫。由于鼓吹民族主义的意识形态并追求在全球的经济统治地位，很可能会催生地区或者全球性的战争威胁。

还不清楚这种形式的资本主义如何在当前条件中产生。对于商业而言，国家在经济中发挥积极作用具有潜在的危险性，因为国家权力最后可能会被用来追求对商业不利的目标。因此追求这一模式是一项复杂而又困难的事业。

美国的大企业一直觉得组织起来去实施一个共同的计划是件很困难的事情。在资本主义社会，资本主义的基本制度往往使资本家之间陷入互相争斗，而且不同商业部门之间的利益互相冲突，这对于一种大企业管制的资本主义的形成构成了障碍。近期在某些行业里，资本集中的快速增加有利于发展出这样一种积累的社会结构。如上所述，银行业已经变得高度集中。这也许将导致 J. P. 摩根式而非杰伊·古尔德式金融领袖的出现，后者的继承人在近些年统治了金融行业。

也许对于这种或者其他任何形式的管制资本主义再生的最大障碍是当前社会运动的低潮。荒谬的是，除非资产阶级眼见大众运动——无论是改良主义的还是激进的——正威胁到他们的长远利益，否则美国不会诞生哪怕是大企业管制的资本主义。说得难听一点就是，资本家并不善于从长远角度维持资本主义，只有亲眼见到对核心利益的真正威胁，他们才会被迫改变。

社会民主主义形式的资本主义

劳工领导和中左翼政治人物会支持向这样一种形式的管制资本主义复归，它类似于美国在第二次世界大战后几十年流行的那种管制资本主义。有一些信奉凯恩斯主义的经济学家已经认为有这种转变的可能（Palley, 2012）。如果劳工运动获得复兴并在未来的几年中壮大起来，那就会是经济转变的一种可能方向。我们这里使用"社会民主主义"指称一种管制形式的资本主义，在其中劳资之间的妥协发挥了关键性作用。[7]

正如我们在第三章中所看到的，第二次世界大战后的管制资本主义体制建立在劳资妥协的基础之上，而这种妥协又是产生于具体的时代背景之下：除了来自全世界的社会主义运动的重大威胁，还有战斗力很强的劳工运动。这些情况加上对再次出现大萧条的担忧，导致大企业的领导人和劳工妥协，并在 20 世纪 40 年代末期转向支持一种管制的资本主义。20 世纪 30 年代的劳工运动的勃兴直到 1934—1935 年才开始，这已经是大萧条开始后的好几个年头了。工人对于一场经济大危机的直接反应是努力通过个体或者家庭的挣扎生存下来。只有危机持续一个时期以后，他们才转向集体行动。在最近这次危机中，劳工的活跃可能再次出现——这种情况已经在希腊、西班牙和其他国家出现。在美国，劳工的战斗也爆发了，包括 2012 年在威斯康星州，在一场工会和反工会的政府领导的冲突中，工人占领了州议会大厦，以及在 2013 年，主要的连锁快餐店爆发了史无前例的全国性短期罢工。

表 7 - 2 提出了假定在美国可能出现的社会民主主义形式的资本主义的主导性理念和制度。它和展示以往管制资本主义的理念和制度的表 3 - 1 只有很小的差别。差别主要包括：修订了知识产权法 [3（4）]，对绿色技术进行公共投资 [3（6）]，加强工人组织权利 [4（1）]。我们从历史知道，在第二次世界大战后，这一系列的理念和制度能够带来一个长时期的高利润和快速的经济扩张。表 7 - 2 所提出的更高水平的最低工资，以及对工人组织起来和加入工会的权利的更强保护，加上这张表所列出的其他条款，将导致工资和利润以相同的速度增加。这将有助于解决长期经济扩张的需求问题。如果这种制度安排有利于提高生产能力的利用率，它也将有利于提高利润率。劳资妥协，加上反周期的财政和金融政策，将能够保持经济的稳定性和可预测性，后者有利于进行长期的生产性投资。在基础设施和新技术上的投资也将有利于经济增长。

表 7 - 2　　　社会民主主义形式的资本主义的理念和制度

1. 凯恩斯主义的思想和理论的统治地位的回归
2. 全球化的经济
1）向有管制的贸易协定转变；
2）阻碍金融资本的自由流动；
3）对于全球资源的获得达成跨国协定。
3. 政府在经济中的作用
1）凯恩斯主义的财政和金融政策的回归，以达到较低的失业率和可以接受的通货膨胀率；

2）重新管制金融行业；

3）强化社会管制：环境保护，职业安全和医疗健康以及消费品安全；

4）强烈反托拉斯强制措施的回归，同时修订知识产权保护法律，减少在知识产品和其他产品方面的垄断权力；

5）扩大对包括基础设施和教育在内的公共产品和服务的提供；

6）对新技术包括绿色技术的投资；

7）扩大福利国家政策，包括提高最低工资水平；

8）回归累进的收入税收体系。

4．劳资关系

1）在提高工人组织权利的鼓励下，回归公司和工会之间的集体谈判；

2）提高稳定的长期工作的比例。

5．公司部门

1）回归合作式竞争；

2）公司目标转向追求长期表现；

3）公司内部回归科层组织原则；

4）金融制度上回归，主要为非金融企业和家庭提供融资服务。

对于大多数人来说，一种社会民主主义形式的资本主义，相对于新自由主义的或者大企业管制的资本主义，好处大得多。它有望减少不平等，提高生活水平，以及给大多数人提供更高程度的经济安全。有一些分析家认为，尽管这种形式的资本主义在几十年前是可行的，但是由于经济全球化带来了不可逆转的变化，今天已经不再有可行性。然而，全球化在新自由主义时期所采取的形式也并非不可改变。正如第二章所提到的，历史表明，第一次世界大战前强烈的全球经济一体化趋势在第一次世界大战到第二次世界大战期间被逆转了，在第二次世界大战后，一种受支配力度更强的全球化在布雷顿森林体系下形成了。如果未管制的全球化曾经被逆转过，那么这一过程还有可能被再逆转一次。这样的假定应该是可能的：一个新的全球体系将建立，在这一体系中，贸易将得到一定程度的规制，同时对潜在破坏力极大的资本流动实行很强的控制。如果资本在全球完全自由流 *207* 动的话，全球每一个国家的工人将彼此竞争，最后越来越奔向底线。如果希望表7-2所建议的一个新的社会民主主义形式的资本主义体制实现的话，世界重要国家之间必须达成共同协定，建立适合这一体系运行的新的 *208* 全球体制。要达成这一协定以促成一种新体制将是不容易的，但它仅是一个重大的障碍，而不是一个不可逾越的障碍。

另一个潜在的反对理由，是认为近几十年的技术发展使一种新的社会民主主义的积累的社会结构变得不再可行。有人声称，如果希望新的信息处理和通信技术有效发挥作用，就应采取新自由主义制度，我在第三章中对这一观点进行了批判。没有令人信服的证据表明这些新技术在新的社会民主主义形式的资本主义中将停止发展。这些技术将使一个包含更多计划的管制资本主义变得更有效率。

对于这种资本主义前景的另一种反对观点认为：它以前尝试过一次，但是最终导致了经济危机，并动摇了这种形式的资本主义。尽管对大多数人来说，这种形式的资本主义比新自由资本主义或者大企业管制的资本主义有更多的好处，但是积累的社会结构理论认为，任何一种形式的资本主义都能持续几十年，然后将导致结构性危机和另一轮的积累的社会结构的重建。而新社会民主主义体制的大多数支持者不同意这种判断，他们认定前一轮社会民主主义体制的解体源自偶然的经济和社会变化，这一次这些将能够得到避免。[8]

社会民主主义形式的资本主义将包括努力恢复工作岗位相当程度的稳定性，取代新自由主义下工作的临时化、非正规化趋势。鉴于公司发现用非正规工作代替稳定工作有利可图，这一目标将是很难达到的。但是通过将工会的诉求和国家对劳动力市场的管制结合起来，就有可能在达到这一目标方面取得一定程度的进展。

如果劳工运动复兴并壮大起来，那么另一轮社会民主主义形式的资本主义形式的诞生就没有什么不可逾越的政治或者经济障碍。然而，如果这种资本主义真的出现了，它将在一个较长时期引发一个严重的问题——这一问题源自这种形式的资本主义可能成功地又一次开启长时期的快速经济增长。如同我们上面所观察到的，社会随着时间变迁而发展变化，今天和20世纪40年代末的一个差别就是，环境约束在今天是很关键的因素，但是在20世纪40年代末还不具有约束性。

209　　历史记录能够很好地证明，人类经济活动是全球气候变化的原因之一，沿着现在的轨迹走下去，在未来50～100年内人类将陷入全球性的经济灾难。地球对自然资源的供给也进入紧张状态。美国另一个25年甚至更长时期的经济快速增长，加上其他发达国家的加速增长，将威胁人类文明的未来。

有些社会民主主义形式的资本主义的支持者期望向绿色技术的转变将带来和环境约束相适应的快速经济增长。绿色技术尽管很诱人，然而，事实并没有表明，引入绿色技术所减少的污染能够超过快速经济增长所带来的碳排放。对于这一问题的全面处理将要求考虑到为阻止大规模的全球气候变化所提出的各种方法，例如从大气中去除碳的努力。在这里我们不能深入考察这一复杂的争论，但是我们可以说，几十年的快速经济增长对于逆转全球重大气候变化的努力将构成严峻的挑战。[9]

一种社会民主主义形式的资本主义要求工资和利润一起强劲增长。但这一想法仅仅当产出也快速增长时才有可能性。正是因为社会民主主义形式的资本主义的运行模式的局限性，环境灾难的危机才和另一轮社会民主主义形式的资本主义的兴起发生了联系。

走出资本主义

我们有理由考察另一种经济变迁的方向，即走出资本主义，走向一种替代性的社会主义体制——尽管在当前这样一种发展的可能性看起来是非常小的。在 19 世纪，马克思主义理论预测，资本主义像先于它的其他体系一样，有一天将被一种新的社会经济体系所取代，这一新的体系在那个时代被称作社会主义或者共产主义。[10] 在 1917 年的俄国革命之后，社会主义体制被它的支持者和反对者广泛视为资本主义可能的替代品。它的支持者将社会主义社会看作一种更高形式的社会形态，但是它的反对者害怕社会主义将带来一个政治压迫和经济衰落的新黑暗时代。[11] 在 20 世纪的大部分时间中，两大体系之间的斗争一直持续，而斗争的结果在几十年中并不明朗。甚至有些社会主义的批评者也担心社会主义将最终代替资本主义，因为社会主义可能带来快速的经济增长、充分就业和给工人创造更高水平的经济安全。[12]

在 1989—1991 年间，几乎所有苏联模式的社会主义体制的快速瓦解，以及其后向资本主义的转型，激烈地改变了关于社会主义的主导性观点。甚至在社会主义的全盛期，从 1900 年到 20 世纪 70 年代，和欧洲以及世界其他地区的流行思想比较，社会主义在美国也没有争取到多少支持者。如同我们在第六章中所看到的，在进步时代，社会党壮大速度确实很快，但是它在全国从没有赢得数量可观的选票。在 20 世纪 30 年代和 40 年代又一轮的激进主义勃兴中，共产党是最大的社会主义组织。在那一时期尽管共产党在建立新的产业工会方面发挥了重要作用，而且有一个时期在知识分子和非裔美国人社区争取到了很多支持者，但是它也只能争取到全体选民中的很小一部分人团结在自己的旗帜下。这和 20 世纪欧洲的社会主义和共产主义政党赢得大众支持并崛起形成鲜明对比。[13]

今天，社会主义运动在全球特别是在美国式微。尽管苏联模式的社会主义兴衰史以及社会主义运动进入低潮，都对社会主义的复兴不利，但是社会主义将重新到来，并代表一种可行的替代性未来，这一可能性即使在美国也无法完全忽视。得出这一结论有如下几个原因：

第一，在第二次世界大战后几十年的管制资本主义时期，大多数人的物质条件得到了提升，但是在此后的新自由主义时期，这一进程被逆转。如我们所知，在新自由主义时期，美国一般工人的物质生活水平停滞不前甚至下降。从 2008 年危机开始后，资本主义最坏的一面得到了生动展示，数以百万计的人失去工作，数以百万计的人失去住房。尽管中位收入还没有恢复到危机前的水平，但是大公司的利润以及最富有的 1% 阶层的收入飙升。这一形势，对于重振人们对于替代资本主义的更平等模式的兴趣，提供了丰厚的土壤。

第二，正如第四章所论，在一些拉美国家，大多数人的经济状况在危机打击前就已经急速下滑，在委内瑞拉和玻利维亚，建设"21 世纪社会主义"的新尝试已经出现。尽管仍存在对社会主义的广泛污蔑和败坏，但是当资本主义对普通人施加的痛苦不可忍受时，社会主义作为一个更平等的替代模式的理念继续焕发出生命力。

第三，甚至在美国，有证据证明，有比预计大得多的人口对社会主义持赞同态度。在 2009 年春天经济危机的严重时期，美国主流的拉斯穆森民意调查机构做了一项关于美国人如何看待社会主义和资本主义的抽样调查。毫无疑问他们预计美国人根本不会有一点点对社会主义的肯定态度。但是当年 4 月 9 日发布的调查结果令人吃惊，以至这一结果被主流重要媒体广泛报道，并引起热烈的评论。调查发现，只有微弱多数即 53% 的人支持资本主义，而 20% 的人支持没有特别界定的社会主义，另外有 27% 的人没有做决定。在 30 岁以下的被调查者中，调查结果是 37% 的人支持资本主义，33% 的人支持社会主义，而 30% 的人没有作答（Rasmussen Reports，2009）。抽样调查分析专家奈特·西尔弗对拉斯穆森民意调查机构的数据做了分析，发现在最低收入人群中，支持资本主义和支持社会主义的人数几乎相等；随着收入水平上升，支持资本主义的人数急剧增加；但是当年收入超过 10 万美元时，支持资本主义的人数比例略有下降（Silver，2013）。

在其后几年中，美国其他顶尖的民意调查机构也做了同样的调查——虽然在提问的措辞上有所不同——它们报告的结论基本一致。皮尤中心2010 年 5 月 10 日发布的一项调查报告发现，52% 的人对"资本主义"一词持肯定态度，而对"社会主义"一词持肯定态度的比例是 29%。在对社会主义持肯定态度的受访者中，妇女占比 33%，年龄在 18 ~ 29 岁之间的人占比 43%（这一年龄段对资本主义持肯定态度的比例也是 43%），家庭年收入少于 3 万美元的人占比 44%（Pew Center，2010）。皮尤中心 2011 年 12 月用同样问题做的调查所得结果基本相同，只是年龄在 18～29 对社会主义 *212* 持肯定态度的人占比从 43% 上升到 46%（Pew Center，2011）。

很多评论人士说，对社会主义表达肯定态度的人比预期的比例大很多，是因为他们把这个词理解为欧洲的社会民主主义，这种社会有优越的社会保障、低水平的不平等，同时还是市场经济。也有人指出，右翼评论人士将"社会主义者"这个标签误导性地用于奥巴马总统，可能也导致在奥巴马支持者群体中对社会主义这个词的认同率提高。同时，有人指出，年龄小于 30 岁的受访者不记得苏联式社会主义的压迫性历史也是原因之一。尽管如此，这些调查结果确实表明，有相当大比例的美国人，特别是在年轻人和低收入家庭中间，对于他们所理解的"资本主义"的状况有严重的怀疑，而对作为资本主义替代方案的"社会主义"持肯定态度。

第四，2011 年 9 月占领华尔街运动的突然爆发是美国历史上第一次公开宣称反资本主义的抗议运动。这一运动在美国和世界至少 150 个城市举行了示威游行，宣称代表 99% 的人反对 1% 最富阶层的权势（Silver，2011）。尽管这一运动没有公开地呼吁社会主义，但是它的大多数（非官方的）领导者信奉某种类型的无政府主义或者社会主义思想。[14]占领运动没有创造出任何稳定的组织或者提出明确的口号和要求，于是到 2012 年基本沉寂下去了。但是它表明，在美国存在着支持激进反资本主义运动的潜在社会基础。

近期，美国很可能没有较大规模的激进运动会兴起。这对于新自由资本主义任何可能的替代制度来说并不是好现象。历史经验表明，激进运动将提供政治压力中的很重要的一部分力量。要催生某种形式的管制经济，即使这种经济仍然局限于资本主义体系之内，也需要一定程度的政治压力。如果有较大规模的激进运动兴起，那么不仅将会推动大资本家接受某种形式的管制资本主义，而且还有可能推动社会越过资本主义的界限。

替代资本主义，而且和社会民主主义形式的资本主义不同的当代社会主义将会是什么样的呢？表 7-3 列举了可能出现的"21 世纪社会主义" *213* 的基本理念和原则。表 7-3 所示的社会主义有时也被称作民主的参与式计划的社会主义，因为它包含一个民主的国家和一种参与式的经济计划。[15]由于这不是一种资本主义，而是一种完全不同的社会经济体系，表 7-3 只提供了一般原则，而不是像对不同形式的资本主义那样描述出更具体的制度，后者之所以能描述出更具体的制度，是因为资本主义的基本关系已经在位运行。尽管表 7－3 列举的大多数特征相对来说是不言自明的，但表中的第四个特征即参与式经济计划需要一些细化，这些细化请见下文。当代社会主义的拥护者努力使其避免 20 世纪某些形式的社会主义展现的负面特征，同时吸收了 20 世纪社会主义的成功之处，他们列出了替代资本主义的社会主义的极大优点。

表 7－3　　　　　　　　民主的参与式计划的社会主义的理念和原则

1. 合作、平等、人民主权和经济安全保障的权利等理念处于主导地位。
2. 生产性企业归社会所有，分三种情况：
1）国家、地区和地方政府所有；
2）工人所有；
3）合作社所有。
3. 经济活动不是被利润决定，经济活动的目的是满足个体和集体的需求。
4. 参与式经济计划指导资源的配置和收入的分配。
5. 收入分配可以保证每个人的生活达到社会能够接受的水准。
6. 保证每一个在工作年龄并有工作能力的人都有工作。
7. 高水平地提供免费或者低价的公共品，包括教育、医疗和公共交通。
8. 民主的政治制度。
9. 保障自由言论和自由结社的权利。

第一，社会主义的基础是明确生产的目的是满足个人和集体的需要，而不是为老板赚取利润，所以就没有诸如如何保证充足的总需求之类的问题。在资本主义条件下，雇主和工人之间的矛盾很严重，解决的方式要么是雇主支配工人，或者在敌对阶级之间达成一种很脆弱的妥协。在 20 世纪社会主义中，没有需求问题。但是，在产品和服务的质量与数量的充分供给上存在严重问题。新社会主义的支持者认为，20 世纪社会主义的供给问题源自高度集中的、层级制经济计划，后者将做出决定的权力集中在顶层，使一般的消费者没有什么途径可以使这个体系对他们的需求做出回应。新社会主义者的支持者认为，这样的问题在一个参与式的计划中将得到解决，在这种经济计划中，工人、消费者和社区成员诉求将在经济决策过程中很好地得到体现。[16] 支持者还补充说，最近在信息处理和通信技术上的革新，将使涉及成百上千万的工人、消费者和社区成员广泛参与的经济计划，成为做出资源配置决定的一种可行办法，而这在过去是不可行的。[17]

第二，社会主义的支持者认为，一个新的社会主义体制将能够避免资本主义那些追逐利润的经济活动施加于公众的各种伤害。资本主义条件下的经济活动具有"负外部性"，如环境破坏、不安全的工作和对人有伤害的消费产品等，在一个参与式的计划经济中，将基本被内部化和避开，或者被最小化。可以推断，制造这些不良后果的企业的管理者将被降级，而不会由于将生产成本转嫁到别人头上，为企业赢得超额利润而受到奖励，这是因为企业可能影响到的其他人都在企业的董事会中有代表。支持者认为，把对社会负责的目标加入对经济决策者的评价标准中，比对追逐利润的私人企业进行规制或者征税要有效得多。[18]

第三，社会主义的支持者认为，它将保证为每一个想要工作的人提供一份工作，这将消除失业及其强加在失业者头上的巨大风险，以及它给社会造成的巨大浪费。这是 20 世纪社会主义的正面经验——在第二次世界大战后的几十年中，苏联经济一直保持了充分就业。由于社会主义体制有责任保障所有公民的生活，所以合理的做法是为每一个人提供生产性工作，而不是让人们靠施舍度日。相反，一个纯粹的资本主义体制仅仅在劳工能够为资本家提供预期的利润时，才提供工作。不过，在一些欧洲国家，社会民主主义形式的资本主义在相当长时期内也能够保证充分就业。

第四，支持者认为，在社会主义体制中，组织生产将考虑到生产过程的后果对工人生命的影响，以及对所生产产品的影响。人们在工作中花费了自己的大部分生命时光，人们的福利和他们工作时的状况以及他们的休闲和消费状况关系很大。由于在技术发展的决策过程中，工人代表的意见被纳入考虑，所以技术发展将不仅仅考虑成本的节约和产品的功效，还将考虑它对工人工作条件的影响。在一个参与式计划体系中，当对劳动过程进行设计和发展时，这三点都会被考虑到，决策机构将努力使三者之间达到平衡。

第五，支持者认为，社会主义体制建立的收入分配体系，将为所有人都提供舒适和安全的生活水准，同时允许符合社会公认的公平标准的收入差异。例如，人们不喜欢的，一般也是待遇最差的工作，不应该强加给那些别无选择的特定人群，在资本主义制度下就是这样做的。通过参与式经济计划，一种更人道地完成这种不讨人喜欢的工作的办法是可以找到的，例如给这样的工作支付更高的而不是更低的报酬，或者隔一段时间让人们轮流做这样的工作。

第六，尽管资本主义推动了快速的技术创新，但是社会主义的支持者认为，在社会主义制度下，以社会福祉为目标的技术创新，将比资本主义制度下以投资者的利润为目标的技术创新更快更好。利润驱动的技术创新有很多问题，这在医学研究的创新资源配置中表现得最为明显。例如，尽管致命的抗药物细菌在急速蔓延，医药公司近些年在开发新的抗生素研究上几乎不投入资金，因为这些新的抗生素可能在不长的时间内就可以治好病人，医药公司从这些新抗生素中获得的利润将远远少于它们现在从传统药物中得到的利润——对于这些传统药物，病人往往需要服用一辈子。结果是，很多政府现在给医药公司提供大量的补贴，让它们开发灭耐药细菌的医疗方法。[19]在社会主义制度下，宝贵的研究和开发资源将主要用于发现如何治疗那些严重威胁低收入国家民众生命的疾病，而不是用于发现如何治疗脸部痤疮的新办法。在社会主义制度下，技术创新的所需资源将在公共物品和私人物品的生产之间更平均地分配，而不是像资本主义制度下那样只重视私人消费品生产方面的创新。由于以利润为推动力的技术创新在创新方向和资金投入上具有严重缺陷，所以即使在资本主义国家中，国家和其他非营利机构在技术创新上都发挥了重要作用。

新社会主义的支持者认为，社会主义比资本主义能够带来更强的新技术和新产品的迸发（Kotz，2002）。在社会主义制度下，如果哪个个人或者群体有了一种关于新产品、新流程或者新服务的好创意，这个制度可以保证他们得到相应的资源将创意转变为现实，并通过建立一家社会拥有的企业来实现生产。甚至苏联式社会主义国家都建立了旨在鼓励个人发明和创新的机构，但由于处于高度集中的经济计划体制下，这些机构不能有效地运作。参与式计划的支持者宣称，这样的尝试在本书所构想的替代形式的计划下将获得成功。

第七，社会主义体系将主要在国家间合作的基础上组织起来。中国正在崛起，但是在一个社会主义的世界体系中，中国的崛起不会对富裕国家居民的生活标准产生不利影响。消除对利润的追逐同时还将消除在资本主义时期导致战争的隐患，战争的一个重要原因是，政府想努力保证资本家取得对市场和原料资源的控制权。[20]

第八，社会主义的支持者认为，同样重要的一点是，经济增长并没有内置于社会主义的基本制度中，尽管社会主义制度能够带来快速的经济增长——苏联这个例子已经证明了这一点。一个民主的社会主义制度的目标既可能是快速增长，也可能是缓慢增长，或者维持恒定水平的产出，还有可能是降低水平的产出，具体选择哪一种目标取决于民主的政治过程最后决定的优先事物到底是什么。这意味着社会主义经济将能够在保持环境可持续的基础上运转。鉴于全球气候变化的威胁，在一个发达国家的社会主义经济体中，公民可能选择逐渐减少产品的生产，同时也减少工作时间。

有理由断定，在今天的发达国家，对于提高经济福利来说，继续增加 *217*
商品的生产已经不再是必然选择的。不可否认，在资本主义发展的早期阶
段，经济增长带了物质福利方面的好处，这些好处最终被大多数人所分
享。然而，在最近的几十年中，在经济增长和公民福利之间的联系就没有
那么清晰了。如果货品和服务被分配得相对更平等一些，公共物品的生产
相对于私人消费品的生产更扩大一些，那么商品的产出和工作时间一起逐
渐减少的同时，人们的福利并不一定就下降，反而可以上升。考虑到地球
有限的自然资源以及它吸收生产过程中产出垃圾的有限能力，这种做法可
能是唯一能够保持可持续发展的选择。

社会主义的批评者提供了相反的评估。第一，他们认为，无论社会主
义的开创者最初设想的目的如何，它必然导致政治和经济权力集中到少数
人的手中，所有的居民将被少数精英主宰，并使他们失去所有的个人权利
和自由。20世纪的社会主义实践很清楚地佐证了这种结果。第二，他们认
为，生产资料的私人所有是个人自由和自主的唯一保证。第三，他们宣称，
在一个竞争性市场中，所有者为了利润而生产商品和服务并销售，是组织
现代经济的唯一合理和有效的方式。他们认为，传统的集中计划被证明是
笨拙、烦琐而低效的，扼杀创新，而且不能有效地回应消费者的需求。他
们认为，参与式的经济计划太复杂、太慢，不能有效率地运作，因此剩下
的市场体系才是唯一有效率的资源配置方式。第四，批评者认为，一个保
障每一个人都有工作和舒适生活的平等制度，将缺少推动效率或者经济进
步所必需的激励机制。第五，批评者认为，企业的管理者可能游说反对采
取对社会负责的生产决定，因此会导致诸如具有负外部性的环境破坏等更
严重的问题。他们引用苏联惨淡的环境记录作为证据。第六，关于社会主
义将消除国际冲突和战争的这一说法，批评者也提出了反证，如20世纪60
年代苏联和中国的边境冲突，以及1979年中国和越南之间的短期战争。第 *218*
七，他们指出，社会主义者宣称，在全球社会主义体系中，合作关系将是
基本原则，但是苏联对共产党统治的东欧盟友国家的主宰证明这样的说法
是站不住脚的。第八，他们指出，任何向社会主义过渡的方式都将注定带
来经济瓦解和暴力冲突等高昂的代价——即使社会主义者也持有这样的
结论。

与这里讨论的别的未来路径不同，民主的参与式计划的社会主义是一
种全新的社会经济制度。这样一种制度在此前没有大规模存在过，尽管我
们可以找到一些小规模的事例，它们实现了这种类型的社会主义的某些原
则。这些例子包括合作社的内部组织，以及一些公共机构如经选举的地方

学校董事会，这些管理机构是以提供最迫切需要的服务为目标来配置资源的。这种新制度的支持者认为它是一种有可行性的社会经济制度——尽管批评者基于上述论据反对这样的判断。

笔者发现，新社会主义的批评者所提出的那些说法是没有说服力的。有些批评是指向 20 世纪高度集权的社会主义，而不是这里提出的替代形式的社会主义。而另外一些批评反映了关于人性和社会的一些假定——这些假定更多地建立在意识形态而非事实基础上。为了避免现实存在的社会主义历史曾出现的问题，当我们思考未来社会主义将如何运作时，我们需要认真地对待这些批评，但是这些批评并不构成有说服力的理由以反对替代资本主义的社会主义制度。在我们考量过的所有替代新自由主义的未来制度中，只有新社会主义有潜力给我们带来这样一个社会：有经济正义、普遍的经济安全，而且取得真正提升全民福利的经济进步，在环境保护上还是可持续的。

总结性评论

本书中提供的分析显示，当前资本主义不仅处于一段时间的结构性危机之中，而且可能处于一个长期找不到解决办法的危机之中。这一历史性时刻对于人类来说可能是一个真正的转折点。下面我们来评估一下我们已经考察过的几种可能的发展路径：

219 1．继续新自由资本主义。这肯定会带来停滞，不平等进一步加剧，大多数人生活水平继续下降，而且很可能导致政治不稳定进一步加剧。这一路径不可能持续太长时间。

2．转向一种大企业管制的资本主义。这将带来经济重新增长，但是几乎不会给大多数人带来什么好处，而且它将在国内威胁公民自由，在国外引起战争。

3．转向社会民主主义形式的资本主义。这将带来一个时期均衡的经济增长，并提高大多数人的物质生活水平，但是可能的代价是加剧全球气候变化，导致出现长期灾难。后一个代价也将出现于新自由主义或者大企业管制的资本主义中。

4．向民主的参与式计划的社会主义转变。这一制度的支持者许诺，在一个更优越的社会经济体系的基础上，将会迎来人类福利取得重要进展的新时期，这一制度有潜力扭转全球气候变化的威胁，并且创造出一种人性化的、环境可持续的经济。但是，尽管它的支持者都承认，过渡需要付出代价，很可能是很高的代价，它的批评者预见的也全部是采取社会主义后的负面影响，完全没有考虑到采用社会主义将弥补过渡时期的巨大代价。

仅仅根据社会理论或者历史经验，不能预测未来几年中可能实践的路径。未来经济出现变化或者缺少变化，将是由未来几年中不同群体和阶级斗争的结果所决定，这些斗争将在观念、政治、经济和文化领域全面爆发，而不是发生在真空中。几十年的新自由资本主义的影响以及它所产生的危机严重影响到这些斗争。斗争的参与者对当前危机、产生原因及其可能的解决办法的理解和解释，也将对这些斗争结果产生重要影响。

注释

[1] 博拉尼很久以前在他的著作（Polanyi，1944）中提出了这种主张。同样的，有一种主张认为，管制形式的资本主义的危机往往导致产生一种自由主义的积累的社会结构。

[2] 大企业集团并不支持这种极端的反国家的立场，相反，在有些情况下它们在议会中游说，施加压力反对这种立场。

[3] 同样极端的反国家立场在里根第一个任期内也甚嚣尘上，然后转变为一种更温和版本的新自由主义。当新自由主义理念刚取得霸权地位时，也许它最富有挑衅性，然后当它的拥护者发现新自由主义可能失去霸权地位时，它再度变得极其富有挑衅性。

[4]《纽约时报》，2013 年 4 月 6 日，A12。

[5] 如我们在第六章中看到的，进步时代之初，大企业处于守势。至于指引国家以有利于自己的方式在经济中发挥作用，大企业只是到后来才逐渐赢得这样的力量。

[6] 在某些欧洲国家，近期新法西斯主义运动和政党的崛起表明，一种高度压迫性的、极端民族主义形式且由大企业管制的资本主义可能会出现。

[7] 一种狭义的社会民主的含义，是指第二次世界大战后在以劳工为根基的社会民主党的领导下建立的慷慨的福利国家。这种形式的管制资本主义有时和战后美国的管制资本主义形成对比。在美国管制资本主义中，没有以劳工为根基的社会民主党，福利国家的特征也很有限，不过美国也存在劳资妥协。

[8] 这样的"偶然性事态发展"的例子包括：1973 年的阿拉伯石油禁运导致了快速通货膨胀，以及白人种族主义动摇了政治联合的根基——后者是管制资本主义的基石。

[9] 李（Li，2013）有根据地指出，为了扭转气候灾难，即使按照乐观的估算，未来单位 GDP 碳排放量减少率仍要求世界经济年均收缩 1%。

[10] 19 世纪之后，"社会主义"这个术语成为指称一个新的取代资本主义的社会经济体系的最常用术语，不过拥护社会主义的政党名称却不一致，有的是社会党，有的是共产党，在有些情况下还有别的名称。遵循马克思主义的社会主义思想的政党保持了"共产主义"这一术语的原义即社会主义的最高阶段，只有经历一个漫长的后资本主义演化期才能达到。社会党和共产党最初都不仅主张改良资本主义而且主张用社会主义体系取代它。随着时间的推移，很多社会党放弃了用社会主义取代资本主义的目标，变成改良主义者，不过我们在这里仍使用"社会主义"指称一种替代资本主义的社会经济体系。

[11] 哈耶克的《通往奴役之路》一书提出这样一种观点，即社会主义不可避免地导致对人的自由和创造性的否定。

[12] 20 世纪 40 年代，著名的哈佛大学经济学家约瑟夫·熊彼特不喜欢社会主义，但是又害怕社会主义代表未来趋势。

[13] 在进步时代和大萧条时期的美国，很多工会领袖成为社会党成员或者共产党成员，但是普通工会人员却相对很少加入社会党或共产党。在那个时期的西欧，很大比例的普通工人相信社会主义。有很多的文献力图解释美国和西欧之间的这种历史性差异。

[14] 大多数自称的无政府主义者所设想的未来中，生产企业非私有，因此有些人认为无政府主义运动是广义的社会主义运动的一部分。但是，批判政府和国家是无政府主义理论的核心思想，这导致他们同时也反对国有企业。

[15] 关于民主参与式计划的社会主义的文献包括迪瓦恩（Devine，1988）、阿尔伯特和哈内尔（Albert and Hahnel，1991）和勒伯维茨（Lebowitz，2010）的著作。有些社会主义者支持一种依靠市场力量而不是经济计划的社会主义（Roemer，1994；Schweickart，2011）。

[16] 在苏联体系中，像国防部和一些制造业的消费者是在该体系中行使重要的政策决定权力的人，这些人能够有效地要求产品质量必须保持高水准，这有助于解释为什么苏联的武器和一些工业机械能够在技术上处于世界领先水平。由于普通家庭在这一体系中没有权力，所以苏联的消费品经常短缺并且质量很差。

[17] 我们并不认为民主的参与式计划的社会主义将消除社会的利益冲突。无疑的是，在工人、消费者和社区成员之间将存在利益冲突——工人、消费者和社区成员是每一个社会成员在不同时间内都将扮演的角色。然而，民主的参与式计划的社会主义的拥护者认为，这三大利益群体通过代表进行谈判并做出妥协，将是解决这类冲突的最好办法。关于这些问题可以参考迪瓦恩的著作（Devine，1988）。劳资之间的根本性利益冲突是资本主义体系的本质特征，我们能够消除的正是劳资之间的这种冲突。

[18] 在社会主义体系中，行为和决定的不可预见性后果仍然会导致负外部性，但是社会主义的拥护者认为，资本主义体系中的牟利动机会导致企业有强大动机将

社会成本转嫁到别人身上，而在社会主义体系中可以避免这一点。

[19]《纽约时报》，2013 年 6 月 2 日。

[20] 资本主义国家为了进入市场和控制原材料，经常进行经济争夺，有分析家希望资本主义全球化能够消除这样的争夺，但是这一希望没能成为现实。

附录： 数据和数据来源

　　本书中用以构建图和表的数据来源于美国主要政府部门和国际机构。每个图表下均标注了资料来源。本书资料来源中所使用的缩写 NIPA 是指美国经济分析局（BEA）所提供的美国国家收入和生产账户表格。文中参考的大多数经济数据标注了出处，但对于众所周知的经济数据系列（比如GDP 或失业率），有时为避免大量重复，文中未标注出处。

　　就在本书大部分数据分析完成之后，美国商务部 BEA 对一个关键数据系列做了重大修正。本书中很多图表均使用 BEA 的数据，GDP 和其他普遍使用的宏观经济变量数据系列产生于 BEA 数据。BEA 会定期修正用以构建不同数据系列的方法，偶尔会重新定义广泛使用的变量。2013 年 7 月 30日，BEA 对商业投资的定义做了重大修正，对知识产权投资增加了更广泛的种类。此前 BEA 只把一种形式的知识产权即计算机软件视为投资。

　　本书的数据分析大部分完成于 2013 年 7 月 30 日之前，因此本书引用的 BEA 图表都是基于修订前的数据系列。唯一例外的是关于资本积累率的图 5 – 17，需要用来构建该图的一个修订前的数据系列只到 2011 年。为使该数据系列贯穿到 2012 年，我们不得不做了一个估计，基于修订前对投资的定义，使用修订后的知识产权投资数据系列，估计得到一个一致的数据系列。如有需要，作者可以对估计过程提供解释。

参考文献

Ackerman, Frank. 2002. Still Dead after All These Years: Interpreting the Failure of General Equilibrium Theory. *Journal of Economic Methodology* 9(2) (July): 119–139.

Aglietta, Michel. 1979. *A Theory of Capitalist Regulation: The U.S. Experience.* London: Verso.

Albert, Michael, and Robin Hahnel. 1991. *The Political Economy of Participatory Economics.* Princeton, NJ: Princeton University Press.

Arrighi, Giovanni. 1994. *The Long Twentieth Century.* London: Verso.

Arthur Andersen & Co. 1979. *Cost of Government Regulation Study for the Business Roundtable*, Vol. I. Chicago: Author.

Baker, Dean. 2007. *Midsummer Meltdown: Prospects for the Stock and Housing Markets.* Center for Economic and Policy Research. http://www.cepr.net

Baran, Paul, and Paul M. Sweezy. 1966. *Monopoly Capital.* New York: Monthly Review Press.

Barr, Michael S., and Gene Sperling. 2008. Poor Homeowners, Good Loans. *New York Times,* Op-Ed, October 18.

Barth, James R., Tong Li, Triphon Phumiwasana, and Glenn Yago. 2008, January. *A Short History of the Subprime Mortgage Market Meltdown.* Santa Monica, CA: Milken Institute. http://www.milkeninstitute.org/publications/publications.taf?function=detail&ID=38801037&cat=ResRep

BBC News. 2003. Buffet Warns on Investment "Time Bomb." http://news.bbc.co.uk/2/hi/2817995.stm

———. 2009, August 7. Timeline: Credit Crunch to Downturn. http://news.bbc.co.uk/2/hi/business/7521250.stm

Benston, George J. 1983. Federal Regulation of Banking: Analysis and Policy Recommendation. *Journal of Bank Research* (Winter): 211–244.

Benton, William. 1944. *The Economics of a Free Society: A Declaration of American Business Policy.* Supplementary Paper No. 1. New York: Committee for Economic Development.

Bhaduri, A. 1998. Implications of Globalization for Macroeconomic Theory and Policy in Developing Countries. In Dean Baker, Gerald Epstein, and Robert Pollin, eds., *Globalization and Progressive Economic Policy.* Cambridge: Cambridge University Press.

Block, Fred. 1977. *The Origins of International Economic Disorder.* Berkeley: University of California Press.

Board of Governors of the Federal Reserve System. Various Years. http://www. federalreserve.gov/

Bonbright, James C., and Gardiner C. Means. 1932. *The Holding Company: Its Public Significance and Its Regulation.* New York: McGraw-Hill.

Bosworth, Barry, and Aaron Flaaen. 2009, April 14, *America's Financial Crisis: The End of an Era.* Washington, DC: The Brookings Institution. http://www. brookings.edu/research/papers/2009/04/14-financial-crisis-bosworth

Bowles, Samuel, Richard Edwards, and Frank Roosevelt. 2005. *Understanding Capitalism: Competition, Command, and Change,* 3rd ed. New York: Oxford University Press.

Bowles, Samuel, David M. Gordon, and Thomas E. Weisskopf. 1990. *After the Wasteland: A Democratic Economics for the Year 2000.* Armonk, NY: M.E. Sharpe.

Business Roundtable. 1972. Membership List. Charles B. McCoy Papers, Hagley Museum and Library, Wilmington, DE.

————. 1973. The Business Roundtable: Its Program and Purpose (founding document of the Business Roundtable, including text and slides). Charles B. McCoy Papers, Hagley Museum and Library, Wilmington, DE.

————. 1977, July 7. *Business Roundtable Task Force on Taxation Proposals, "Capital Formation: A National Requirement."* Wilmington, DE: Author.

————. 1979, July. *Social Security Position Statement.* Wilmington, DE: Author.

————. 1981, July. *Policies to Promote Productivity Growth.* Wilmington, DE: Author.

Calhoun, Charles W. 2007. *The Gilded Age: Perspectives on the Origins of Modern America.* Wilmington, DE: Scholarly Resources.

Carosso, Vincent P. 1970. *Investment Banking in America: A History.* Cambridge, MA: Harvard University Press.

CED (Committee for Economic Development). 1944. *A Postwar Federal Tax Plan for High Employment.* New York: Author. http://hdl.handle.net/2027/ mdp.39015020813484

————. 1947. *Collective Bargaining: How To Make It More Effective.* A Statement on National Policy of the Research and Policy Committee. New York: Author.

————. 1948. *Monetary and Fiscal Policy for Greater Economic Stability.* Statement on National Policy of the Research and Policy Committee. New York: Author.

————. 1964. *Union Powers and Union Functions: Toward a Better Balance.* Statement on National Policy of the Research and Policy Committee. New York: Author.

————. 1972, July. *High Unemployment without Inflation: A Positive Program for Economic Stabilization.* Statement by the Research and Policy Committee. New York: Author.

———. 1976. *The Economy in 1977–78: Strategy for and Enduring Expansion.* Statement by the Research and Policy Committee. New York: Author.

———. 1979. *Redefining Government's Role in the Market System.* Statement by the Research and Policy Committee. New York: Author.

———. 1980, September. *Fighting Inflation and Rebuilding a Sound Economy.* Statement by the Research and Policy Committee. New York: Author.

Chang, Ha-Joon. 2002. *Kicking Away the Ladder: Development Strategy in Historical Perspective.* London: Anthem.

Chernow, Ron. 1990. *The House of Morgan: An American Banking Dynasty and the Rise of Modern Finance.* New York: Atlantic Monthly Press.

Chomsisengphet, Souphala, and Anthony Pennington-Cross. 2006. The Evolution of the Subprime Mortgage Market. *Federal Reserve Bank of St. Louis Review* 88(1) (January/February): 31–56.

Clawson, Dan, and Mary Ann Clawson. 1987. Reagan or Business? Foundations of the New Conservatism. In Michael Schwartz, ed., *The Structure of Power in America,* 201–217. New York: Holmes and Meyer.

Collins, Robert M. 1981. *The Business Response to Keynes, 1929–1964.* New York: Columbia University Press.

Council of Economic Advisors. 2013, February 1. *The Economic Impact of the American Recovery and Reinvestment Act of 2009.* Ninth Quarterly Report. http://www.whitehouse.gov/sites/default/files/docs/cea_9th_arra_report_final_pdf.pdf

Cowan, Cameron L. 2003, November 5. Statement on Behalf of the American Securitization Forum before the Subcommittee on Housing and Community Opportunity, United States House of Representatives, Hearing on Protecting Homeowners: Preventing Abusive Lending While Preserving Access to Credit.

Crotty, James. 1999. Was Keynes a Corporatist?: Keynes's Radical Views on Industrial Policy and Macro Policy in the 1920s. *Journal of Economic Issues* 33(3) (September): 555–578.

———. 2008, September. *Structural Causes of the Global Financial Crisis: A Critical Assessment of the "New Financial Architecture."* Political Economy Research Institute Working Paper 180. http://www.peri.umass.edu/fileadmin/pdf/working_papers/working_papers_151–200/WP180.pdf

———. 2009. Structural Causes of the Global Financial Crisis: A Critical Assessment of the "New Financial Architecture." *Cambridge Journal of Economics* 33: 563–580.

Curry, Timothy, and Lynn Shibut. 2000. The Cost of the Savings and Loan Crisis. *FDIC Banking Review* 13(2): 26–35.

Dawley, Alan. 1991. *Struggles for Justice: Social Responsibility and the Liberal State.* Cambridge, MA: Belknap Press of Harvard University Press.

197

Devine, James N. 1983. Underconsumption, Over-Investment and the Origins of the Great Depression. *Review of Radical Political Economics* 15(2): 1–28.

Devine, Pat. 1988. *Democracy and Economic Planning: The Political Economy of a Self-Governing Society.* Boulder, CO: Westview Press.

Dube, Arin. 2013, April 17. Reinhart/Rogoff and Growth in a Time before Debt. *Next New Deal: The Blog of the Roosevelt Institute.* Guest post. http://www.next-newdeal.net/rortybomb/guest-post-reinhartrogoff-and-growth-time-debt

Dumenil, Gerard, and Dominique Levy. 2004. *Capital Resurgent: Roots of the Neoliberal Revolution.* Cambridge, MA: Harvard University Press.

———. 2011. *The Crisis of Neoliberalism.* Cambridge, MA: Harvard University Press.

Dwight D. Eisenhower Presidential Library. 2013. http://www.eisenhower.archives.gov/all_about_ike/quotes.html#labor

Economic Report of the President. Various years. Washington, DC: U.S. Government Printing Office. http://www.gpo.gov/fdsys/browse/collection.action?collectionCode=ERP

Edwards, Lee. 1997. *The Power of Ideas: The Heritage Foundation at 25 Years.* Ottawa, IL: Jameson Books.

Edwards, Rebecca. 2006. *New Spirits: America in the Gilded Age, 1865–1905.* New York: Oxford University Press.

Edwards, Richard. 1979. *Contested Terrain: The Transformation of the Workplace in the Twentieth Century.* New York: Basic Books.

Eichengreen, Barry, and Kevin H. O'Rourke. 2009. A Tale of Two Depressions. *Vox: Research-Based Policy Analysis and Commentary from Leading Economists.* http://www.voxeu.org/index.php?q=node/3421

Epstein, Gerald. 2005. Introduction: Financialization and the World Economy. In Gerald Epstein, ed., *Financialization and the World Economy,* 3–16. Cheltenham, U.K.: Edward Elgar.

Federal Housing Finance Agency. 2013. *House Price Indexes.* http://www.fhfa.gov/Default.aspx?Page=87

Federal Reserve Bank of St. Louis. 2013. *The Financial Crisis: A Timeline of Events and Policy Actions.* http://www.stlouisfed.org/timeline/timeline.cfm

Federal Reserve Bank of St. Louis Economic Research. 2013. *Economic Data.* http://research.stlouisfed.org/fred2/

Federal Trade Commission. Various years. *Annual Report to Congress Pursuant to the Hart-Scott-Rodino Antitrust Improvements Act of 1976.* http://www.ftc.gov/bc/anncompreports.shtm

Ferguson, Thomas, and Joel Rogers. 1986. *Right Turn: The Decline of the Democrats and the Future of American Politics.* New York: Hill and Wang.

Ferris, Benjamin G. Jr., and Frank E. Speizer. 1980, July. *Business Roundtable Air Quality Project,* Vol. I, *National Ambient Air Quality Standards: Criteria for Establishing Standards for Air Pollutants.* Washington, DC: Business Roundtable.

Financial Times Lexicon. 2013. "asset-bubble" entry. http://lexicon.ft.com/Term?term=asset-bubble

Foster, John Bellamy. 2007. The Financialization of Capitalism. *Monthly Review* 58(11) (April): 1–12.

Foster, John Bellamy, and Fred Magdoff. 2009. *The Great Financial Crisis: Causes and Consequences.* New York: Monthly Review Press.

Freeman, Richard B., and Brian Hall. 1998, March. *Permanent Homelessness in America?* National Bureau of Economic Research Working Paper No. 2013. http://www.nber.org/papers/w2013

Friedman, Milton, and Anna Schwartz. 1963. *A Monetary History of the United States, 1867–1960.* Princeton, NJ: Princeton University Press.

Fukuyama, Francis. 2012. Conservatives Must Fall Back in Love with the State. *Financial Times,* July 22, 7.

Geltner, David. 2012. Commercial Real Estate and the 1990–91 U.S. Recession. Powerpoint presentation of conference paper at Korea Development Institute Seminar on Real Estate Driven Systemic Risk, Seoul, December 13–14. http://mitcre.mit.edu/

Goetzmann, William N., and Frank Newman. 2010, January. *Securitization in the 1920s.* National Bureau of Economic Research Working Paper 15650. http://www.nber.org/papers/w15650

Gordon, David M., Richard Edwards, and Michael Reich. 1982. *Segmented Work, Divided Workers: The Historical Transformation of Labor in the United States.* Cambridge: Cambridge University Press.

Gordon, Robert Aaron. 1974. *Economic Instability and Growth: The American Record.* New York: Harper and Row.

Green, Mark, and Andrew Buchsbaum. 1980. *The Corporate Lobbies: Political Profiles of the Business Roundtable and the Chamber of Commerce.* Washington, DC: Public Citizen.

Greenspan, Alan, and James Kennedy. 2007. *Sources and Uses of Equity Extracted from Homes.* Federal Reserve Board Finance and Economics Discussion Series No. 2007–20. http://www.federalreserve.gov/pubs/feds/2007/200720/200720pap.pdf. Updated data from Federal Reserve provided by Steven Fazzari.

Harvey, David. 2005. *A Brief History of Neoliberalism.* Oxford: Oxford University Press.

———. 2010. *The Enigma of Capital and the Crises of Capitalism.* Oxford: Oxford University Press.

Hayek, Friedrich A. von. 1944. *The Road to Serfdom.* Chicago: University of Chicago Press.

Herndon, Thomas, Michael Ash, and Robert Pollin. 2013, April. *Does High Debt Consistently Stifle Economic Growth? A Critique of Reinhart and Rogoff.* Political Economy Research Institute Working Paper 322, http://www.peri.umass.edu/236/hash/90f39d0f04acc9078afd636c6f2f0aa6/publication/596/

Hilferding, Rudolf. 1981. *Finance Capital: A Study of the Latest Phase of Capitalist Development.* London: Routledge & Kegan Paul.

Hirsch, Barry. 2007. Sluggish Institutions in a Dynamic World: Can Unions and Industrial Competition Coexist? *Journal of Economic Perspectives* 22(1): 153–176.

Hirsch, Barry, and David A. Macpherson. 2013. U.S. Historical Tables: Union Membership, Coverage, Density and Employment. 1973–2012. *Union Membership and Coverage Database from the CPS.* http://www.unionstats.com

Historical Collections, Harvard Business School Baker Library. 2013. The Forgotten Real Estate Boom of the 1920s. *Bubbles, Panics and Crashes.* http://www.library.hbs.edu/hc/crises/forgotten.html

Hoge, W. 1998. First Test for Britain's Camelot: Welfare Reform. *New York Times,* January 4.

Howard, M. C., and J. E. King. 2008. *The Rise of Neoliberalism in Advanced Capitalist Economies: A Materialist Analysis.* Basingstoke, U.K.: Palgrave Macmillan.

Immergluck, Daniel, and Marti Wiles. 1999. *Two Steps Back: The Dual Mortgage Market, Predatory Lending, and the Undoing of Community Development.* Chicago: The Woodstock Institute.

International Monetary Fund. 2013a. *World Economic Outlook Database.* http://www.imf.org/external/pubs/ft/weo/2013/01/weodata/index.aspx

———. 2013b. *International Financial Statistics Database.* http://www.imf.org/external/data.htm

Johnston, Robert D. 2011. The Possibilities of Politics: Democracy in America, 1877 to 1917. In Eric Foner and Lis McGirr, eds., *American History Now,* 96–124. Philadelphia: Temple University Press.

Josephson, Matthew. 1962 [1934]. *The Robber Barons: The Great American Capitalists 1861–1901.* New York: Harcourt Brace Jovanovich.

Justia U.S. Supreme Court Center. 2013. United States v. United States Steel Corp.—251 U.S. 417 (1920). http://supreme.justia.com/cases/federal/us/251/417/

Kallberg, Arne L. 2003. Flexible Firms and Labor Market Segmentation: Effects of Workplace Restructuring on Jobs and Workers. *Work and Occupations* 30(2): 154–175.

Keynes, John Maynard. 1936. *The General Theory of Employment, Interest, and Money.* New York: Harcourt, Brace.

Kotz, David M. 1978. *Bank Control of Large Corporations in the United States.* Berkeley: University of California Press.

———. 1984. The False Promise of Financial Deregulation. In U.S. Congress, House Committee on Banking, *How the Financial System Can Best Be Shaped to Meet the Needs of the American People: Hearings on H.R. 5734,* 98th Congress, 2nd Session, 195–209. Washington, DC: U.S. Government Printing Office.

———. 1987. Market Failure. In Center for Popular Economics, ed., *Economic Report of the People,* 159–184. Boston: South End Press.

———. 1994. Interpreting the Social Structure of Accumulation Theory. In David M. Kotz, Terrence McDonough, and Michael Reich, eds., *Social Structures of Accumulation: The Political Economy of Growth and Crisis,* 50–71. Cambridge: Cambridge University Press.

———. 2002. Socialism and Innovation. *Science and Society* 66(1) (Spring): 94–108.

———. 2003. Neoliberalism and the U.S. Economic Expansion of the 1990s. *Monthly Review* 54(11) (April): 15–33.

———. 2008. Contradictions of Economic Growth in the Neoliberal Era: Accumulation and Crisis in the Contemporary U.S. Economy. *Review of Radical Political Economics* 40(2) (Spring): 174–188.

———. 2009. Economic Crises and Institutional Structures: A Comparison of Regulated and Neoliberal Capitalism in the U.S.A. In Jonathan P. Goldstein and Michael G. Hillard, eds., *Heterdox Macroeconomics: Keynes, Marx and Globalization,* 176–188. London: Routledge.

———. 2013. The Current Economic Crisis in the United States: A Crisis of Over-Investment. *Review of Radical Political Economics* 45(3) (Summer): 284–294.

Kotz, David M., and Terrence McDonough. 2010. Global Neoliberalism and the Contemporary Social Structure of Accumulation. In Terrence McDonough, Michael Reich, and David M. Kotz, eds., *Contemporary Capitalism and Its Crises: Social Structure of Accumulation Theory for the Twenty First Century,* 93–120. Cambridge: Cambridge University Press.

Kotz, David M., Terrence McDonough, and Michael Reich, eds. 1994. *Social Structures of Accumulation: The Political Economy of Growth and Crisis.* Cambridge: Cambridge University Press.

Kotz, David M., and Fred Weir. 1997. *Revolution from Above: The Demise of the Soviet System.* London: Routledge.

Kristol, William. 2008. Small Isn't Beautiful. *New York Times,* Op-Ed, December 8, A29.

Krugman, Paul. 2009a. Fighting Off Depression. *The New York Times,* Op-Ed, January 5. http://www.nytimes.com/2009/01/05/opinion/05krugman.html

———. 2009b, February 19. Nobel Laureate Paul Krugman: Too Little Stimulus in Stimulus Plan. Interview, *Knowledge@Wharton*. http://knowledge.wharton.upenn.edu/article.cfm?articleid=2167

Lebowitz, Michael A. 2010. *The Socialist Alternative*. New York: Monthly Review Press.

Li, Minqi. 2013. The 21st Century: Is There An Alternative (to Socialism)? *Science & Society* 77(1) (January): 10–43.

Luhbi, Tami. 2009. Obama: Aid 9 Million Homeowners. *CNNMoney*. http://money.cnn.com/2009/02/18/news/economy/obama_foreclosure

Maddison, Angus. 1995. *Monitoring the World Economy, 1820–1992*. Paris and Washington, DC: Organization for Economic Cooperation and Development.

———. 2010. *Historical Statistics of the World Economy, 1–2008 AD*. http://www.ggdc.net/maddison/oriindex.htm

Marglin, Stephen A., and Juliet B. Schor, eds. 1990. *The Golden Age of Capitalism: Reinterpreting the Postwar Experience*. New York: Oxford University Press.

Martin, Stephen. 2005. *Remembrance of Things Past: Antitrust, Ideology, and the Development of Industrial Economics*. http://www.krannert.purdue.edu/faculty/smartin/vita/remembrance1205a.pdf

McQuaid, Kim. 1982. *Big Business and Presidential Power from FDR to Reagan*. New York: William Morrow and Company.

Miller Center. 2013. *American President: A Reference Resource, William Howard Taft Front Page*. University of Virginia. http://millercenter.org/president/taft/essays/biography/4

Mirowski, Philip, and Dieter Plehwe, eds. 2009. *The Road from Mont Pelerin: The Making of the Neoliberal Thought Collective*. Cambridge, MA: Harvard University Press.

Mishel, Lawrence, Josh Bivens, Elise Gould, and Heidi Shierholz. 2012. *The State of Working America*, 12th ed. Washington, DC: Economic Policy Institute.

Mitchell, Alison. 1995. Two Clinton Aides Resign to Protest New Welfare Law. *New York Times*, September 12.

Mizruchi, Mark S. 2013. *The Fracturing of the American Corporate Elite*. Cambridge, MA: Harvard University Press.

Morgenson, Gretchen. 2008. Debt Watchdogs: Tamed or Caught Napping? *New York Times*, December 7, 1, 32.

Morris, Charles R. 2005. *The Tycoons: How Andrew Carnegie, John D. Rockefeller, Jay Gould, and J.P. Morgan Invented the American Supereconomy*. New York: Henry Holt.

Mulligan, Casey B. 2008. An Economy You Can Bank On. *The New York Times,* Op-Ed, October 10, A29.

Murphy, Kevin J., and Jan Zabojnik. 2007, April. Managerial Capital and the Market for CEOs. *Social Science Research Network.* http://papers.ssrn.com/sol3/papers.cfm?abstract_id=984376

Nasaw, David. 2006. *Andrew Carnegie.* New York: Penguin Press.

National Bureau of Economic Research. 2013. *U.S. Business Cycle Expansions and Contractions.* http://www.nber.org/cycles/cyclesmain.html

Office of Management and Budget. 2013. http://www.whitehouse.gov/omb/budget/Historicals

Orhangazi, O. 2008. *Financialization and the U.S. Economy.* Cheltenham, U.K.: Edward Elgar.

Palley, Thomas I. 2012. *From Financial Crisis to Stagnation: The Destruction of Shared Prosperity and the Role of Economics.* Cambridge: Cambridge University Press.

Peschek, Joseph G. 1987. *Policy Planning Organizations: Elite Agendas and America's Rightward Turn.* Philadelphia: Temple University Press.

Peters, Gerhard, and John T. Wooley. 2013. Message to the Congress Transmitting the Annual Economic Report of the President, February 10, 1982. *The American Presidency Project.* http://www.presidency.ucsb.edu/ws/?pid=42121

Pew Center. 2010, May 4. *"Socialism" Not So Negative, "Capitalism" Not So Positive. Pew Center for the People and Press.* http://www.people-press.org/2010/05/04/socialism-not-so-negative-capitalism-not-so-positive/

———. 2011, December 28. *Little Change in Public's Response to "Capitalism," "Socialism." Pew Center for the People and Press.* http://www.people-press.org/2011/12/28/little-change-in-publics-response-to-capitalism-socialism/?src=prc-number

Philippon, Thomas, and Ariell Reshef. 2009. *Wages and Human Capital in the U.S. Financial Industry: 1909–2006.* National Bureau of Economic Research Working Paper 14644. http://www.nber.org/papers/w14644

Phillips-Fein, Kim. 2009. *Invisible Hands: The Making of the Conservative Movement from the New Deal to Reagan.* New York: W.W. Norton.

Piketty, Thomas, and Emmanuel Saez. 2010. Income Inequality in the United States, 1913–1998. *Quarterly Journal of Economics* 118(1) (2003): 1–39. Updated data revised July 17, 2010, http://www.econ.berkeley.edu/~saez/

Polanyi, Karl. 1944. *The Great Transformation.* New York: Rinehart.

Public Citizen. 2013. *NAFTA's Broken Promises 1994–2013: Outcomes of the North American Free Trade Agreement.* http://www.citizen.org/documents/NAFTAs-Broken-Promises.pdf

Public Purpose. 2013. *U.S. Private Sector Trade Union Membership.* http://www.publicpurpose.com/lm-unn2003.htm

Rasmussen Reports. 2009. *Just 53% Say Capitalism Better Than Socialism.* http://www.rasmussenreports.com/public_content/politics/general_politics/april_2009/just_53_say_capitalism_better_than_socialism

Reinhart, Carmen M., and Kenneth S. Rogoff. 2010. Growth in a Time of Debt. *American Economic Review: Papers and Proceedings* (May): 573–578.

Reuss, Alejandro. 2013. *Capitalist Crisis and Capitalist Reaction: The Profit Squeeze, the Business Roundtable, and the Capitalist Class Mobilization of the 1970s.* Ph.D. diss., University of Massachusetts, Amherst.

Roemer, John E. 1994. *A Future for Socialism.* Cambridge, MA: Harvard University Press.

Romer, Christina. 1986. Spurious Volatility in Historical Unemployment Data. *Journal of Political Economy* 94(1) (February): 1–37.

Rogers, Daniel T. 2011. *Age of Fracture.* Cambridge, MA: Belknap Press of Harvard University Press.

Roy, William G. 1997. *Socializing Capital: The Rise of the Large Industrial Corporation in America.* Princeton, NJ: Princeton University Press.

Saez, Emmanuel. 2013. *Striking It Richer: The Evolution of the Top Incomes in the United States.* http://elsa.berkeley.edu/~saez/saez-UStopincomes-2012.pdf

Saez, Emmanuel, Joel B. Slemrod, and Seth H. Giertz. 2012. The Elasticity of Taxable Income with Respect to Marginal Tax Rates: A Critical Review. *Journal of Economic Literature* 50(1): 3–5.

Samuelson, Paul M. 1948. *Economics: An Introductory Analysis,* 1st ed. New York: McGraw-Hill.

Scherer, F. M. 1980. *Industrial Market Structure and Economic Performance,* 2nd ed. Boston: Houghton Mifflin.

Schlesinger, Arthur M. Jr. 1963. The New Freedom Fulfills the New Nationalism. In Arthur Mann, ed., *The Progressive Era: Liberal Renaissance or Liberal Failure.* New York: Holt, Rinehart and Winston.

Schweickart, David. 2011. *After Capitalism,* 2nd ed. Lanham, MD: Rowman & Littlefield.

SIFMA (Securities Industry and Financial Markets Association). 2013. http://www.sifma.org/research/statistics.aspx

Silver, Nate. 2011. The Geography of Occupying Wall Street (and Everywhere Else). *New York Times,* October 17, http://fivethirtyeight.blogs.nytimes.com/2011/10/17/the-geography-of-occupying-wall-street-and-everywhere-else/

———. 2013, April 9. The Have-Nots Aren't Having It. *FiveThirtyEight,* http://www.fivethirtyeight.com/2009/04/have-nots-arent-having-it.html

Smith, Greg. 2012. Why I Am Leaving Goldman Sachs. *The New York Times,* Op-Ed, March 14, A25.

Stiglitz, Joseph E. 2010. *Free Fall: America, Free Markets, and the Sinking of the World Economy.* New York: W.W. Norton.

Stuckler, David, and Sanjay Basu. 2013. How Austerity Kills. *The New York Times,* Op-Ed, May 13, A21.

Sweezy, Paul M. 1994. The Triumph of Financial Capital. *Monthly Review* 46(2) (June): 1–11.

Uchitelle, Louis. 2013. Diminishing Expectations: 'Two-Tier' Union Contracts Have Opened a Gulf between Generations. *The Nation* 296(8) (February 25): 18–20.

U.S. Bureau of Economic Analysis. Various years. http://www.bea.gov/

U.S. Bureau of Labor Statistics. Various years. http://www.bls.gov/.

U.S. Bureau of the Census. 1961. *Historical Statistics of the United States: Colonial Times to 1957.* Washington, DC: U.S. Government Printing Office.

———. 2013. http://www.census.gov/

U.S. Chamber of Commerce. 2010, November 7. *Statement by Thomas Donohue.* http://www.uschamber.com/press/releases/2010/november/americans-voted-jobs-and-economic-growth-says-donohue

U.S. Department of Health and Human Services. 2013. *Indicators of Welfare Dependence,* Appendix A, Table TANF 6. http://aspe.hhs.gov/hsp/indicators08/apa.shtml

U.S. Department of Labor, Wage and Hour Division. 2009. *History of Federal Minimum Wage Rates under the Fair Labor Standards Act, 1938–2009.* http://www.dol.gov/whd/minwage/chart.htm

Vogel, David. 1989. *Fluctuating Fortunes: The Political Power of Business in America.* New York: Basic Books.

Vosko, Leah F. 2010. *Managing the Margins: Gender, Citizenship, and the International Regulation of Precarious Employment.* Oxford: Oxford University Press.

Webster, Ben. 2005. Tube Costs 20 Times More . . . but It Is Still No Better. *The Times* [London], March 18, 35.

Webster, P. 1999. Blair and Schroder Unite on Hardline Spending Cuts. *The Times* [London], June 8, 1.

Weinstein, James. 1967. *The Decline of Socialism in America 1912–1925.* New York: Monthly Review Press

———. 1968. *The Corporate Ideal in the Liberal State: 1900–1918.* Boston: Beacon Press.

Whalen, Richard J. 1963. Joseph P. Kennedy: A Portrait of the Founder. *Fortune,* January. http://features.blogs.fortune.cnn.com/2011/04/10/joseph-p-kennedy-a-portrait-of-the-founder/

Whitten, David O. 2013. The Depression of 1893. *EH.net Encyclopedia.* http://eh.net/?s=whitten

Wolf, Martin. 2009. Seeds of Its Own Destruction. *Financial Times,* March 9, 7.

Wolfson, Martin H., and David M. Kotz. 2010. A Re-Conceptualization of Social Structure of Accumulation Theory. In Terrence McDonough, Michael Reich, and David M. Kotz, eds., *Contemporary Capitalism and Its Crises: Social Structure of Accumulation Theory for the Twenty First Century,* 72–90. Cambridge: Cambridge University Press.

Woodward, Bob. 1994. *The Agenda: Inside the Clinton White House.* New York: Simon & Schuster.

Yellen, Janet. 2005. Housing Bubbles and Monetary Policy. Presentation to the Fourth Annual Haas Gala, October 21, San Francisco. http://www.frbsf.org/our-district/press/presidents-speeches/yellen-speeches/2005/october/housing-bubbles-and-monetary-policy/

Zhu, Andong, and David M. Kotz. 2011. The Dependence of China's Economic Growth on Exports and Investment. *Review of Radical Political Economics* 43(1) (Winter): 9–32.

索　引

马克思主义研究译丛·典藏版

图书在版编目（CIP）数据

新自由资本主义的兴衰成败/（美）大卫·M.科兹著；刘仁营，刘元琪译.
--北京：中国人民大学出版社，2020.8
（马克思主义研究译丛：典藏版）
ISBN 978-7-300-27078-4

Ⅰ.①新… Ⅱ.①大… ②刘… ③刘… Ⅲ.①新自由主义（经济学）-资本主
义-研究 Ⅳ.①F091.352②D091.5

中国版本图书馆 CIP 数据核字（2020）第 131359 号

"十三五"国家重点出版物出版规划项目
马克思主义研究译丛·典藏版
新自由资本主义的兴衰成败
［美］大卫·M.科兹（David M. Kotz） 著
刘仁营 刘元琪 译
Xinziyou Ziben Zhuyi de Xingshuai Chengbai

出版发行	中国人民大学出版社			
社　　址	北京中关村大街 31 号		**邮政编码**	100080
电　　话	010-62511242（总编室）		010-62511770（质管部）	
	010-82501766（邮购部）		010-62514148（门市部）	
	010-62515195（发行公司）		010-62515275（盗版举报）	
网　　址	http://www.crup.com.cn			
经　　销	新华书店			
印　　刷	涿州市星河印刷有限公司			
开　　本	720 mm×1000 mm　1/16		**版　次**	2020 年 8 月第 1 版
印　　张	14.5 插页 3		**印　次**	2024 年 7 月第 2 次印刷
字　　数	237 000		**定　价**	68.00 元